Zuwanderung nach Deutschland

W0039419

C(

Die Publikation dieses Buches erfolgte mit finanzieller Unterstützung des Deutsch-Amerikanischen Akademischen Konzils (DAAK/GAAC, Bonn–Washington). Die zugrundeliegenden Forschungsarbeiten wurden vom Deutsch-Amerikanischen Akademischen Konzil, der Gottlieb Daimler- und Karl Benz-Stiftung (Ladenburg) sowie des German Marshall Fund of the United States (Washington) gefördert.

Rainer Münz, Wolfgang Seifert, Ralf Ulrich

Zuwanderung nach Deutschland

Strukturen, Wirkungen, Perspektiven

2., aktualisierte und erweiterte Auflage 1999

Campus Verlag
Frankfurt/New York

Die Deutsche Bibliothek – CIP-Einheitsaufnahme

Münz, Rainer:
Zuwanderung nach Deutschland: Strukturen, Wirkungen,
Perspektiven / Rainer Münz; Wolfgang Seifert; Ralf Ulrich. –
2., aktualisierte und erw. Auflage. – Frankfurt/Main;
New York: Campus Verlag, 1999
  ISBN 3-593-36374-7

Umschlaggestaltung: Atelier Warminski, Büdingen
Druck und Bindung: Druckhaus »Thomas Müntzer«, Bad Langensalza
Gedruckt auf säurefreiem und chlorfrei gebleichtem Papier.
Printed in Germany

Besuchen Sie uns im Internet: www.campus.de

Inhalt

Verzeichnis der Abbildungen

9

Verzeichnis der Tabellen

Vorwort

Dieses Buch zum Thema „Zuwanderung nach Deutschland" ist die vollständig überarbeitete und aktualisierte Fassung eines Buches, das 1997 erstmals im Campus-Verlag erschien. Es enthält die Ergebnisse zweier Forschungsprojekte. Den Anstoß gab ein vergleichendes deutsch-amerikanisches Projekt über Migration und Asylpolitik. Mehr als 30 deutsche und amerikanische Forscher und Praktiker beteiligten sich an diesem Vorhaben, darunter auch die Autoren dieses Buches. Finanziert wurde das Projekt vom Deutsch-Amerikanischen Akademischen Konzil (DAAK, Bonn-Washington). Unterstützung erhielt das Projekt überdies von der Gottlieb Daimler- und Karl Benz-Stiftung (Ladenburg).

Bei Abschluß des vergleichenden deutsch-amerikanischen Forschungsprojekts entstand der Wunsch, nicht nur Ergebnisse für Wissenschaftler und Experten zu publizieren. Es sollte auch ein Sachbuch entstehen, das die deutsche Öffentlichkeit über Wanderungsbewegungen von und nach Deutschland sowie über deren Ursachen und Konsequenzen informiert. Wir wollten wichtige Ergebnisse unserer Arbeit präzise und zugleich verständlich präsentieren. Die Drucklegung dieses Buches erfolgte mit finanzieller Unterstützung des Deutsch-Amerikanischen Akademischen Konzils.

Auch von dem Ladenburger Kolleg „Globalisierung verstehen und gestalten" hat das Buch entscheidend profitiert. Dieses Kolleg wurde 1996 von der Gottlieb Daimler- und Karl Benz-Stiftung (Ladenburg) eingerichtet. Es bot uns die Möglichkeit, mit Kollegen anderer Fachrichtungen über Zuwanderung nach Deutschland im Kontext der Globalisierung von Märkten und Migrationssystemen zu diskutieren. In diesem Rahmen entstand auch eine frühere Fassung der in diesem Buch präsentierten Prognose der zukünftigen Entwicklung von Zahl und Anteil der Ausländer in Deutschland.

Wichtige Impulse kamen schließlich aus dem Projekt „Immigration, Public Opinion and Politics: Germany and the United States", das wir seit 1997 mit finanzieller Unterstützung des German Marshall Fund of the United States (Washington) durchführen. Unterstützung und Hilfe bei der Sammlung von Daten sowie bei der Erstellung und Durchsicht dieses Buches erhielten die Autoren von Ines Heimicke, Rose-Elisabeth Herden, Sandra Heuer, Rainer Ohliger, Veysel Özcan, Antje Scheidler und Renate Zeiske – alle Lehrstuhl Bevölkerungswissenschaft der Humboldt-Universität, Berlin. Diane Opitz betreute Layout und Graphiken in dieser Auflage. Für die Übersicht über die Aufenthaltstitel in Deutschland danken wir Sibylle Röseler (Brandenburgisches Sozialministerium, Potsdam). Katrin Meyer vom Bundesamt für Bauwesen und Raumordnung erstellte für uns eine kartographische Darstellung. Entscheidende Hilfe bei der Durchführung der genannten Forschungsprojekte erhielten wir von Horst Nienstädt (damals Gottlieb-Daimler- und Karl-Benz-Stiftung), von Josef Rembser (damals DAAK) sowie von Heike MacKerron (German Marshall Fund).

Allen Genannten gilt unser Dank.

Rainer Münz   Berlin, im August 1999
Wolfgang Seifert
Ralf Ulrich

1   Einleitung

Warum bleiben viele Menschen ein Leben lang seßhaft? Warum verlegen andere ihren Wohnsitz ins Ausland? Eine Erklärung, die auf alle Fälle paßt, gibt es wohl nicht. Denn manche migrieren auf der Suche nach einem besseren Leben. Andere reisen ihrem Ehepartner hinterher oder werden von ihren Eltern nachgeholt. Manche wollen oder müssen ihren Lebensunterhalt als Arbeitsmigranten im Ausland verdienen, weil sie daheim keine Beschäftigungsmöglichkeit finden. Andere Arbeitsmigranten gehen nicht wegen des höheren Lohns ins Ausland, sondern weil man sie schickt. Sie werden innerhalb eines international operierenden Konzerns, im diplomatischen Dienst oder als Militärs in ein anderes Land versetzt. Einige werden dabei nicht einmal gefragt. Noch viel unfreiwilliger ist die Wanderung jener Personen, die mit Gewalt aus ihrer Heimat vertrieben werden oder flüchten und in einem anderen Land Asyl finden müssen.

1.1   Deutschland: Wichtigstes Ziel von Migranten in Europa

Um die genannten und andere Formen der internationalen Migration geht es in diesem Buch. Thema ist die Zuwanderung nach Deutschland seit 1945.

Immigration auf Dauer oder auf Zeit ist nicht bloß ein aktuelles politisches Thema. Sie markiert auch einen Bruch in der Geschichte dieses Landes. Denn über mehrere Jahrhunderte gab es aus dem Gebiet des heutigen Deutschland vor allem Auswanderung. Allein zwischen 1800 und 1930 verließen an die 7 Mio. Deutsche aus wirtschaftlicher Not, aber auch aus politischen Gründen ihre Heimat. Die meisten emigrierten nach Übersee. Manche kehrten später wieder zurück. Zugleich setzte bereits im späten 19. Jahrhundert eine massive Zuwanderung in die entstehenden Industriegebiete und in einige dadurch rasch wachsende Städte Deutschlands ein. Erst seit Mitte des 20. Jahrhunderts ist die Zahl der Zuwanderer, zumindest in der westlichen Hälfte Deutschlands, deutlich größer als die Zahl der Abwanderer. Seitdem hat Migration wesentlich zur Bevölkerungsdynamik in Deutschland beigetragen (vgl. Tabelle 1). Durch die Migration der Jahre 1950-1998 gewann Westdeutschland 14 Mio. Einwohner, während der Osten des Landes fast 6 Mio. Einwohner verlor. In keine Region Europas sind in der zweiten Hälfte des 20. Jahrhunderts mehr Menschen eingewandert als in das Gebiet der alten Bundesrepublik.

Tabelle 1: Bevölkerungsdynamik in Deutschland, 1950-98

	1950-69	1970-98
	in 1.000	
Geburtensaldo (Geburten - Sterbefälle)		
Ostdeutschland	1.202	-841
Westdeutschland	6.064	-1.522
Gesamt	7.266	-2.387
Wanderungssaldo (Zuzüge - Fortzüge)		
Ostdeutschland	-3.639	-2.151
Westdeutschland	5.718	8.301
Gesamt	2.080	6.174
Einwohnerzahl	*1.1.1950*	*1.1.1998*
Ostdeutschland	18.793	14.083
Westdeutschland	49.315	67.974
Gesamt	68.108	82.057

Berechnungen nach Daten des Statistischen Bundesamtes

Insgesamt wäre Deutschlands Einwohnerzahl ohne Ein- und Auswanderungen heute um rund 8 Mio. kleiner. Und sie würde ohne zukünftige Zuwanderung weiter sinken. Denn die Zahl der Sterbefälle übersteigt seit Anfang der 70er Jahre die Zahl der Geburten. Durch dieses Ungleichgewicht wäre Deutschlands Bevölkerung ohne Zuwanderung zwischen 1970 und 1998 bereits um 2,4 Mio. Personen geschrumpft.

Unter Migration verstehen die meisten etwas Endgültiges. Doch gerade für Deutschland gilt dies nicht. Ein größerer Teil der Migranten blieb nicht auf Dauer im Zielland. Das zeigt ein Blick auf die Wanderungsstatistik. Zwischen 1950 und 1998 kamen rund 30 Mio. Menschen als Arbeitsmigranten, Aussiedler, Asylbewerber, Angehörige von Migranten oder als deutsche Staatsbürger aus dem Ausland. Im gleichen Zeitraum verließen 20 Mio. Deutsche und Ausländer das Land, manche freiwillig, andere nach Ablauf ihrer Arbeitsgenehmigung oder nach Ablehnung ihres Asylantrages. Hinzu kommen 6,6 Mio. Menschen, die zwischen DDR und Bundesrepublik bzw. seit 1990 zwischen Ost- und Westdeutschland wanderten.

1.2 Inländer und Ausländer, Zugewanderte und hier Geborene

1998 hatte Deutschland 82 Mio. Einwohner, darunter 74,6 Mio. Inländer und Doppelstaatsbürger sowie 7,3 Mio. Personen ohne deutsche Staatsbürgerschaft. Der Anteil der Wohnbevölkerung mit nur ausländischer Staatsbürgerschaft betrug somit knapp über 9%. Unter der inländischen Bevölkerung gab es 1997/98 bereits rund 2 Mio. Personen, die über eine zweite Staatsbürgerschaft verfügen (2,4% der Wohnbevölkerung).[1]

Der Status des Ausländers bedeutet nicht automatisch, daß diese Person zugewandert ist. Dennoch ist dies derzeit der Regelfall. Von den 7,3 Mio. Ausländern in Deutschland sind ca. 5,9 Mio. im Ausland

---

[1] Die größte Gruppe der Doppelstaatsbürger sind Aussiedler, die seit dem Zusammenbruch der Sowjetunion und der politischen Liberalisierung in Polen und Rumänien nicht mehr gezwungen waren, ihre bisherige Staatsangehörigkeit vor der Ausreise nach Deutschland aufzugeben und dies auch nicht taten (1997: ca. 1,1 Mio.). Die zweitgrößte Gruppe sind im Inland geborene Deutsche mit ausländischem Elternteil (1960-1997: ca. 860.000 Personen). Von ihnen dürften ca. 680.000 (1997) eine zweite Staatsbürgerschaft besitzen. Erst an dritter Stelle folgen Personen ausländischer Herkunft, die unter Hinnahme von Mehrstaatigkeit eingebürgert wurden (bis 1997: ca. 190.000 Personen).

geboren und später zugewandert. Immerhin 1,4 Mio. Ausländer kamen als Kinder (oder Enkel) ausländischer Immigranten bereits in Deutschland zu Welt, besitzen aber aufgrund des bis 1999 geltenden Staatsangehörigkeitsrechts die Nationalität ihrer Eltern. Damit sind nur 81% der ausländischen Bevölkerung Deutschlands zugewandert.

Von den Inländern ist die große Mehrheit in Deutschland zur Welt gekommen. Aber auch unter ihnen gibt es Zuwanderer. Die größte Gruppe bilden Angehörige volksdeutscher Minderheiten in Mittel- und Osteuropa, die seit den 50er Jahren als Aussiedler nach Deutschland kamen. Mit ihrer Einwanderung nach Deutschland erwarben sie automatisch die deutsche Staatsbürgerschaft. Derzeit leben ca. 3,2 Mio. Aussiedler in Deutschland (3,9% der Wohnbevölkerung). Hinzu kommen rund 730.000 Personen, die in den letzten drei Jahrzehnten als Ausländer in Deutschland eingebürgert wurden.[2]

Im Falle Deutschlands gibt es schließlich eine Besonderheit, die mit den in der NS-Zeit erfolgten Umsiedlungsaktionen,[3] mit den Grenzänderungen nach 1945 sowie mit Flucht und Vertreibung ost- und volksdeutscher Personen zwischen 1944/45 und 1948/1949 zu tun hat. Die rund 480.000 während der NS-Zeit im Rahmen der „Heim-ins-Reich"-Politik umgesiedelten Personen stammten zur Gänze aus dem damaligen wie heutigen Ausland. Auch rund 55% der seinerzeit 12 Mio. Vertriebenen stammten aus ehemaligen deutschen Ostprovinzen.[4] Ihr Geburtsort lag innerhalb der Vorkriegsgrenzen des Deutschen Reiches von 1937. Heute gehören diese Orte zu Polen oder zu Rußland (Kaliningrad).

Faßt man diese Gruppen (Aussiedler, eingebürgerte ausländische Zuwanderer und heute noch lebende Vertriebene sowie Umsiedler der NS-Zeit) zusammen, dann sind fast 10% der inländischen Bevöl-

---

[2] Es ist davon auszugehen, daß ca. ein Drittel dieser Personen in Deutschland geboren wurde und zwei Drittel zugewandert sind. In einer wachsenden Zahl von Fällen erfolgt die Einbürgerung unter Hinnahme einer doppelten Staatsbürgerschaft (1996: 23%).

[3] Diese betrafen in den Jahren 1939-42 vor allem Personen volksdeutscher Herkunft aus dem Baltikum, aus Südtirol, der Bukowina, Bessarabien und der Krim (vgl. Münz/Ohliger 1997).

[4] Pommern, östl. Brandenburg, Ober- und Niederschlesien, Ostpreußen.

kerung Deutschlands (7,2 Mio. Menschen) aus dem heutigen Ausland zugewandert.

Tabelle 2: Typologie der Bevölkerung Deutschlands nach Geburtsort und Staatsbürgerschaft, Schätzungen für 1996/97

Staatsbürger-schaft	Geburtsort			
	Deutschland	z.Z. der Geburt Inland, heute Ausland	immer Ausland	
Deutsch	Mehrheit der Deutschen eingebürgerte Kinder von ausländischen Zuwande-rern (bei Aufgabe der ur-sprünglichen Staatsbürger-schaft)	Mehrheit der Vertriebenen (mit Geburts-ort im Deut-schen Reich in den Gren-zen von 1937)	Volksdeutsche Vertriebene (mit Geburtsort außerhalb der ehem. Reichsgrenzen von 1937) Umsiedler der NS-Zeit mit Geburtsort außerhalb der Reichsgrenzen Aussiedler (bei Aufgabe der ursprünglichen Staatsbürger-schaft) Eingebürgerte Zuwanderer (bei Aufgabe der ursprüng-lichen Staatsbürgerschaft	72,7 Mio.
Deutsch und eine zweite Staats-bürgerschaft (Doppelstaats-bürger)	geborene Deutsche mit ausländischem Elternteil eingebürgerte Kinder von ausländischen Zuwande-rern (Einbürgerung unter Hinnahme von Mehr-staatigkeit) eingebürgerte Kinder von ausländischen Zuwande-rern (nach Wiedererwerb der ursprünglichen Staats-bürgerschaft)		Aussiedler (unter Beibehal-tung der ursprünglichen Staatsbürgerschaft) eingebürgerte ausländische Zuwanderer (Einbürgerung unter Hinnahme von Mehr-staatigkeit) eingebürgerte Zuwanderer (nach Wiedererwerb der ur-sprünglichen Staatsbürger-schaft)	2,0 Mio.
Nur ausländische Staatsbürgerschaft	Kinder und Enkel auslän-discher Zuwanderer		Mehrheit der zugewanderten Ausländer	7,3 Mio.
	68,6 Mio.	2,2 Mio.	11,2 Mio.	82,0 Mio.

Quelle: eigene Schätzungen

20

Insgesamt zeigt die Analyse, daß rund 13,3 Mio. Einwohner Deutschlands einen Geburtsort haben, der außerhalb der heutigen Grenzen des Landes liegt. Dies sind 16,2% der Wohnbevölkerung. Von diesen verstehen sich freilich nicht alle als Migranten. Vor allem von den Vertriebenen dürfte ein Großteil diese Kategorisierung ablehnen, auch wenn gerade für sie das Schicksal der erzwungenen Migration vielfach identitätsprägend war. Als Zuwanderer im engeren Sinne können jedenfalls Aussiedler sowie Eingebürgerte und Ausländer mit Geburtsort im Ausland gelten. Zusammen waren dies 1997 ca. 9,6 Mio. Personen bzw. 11,7% der Bevölkerung Deutschlands. Bemerkenswert ist schließlich, daß der „Normalfall" nur noch rund 66 Mio. Einwohner Deutschlands betrifft: Sie waren immer deutsche Staatsbürger, haben oder hatten keine weitere Staatsbürgerschaft und wurden im (heutigen) Inland geboren.

1.3 Ursachen und Formen von Zuwanderung nach Deutschland und Westeuropa

Am Beispiel Deutschlands und seiner Nachbarländer lassen sich eine Reihe von Ursachen und Randbedingungen von Migration in der zweiten Hälfte des 20. Jahrhunderts analysieren.

Ein wesentlicher Teil der Migrationsströme wird von *politischen und ökonomischen Disparitäten* bestimmt. Staaten mit prosperierender Wirtschaft, funktionierenden Arbeitsmärkten, höherem Lohnniveau sowie demokratischen und rechtsstaatlichen Verhältnissen sind für potentielle Migranten aus Staaten mit Unterbeschäftigung, geringerem Lohnniveau, stagnierender Wirtschaft, krisenanfälligem politischen System und ethnischer oder religiöser Unterdrückung attraktiv.

Mit Hilfe solcher Disparitäten lassen sich Migrationsmuster nur ganz allgemein erklären. Prinzipiell ist davon auszugehen, daß Migration von den ärmeren und instabileren Regionen Europas und den Entwicklungsländern ausgeht. Ziel sind die wohlhabenderen Industrieländer und dort insbesondere die großen Städte. Theoretisch läßt sich dies gut erklären. Die Aussicht auf Verdienstmöglichkeiten auf westeuropäischen Arbeitsmärkten oder in ökonomischen Nischen kann Wanderungen auslösen. Voraussetzung dafür ist das beträchtliche ökonomische Gefälle zwischen östlicher und westlicher Hälfte Europas sowie zwischen Nordafrika bzw. dem Nahen Osten und Europa insgesamt. Hinzu kommen politische Repression, Bürgerkriege sowie die andauernde Mißachtung grundlegender Menschen- und Bürgerrechte in etlichen Herkunftsstaaten. Auch in diesen Fällen liegt das Wanderungsmotiv auf der Hand. Die Migranten erhoffen für sich und für ihre Familien Sicherheit vor politischer, ethnischer oder religiöser Verfolgung.

Die Auswirkungen der europäischen Integration sprechen in diesem Zusammenhang für sich: Angesichts der Verringerung bestehender ökonomischer und sozialer Unterschiede innerhalb der Europäischen Union werden die Wanderungsströme zwischen den EU-Staaten kleiner, obwohl sich EU-Bürger inzwischen in jedem Mitgliedsland frei niederlassen dürfen. Statt dessen dehnt sich das Einzugsgebiet der europäischen Wanderungen auf neue Peripherien und „Hinterländer" aus.

In der hier formulierten Allgemeinheit ist der Versuch, Migration auf bestehende ökonomische Disparitäten zurückzuführen, sicherlich zutreffend. Dieser Ansatz erklärt, wieso Migrationsprozesse in Gang kommen und gibt auch eine ungefähre Richtung der Wanderungen an. Im Detail läßt sich jedoch in vielen Fällen nicht begründen oder prognostizieren, warum bestimmte Wanderungen tatsächlich stattfinden und andere trotz erheblicher Disparitäten nicht in Gang kommen.

Ginge es allein nach der ökonomischen Logik, dann müßten erheblich mehr Portugiesen in Deutschland als in Frankreich Arbeit suchen. Die Chance auf legalen Zugang zum Arbeitsmarkt haben sie als EU-Bürger in beiden Staaten. Trotz eines höheren Lohnniveaus leben aber nur 10% aller Auslandsportugiesen in Deutschland. Im Gegensatz dazu läßt sich die Präferenz polnischer Saisonarbeiter, aus dem Kosovo stammender Kriegsflüchtlinge und kurdischer Asylbewerber für Deutschland sowohl durch die bestehenden Disparitäten als auch durch bereits vorhandene soziale Netzwerke gut erklären.

Die Veränderungen der Wirtschafts- und Arbeitsmarktstruktur, die Wanderungen heute wesentlich beeinflussen, wurden und werden häufig auch unter dem Schlagwort der *Globalisierung* zusammengefaßt. Während die Internationalisierung von Arbeitsmärkten bis 1973 vor allem durch die Beschäftigung gering qualifizierter Arbeitskräfte aus Niedriglohn-Ländern in westlichen Industriestaaten geprägt war, geht der Trend seit den 70er Jahren in eine andere Richtung. Wirtschaftswachstum und Beschäftigungsentwicklung sind stärker entkoppelt. Dadurch verringerte sich die Nachfrage nach in- und ausländischen Billigarbeitskräften.

Gleichzeitig schrumpfte in Ländern wie Deutschland die Zahl der Beschäftigten in der Industrie und im produzierenden Gewerbe durch Automation, straffere Produktionsabläufe und durch Verlagerung arbeitsintensiver Tätigkeiten in Niedriglohnländer. Denn neben Banken, Versicherungen und anderen Kapitalanlegern operieren zunehmend auch Industrieunternehmen bzw. ihre Zulieferer und einige Anbieter von Dienstleistungen unabhängig von nationalen Grenzen. Die dadurch entstandenen multinationalen Konzerne produzieren arbeitsteilig an verschiedenen Produktionsstandorten, deren Kapazitäten sie nach Kosten-Nutzen-Erwägungen variieren können. Viele von ihnen verlagerten ihre Produktion auch mit dem Ziel, sich damit Märkte in Entwicklungsländern und den mittel- bzw. osteuropäischen Reformstaaten zu erschließen. Bank- und Finanzdienstleistungen haben sich operativ immer mehr von nationalen Märkten gelöst. Mitte der 60er Jahre betrugen die internationalen Kapitalströme höchstens 10% des Welthandels, Mitte der 80er Jahre hatten sie das Handelsvolumen bereits übertroffen. Heute machen Finanztransaktionen bereits ein Vielfaches der Waren- und Güterströme aus.

Die Internationalisierung von Produktion, Handel und Finanzmärkten und die Verlagerung arbeitsintensiver Produktionsprozesse nach Ostmitteleuropa und in Entwicklungsländer hatten erheblichen Einfluß auf das Migrationsgeschehen in Westeuropa. Zum einen erhöhte sich die Mobilität von Managern, hochqualifizierten Technikern und anderen Spezialisten. Zum anderen haben weniger qualifizierte Arbeitsmigranten aus Mittelmeerländern und deren Kinder nun erheblich größere Probleme, in westeuropäischen Ländern einen Arbeitsplatz zu finden. Dies gilt im Falle Deutschlands auch für Aussiedler aus Rußland und Kasachstan.

Migrationssysteme wurden in den 80er und 90er Jahren komplexer und dehnten sich geographisch aus. Dabei verläuft die Hauptrichtung von Migration trotz der viel größeren Mobilität von Managern, Technikern und anderen Spezialisten im Zeitalter der Globalisierung noch immer von weniger entwickelten Ländern und Regionen zu höher entwickelten. Aber es ist zumindest in Europa eine weitgehende Entkoppelung der Migrationsströme von den ökonomischen Konjunkturzyklen der Zielländer zu beobachten. Das heißt: Im Gegensatz zu den 60er und 70er Jahren wird die Migration in und nach Europa kaum noch durch eine Nachfrage nach zusätzlichen Arbeitskräften in westlichen Industriestaaten bestimmt. Einmal etablierte Migrationsbeziehungen setzen sich jedoch auch in Phasen hoher Arbeitslosigkeit in den Zielländern fort, solange sich die Bedingungen in den Herkunftsländern nicht grundlegend verbessern.

Neben ökonomischen Determinanten werden europäische Migrationsmuster erheblich durch *kulturelle, politische und historische Verbindungen* zwischen den jeweiligen Herkunfts- und Zielregionen bestimmt. Von großem Einfluß ist ein Diffusionsprozeß von Informationen über erfolgreiche Migranten sowie über existierende Probleme und Chancen auf den Arbeits- und Wohnungsmärkten potentieller Zielländer. Ähnliches gilt für Informationen über bestehende Aufnahme- und Asylverfahren. Die Diffusion erfolgt über Kontaktträger (Briefe, Telefonanrufe, Rückkehrer, Migranten auf Heimaturlaub, Medien). Sie wird auch in geographisch und sozial entferntere Regionen getragen. Die selektive Wahrnehmung potentieller Migranten wird dabei sehr wesentlich durch historische, sprachliche und kulturelle Muster strukturiert. Sprachkenntnisse und spezifisches Wissen können – als Erbe der Kolonialepoche oder als Resultat früherer Arbeitsmigration – die Zuwanderung in ehemalige europäische Kolonialmächte und Länder, die einst Gastarbeiter anwarben, erheblich begünstigen. Einschlägige Informationen breiten sich aus und machen mehr Menschen zu potentiellen Migranten. Zugleich „kanalisieren" bereits bestehende ethnische und soziale Netzwerke die Zuwanderung in „traditionelle" Zielländer. Dabei helfen solche Netzwerke entscheidend bei der Integration von Neuzuwanderern.

Durch die genannten historischen und kulturellen Bindungen entstanden „privilegierte" Migrationsbeziehungen zwischen einzelnen Herkunfts- und Zielländern. Am klarsten erkennbar ist dies an der Monopolstellung, die einzelne europäische Zielländer im Migrationsgeschehen haben. Die Dominanz des Englischen, Französischen und Portugiesischen als Verkehrssprache in zahlreichen Entwicklungsländern und die dort verbreitete ökonomische und kulturelle Orientierung an London, Paris oder Lissabon begünstigten und steuerten die Einwanderung in die ehemaligen Kolonialmächte. Damit importierte Europa nicht bloß Arbeitskräfte oder Flüchtlinge, sondern auch einen Teil der zuvor räumlich ausgelagerten ethnischen und sozialen Konflikte.

Deutschland, das seine Überseekolonien schon 1918 verlor, spielte dagegen als Auswanderungsziel für Millionen von Volksdeutschen aus Polen, Rumänien und der ehemaligen Sowjetunion die Rolle eines Quasi-Mutterlandes. Eine ähnliche Funktion erfüllt Rußland für Angehörige russischer Minderheiten in den anderen GUS-Staaten in Ostmitteleuropa, Griechenland für die griechische Diaspora und Israel für migrationswillige jüdische Bürger in der östlichen Hälfte Europas und anderswo.

Frankreich hat „privilegierte" Migrationsbeziehungen zu Portugal und zu einer Reihe außereuropäischer Staaten. Es ist nicht nur erstes Ziel der Zuwanderung aus seinen noch vorhandenen Überseegebieten. Auch fast alle in Europa lebenden Algerier haben ihren Wohnsitz in Frankreich. Zwei Drittel aller im europäischen Ausland registrierten Portugiesen und Tunesier und fast die Hälfte aller Marokkaner leben in Frankreich. Ähnliches gilt für Deutschland, wo fast alle deutschstämmigen Aussiedler, acht von zehn Auslandsgriechen, drei von vier Türken und zwei Drittel aller (Ex-)Jugoslawen mit Wohnsitz in Westeuropa leben. In Großbritannien hält sich dagegen ein Großteil der innerhalb Europas emigrierten Iren auf. Ferner haben dort fast alle in Europa lebenden Inder, Pakistanis, Bangladeschis und Auswanderer aus den anglophonen Staaten der Karibik ihren Wohnsitz. Auch US-Amerikaner mit Wohnsitz in Europa leben (sofern sie nicht Armeeangehörige sind) in erster Linie in Großbritannien.

Migration wird keineswegs immer, aber doch in etlichen Fällen durch die *räumliche Nähe* zwischen Herkunfts- und Zielgebiet beeinflußt. Dies gilt nicht nur im Inland, sondern auch für grenzüberschreitende Migration. Daher sind Wanderungen zwischen Nachbarstaaten unter bestimmten Voraussetzungen häufiger, solche zwischen weiter entfernten Ländern seltener. Dabei geht es nicht bloß um geographische Nähe, sondern um Erreichbarkeit. Die Ursachen liegen auf der Hand. Kurze räumliche oder zeitliche Distanzen zwischen Herkunfts- und Zielgebiet erleichtern den Entschluß zur Wanderung, senken die Transportkosten, erleichtern die Rückkehr, reduzieren das Risiko und „verbilligen" somit das Vorhaben. Wenn benachbarte Herkunfts- und Zielgebiete überdies dem gleichen Sprach- oder Kulturraum angehören, dann sinken für alle Beteiligten auch die „sozialen" Kosten von Migration und Integration.

Ein Teil der europäischen Wanderungen läßt sich somit durch kurze Distanzen und gute Erreichbarkeit erklären: Die Migrationsbeziehungen zwischen Finnland und Schweden, Irland und Großbritannien, Italien und der Schweiz, aber auch zwischen Albanien und Griechenland wurden durch geringe Distanzen erleichtert. Im Gegensatz dazu verhinderte der Eiserne Vorhang 40 Jahre lang Migration zwischen geographisch benachbarten Regionen. Im Falle Deutschlands spielte beides eine Rolle. Die Arbeitsmigration aus Italien und dem ehemaligen Jugoslawien nach Süddeutschland erklärt sich zum Teil aus der relativen Nähe der Herkunftsgebiete. Zugleich verhinderten Mauer und Stacheldraht bis 1989 größere Wanderungsbewegungen aus der DDR in die Bundesrepublik, aber auch aus angrenzenden Ländern wie Polen und der ehemaligen Tschechoslowakei, aus denen es bis in die 30er Jahre erhebliche Zuwanderung nach Deutschland gegeben hatte und heute zum Teil wieder gibt.

Weitere entscheidende Faktoren, welche die europäische Migration strukturieren, sind *bestehende gesetzliche Regelungen und migrationspolitische Entscheidungen*. Damit räumliche Nähe, ökonomische Disparitäten, politische Gewalt, ethnische Netzwerke oder bestehende historische und kulturelle Verflechtungen wirksam werden können, bedarf es rechtlicher und administrativer Voraussetzungen im Herkunfts- oder im Zielland, ohne die Migration kaum stattfinden kann.

Ein gutes Beispiel ist die europäische Ost-West-Wanderung in der zweiten Hälfte des 20. Jahrhunderts, deren Dynamik durch die Spaltung Europas 40 Jahre lang erheblich gebremst war. Sie wurde durch administrative Reisebeschränkungen für Bürger kommunistischer Staaten einerseits und durch bilaterale Ausreisevereinbarungen andererseits kanalisiert. Beides bestimmte bis 1989 die Höhe und Richtung der Migration. Die Tatsache, daß nur ein kleiner Teil der Ost-West-Wanderung spontan erfolgte, änderte sich Ende der 80er Jahre sehr rasch. Inzwischen sind jedoch neue Restriktionen an die Stelle der alten getreten. Heute sorgen verschärfte Asylgesetze in Westeuropa, harmonisierte Visabestimmungen und strengere Kontrollen der EU-Außengrenzen für eine Beschränkung potentieller wie aktueller europäischer Migrationsströme.

1.4 Gliederung dieses Buches

Thema dieses Buches sind die Wanderungen von und nach Deutschland in der zweiten Hälfte des 20. Jahrhunderts. Das Buch behandelt somit jene Periode der Migrationsgeschichte Deutschlands, in der es (zumindest im Westen) in Summe wesentlich mehr Zuwanderung als Abwanderung gab. Die Kapitel 2 und 3 des Buches analysieren die Zahl deutscher und ausländischer Migranten der Jahre 1945-1998, ihre Herkunft, den Zeitpunkt der Zu- bzw. Abwanderung und die Rahmenbedingungen, unter denen sie nach (West-) Deutschland kamen. Kapitel 4 befaßt sich mit der Struktur der ausländischen Bevölkerung der Bundesrepublik. Die Kapitel 5 und 7 analysieren, welchen Platz Ausländer und Aussiedler in Wirtschaft und Gesellschaft des vereinigten Deutschlands heute einnehmen. Dabei geht es in erster Linie um Fragen der ökonomischen und sozialen Integration von Migranten und ihren Kindern. Das Buch fragt nach Ursachen und Konsequenzen von Migration, und es wirft einen Blick in die Zukunft. Auf Grundlage der bisherigen Migrationsentwicklung und plausibler Annahmen über das Migrationsgeschehen der kommenden Dekaden wird in Kapitel 8 gezeigt, in welchem Tempo Zahl und Anteil der Ausländer in Deutschland im ersten Drittel des 21. Jahrhunderts voraussichtlich wachsen werden. Am Ende des Buches stehen einige politische Schlußfolgerungen.

2 Die Migration der Deutschen

2.1 Vertriebene und Aussiedler

Am Ende des Zweiten Weltkriegs und in den ersten Nachkriegsjahren kamen vor allem *Flüchtlinge* und *Vertriebene* aus den ehemaligen deutschen Ostgebieten sowie aus Polen, der Tschechoslowakei, Ungarn und Jugoslawien ins Land. Die Volkszählung am 10. Oktober 1946 ergab 5,9 Mio. Vertriebene in den drei westlichen[5] und 3,6 Mio. Vertriebene in der sowjetischen Besatzungszone. Weitere Vertreibungen in den Jahren 1947/48 und die Übersiedlung von Vertriebenen aus der sowjetischen Besatzungszone in den Westen erhöhten dort deren Zahl. Laut Volkszählung vom 13. März 1950 lebten damals in Westdeutschland bereits 7,9 Mio. Vertriebene. Insgesamt kamen bis Anfang der 50er Jahre rund 12 Mio. Deutsche aus ehemaligen deutschen Ostgebieten und aus Ostmitteleuropa auf das Gebiet der Bundesrepublik, Österreichs und der DDR (Tabelle 3; vgl. auch Benz 1985; Lemberg, Edding 1959; Stanek 1985). Weitere 0,5 Mio. Personen stammten ursprünglich aus Vertreibungsgebieten, befanden sich aber 1944/45 bereits nicht mehr dort. Zumindest in Westdeutschland wurden diese an der Rückkehr in die alte Heimat gehinderten Quasi-Vertriebenen rechtlich gleichgestellt.[6] Gemessen an der Einwohner-

---

[5] Im Westen fanden Vertriebene überwiegend in der britischen und der amerikanischen Besatzungszone Aufnahme. Die französischen Militärbehörden gestatteten nur ca. 300.000 Vertriebenen die Niederlassung in dem von ihnen kontrollierten Teil Deutschlands (Lemberg, Edding 1959).

[6] Dies betraf insbesondere die im Rahmen des Lastenausgleichs geleisteten Kompensationszahlungen für verlorenes Eigentum. Quasi-Vertriebene hatten ebenfalls Anspruch auf bundesdeutsche Vertriebenenausweise.

zahl spielten die Vertriebenen für die DDR (3,6 Mio. bzw. 20% der Gesamtbevölkerung) eine etwas größere Rolle als für die alte Bundesrepublik (7,9 Mio. bzw. 16% der Gesamtbevölkerung).

Tabelle 3: Deutsche Heimatvertriebe nach Herkunftsland und Gebiet der Niederlassung nach der Vertreibung, 1945-49

Herkunft der Vertriebenen	Gesamt		Westdeutschland	Ostdeutschland (einschl. Berlin)	Österreich und andere westeurop. Staaten
	in 1.000	in %	in 1.000	in 1.000	in 1.000
ehem. deutsche Ostgebiete	6.980	55,8	4.380	2.600	--
Polen (einschl. Danzig)	980	7,8	630	335	15
Tschechoslowakei	3.000	24,0	1.900	850	250
Sowjetunion (einschl. Baltikum)	270	2,2	180	55	10
Ungarn	210	1,7	175	10	25
Rumänien	250	2,0	145	60	45
Jugoslawien	300	2,4	150	35	115
Gesamt	11.990	95,8	7.560	3.945	460
Quasi-Vertriebene*	525	4,2	385	125	15
Total	12.515	100,0	7.945	4.070	475

* Personen, die ursprünglich aus Vertreibungsgebieten stammten, sich 1944/45 aber bereits auf dem Gebiet des heutigen Deutschland oder in alliierter Kriegsgefangenschaft befanden.
Quelle: Reichling 1986

Der Zuzug von Vertriebenen und ihre Eingliederung in die Nachkriegsgesellschaft verliefen keineswegs konfliktfrei. Im Rückblick ist dennoch eines klar: Für die Integration dieser Gruppe und ihre Akzeptanz durch die deutsche Nachkriegsgesellschaft spielte der erkennbar unfreiwillige Charakter dieser Wanderung, also die Ver-

---

Von den 12 Mio. Vetriebenen der Jahre 1945-49 stammten 56% aus ehemaligen deutschen Ostgebieten, 24% aus der 1945 wieder errichteten Tschechoslowakei, 8% aus Danzig und Teilen Polens, die schon vor 1939 polnisches Staatsgebiet waren (Tabelle 3).

treibung, eine ebenso wichtige Rolle wie die Tatsache, daß es sich dabei im ethnischen oder rechtlichen Sinne um Deutsche handelte (Frantzioch 1987).

Von 1950 bis 1987 setzte sich der Zuzug von Deutschen aus Ostmittel- und Osteuropa auf niedrigerem Niveau fort (vgl. Abbildung 1). Erst danach kam es zu einem deutlichen Anstieg der Aussiedlerzahlen. Bis 1987 wurden in den Grenzdurchgangslagern der Bundesrepublik 1,4 Mio. Aussiedler registriert. Rechtsgrundlage dieser ethnisch privilegierten Zuwanderung nach Deutschland bildete zuerst das *Bundesvertriebenengesetz* von 1953. Als Aussiedler gilt seither, wer als deutscher Volkszugehöriger, „(...) nach Abschluß der allgemeinen Vertreibungsmaßnahmen die zur Zeit unter fremder Verwaltung stehenden deutschen Ostgebiete, Danzig, Estland, Lettland, Litauen, die Sowjetunion, Polen, die Tschechoslowakei, Ungarn, Rumänien, Bulgarien, Jugoslawien, Albanien oder China verlassen hat oder verläßt" (zitiert nach Heinelt, Lohmann 1992: 45). Damit wurde Deutschstämmigen aus ganz Ostmittel- und Osteuropa und Teilen Asiens die Möglichkeit eröffnet, legal in Westdeutschland einzuwandern. Während die ursprüngliche Regelung noch auf kriegsfolgenbedingte Vertreibungen abzielte, wurden Aussiedler 1957 durch eine Gesetzesnovelle den Vertriebenen gleichgestellt und der Begriff der ethnischen Zugehörigkeit präzisiert: „Deutscher Volkszugehöriger ist, wer sich in seiner Heimat zum Deutschtum bekannt hat" (vgl. Heinelt, Lohmann 1992: 67).

Wichtig sind allerdings auch „objektivierbare" Merkmale wie Abstammung, Sprache und kulturelle Orientierung. Aussiedler haben ab der Einreise in die Bundesrepublik nicht bloß einen Rechtsanspruch auf die deutsche Staatsbürgerschaft. Sie können auch eine Reihe sozialstaatlicher Leistungen in Anspruch nehmen. Aussiedler waren dabei in der Vergangenheit zum Teil besser gestellt als die einheimische Bevölkerung (vgl. Kapitel 7).

Die beträchtliche Förderung von Aussiedlern hatte ihren Ursprung im nach 1945 angestrebten Lastenausgleich für Personen, die in ehemals deutschen Gebieten ihr Hab und Gut verloren hatten. Allerdings sind die Leistungen für Aussiedler von heute damit kaum noch zu rechtfertigen. Sie stammen nicht aus Gebieten, die irgendwann zum Deutschen Reich gehörten. Jetzt können die bestehenden Maßnahmen nur noch dem Zweck dienen, Aussiedler möglichst rasch in die deutsche Gesellschaft zu integrieren.

Die Möglichkeit zur Auswanderung eröffnete sich vor 1988/89 für die meisten Aussiedler auf der Basis zwischenstaatlicher Abkommen der Bundesrepublik mit den Regierungen Polens, Rumäniens, der Tschechoslowakei und der Sowjetunion. Die Migration hatte einen höheren Grad an Freiwilligkeit als die Vertreibungen der Jahre 1945-49 und erfolgte in der Regel nur, wenn die Betroffenen einen entsprechenden Antrag stellten. Vor diesem Hintergrund macht die begriffliche Unterscheidung zwischen Aussiedlern (1950-92) bzw. Spätaussiedlern (seit 1993) und Vertriebenen (1945-49) Sinn. Zwar wurden in Polen, Rumänien und der ehemaligen UdSSR lebende Angehörige der deutschen Minderheiten auch nach 1950 in vielen Fällen diskriminiert. Im Vordergrund stand nun aber die individuelle Nutzenabwägung auf Seiten derer, die einen Antrag auf Ausreise in die Bundesrepublik Deutschland (und seltener auch in die DDR) stellten. Große Teile der westdeutschen Öffentlichkeit interpretierten die Wanderungsentscheidung der Aussiedler als Antwort auf politische und soziale Diskriminierung sowie als klares Bekenntnis zum deutschen Volkstum und zum politischen System der Bundesrepublik. Nur selten wurde und wird die Wanderung von Aussiedlern in erster Linie als ökonomisch motivierter Schritt gesehen (Bethlehem 1982; Delfs 1993; Ronge 1993).

Die Bewegungsfreiheit ihrer deutschstämmigen Bürger begrenzten die sozialistischen Staaten in der östlichen Hälfte Europas seit Anfang der 50er Jahre fast im selben Umfang wie die von Angehörigen der jeweiligen Mehrheitsbevölkerung. Die Grenzen wurden gesperrt und bewacht. Das eigenmächtige Verlassen des Staatsgebietes wurde als „Republikflucht" geahndet. Nur wenige Privilegierte erhielten einen Reisepaß.

Nach Ende der organisierten Umsiedlung und Vertreibung gab es eine Zeitlang nur wenige Fälle von Familienzusammenführung. 1950 waren es 47.000, 1952 bloß noch 5.000. In den folgenden 35 Jahren (1953-87) kamen im Jahresschnitt 37.000 Aussiedler nach Deutschland. Die jährlichen Fluktuationen spiegelten einerseits Phasen innenpolitischer Liberalisierung (Polen in der zweiten Hälfte der 50er Jahre; Tschechoslowakei 1967-68; UdSSR nach 1986) wider. Andererseits benutzten vor allem die ehemaligen Regierungen Polens und Rumäniens Zugeständnisse bei den Ausreisegenehmigungen für Aussiedler auch als „Hebel", um ihre politischen Beziehungen zur Bundesrepublik zu verbessern oder Wirtschafts- und Finanzhilfe zu erhalten. Zugleich bestand offenbar die Hoffnung, noch bestehende ethnische Minderheiten durch Auswanderung zu schwächen. All dies spielte Mitte der 50er Jahre eine Rolle, als rund 250.000 Personen deutscher und gemischter Volkszugehörigkeit Polen in Richtung Westdeutschland verlassen durften. Auch in der Phase vor und kurz nach Abschluß des Grundlagenvertrages zwischen Bonn und Warschau (1970/71) erhöhte sich der Zustrom von Aussiedlern aus Polen gegenüber 1968/69 fast auf das Fünffache. 1976 erhielt Polen als Gegenleistung einen (nachträglich läßt sich sagen: verlorenen) Kredit in der Höhe von 1 Mrd. DM. Mit Rumänien vereinbarte die Bundesrepublik 1978 sogar ein Kopfgeld in der Höhe von 12.000 DM, das pro Aussiedler bezahlt wurde. Ähnliche Zahlungen leistete die Bundesrepublik unter etwas anderen Voraussetzungen an die DDR (sog. Gefangenenfreikauf).

Zwischen 1950 und 1987 kamen 62% der Aussiedler aus Polen (848.000), weitere 15% aus Rumänien (206.000). Obwohl es auch in der Sowjetunion eine starke deutsche Minderheit gab, konnten in diesem Zeitraum (1950-87) von dort nur 110.000 Personen (8% der Aussiedler) ausreisen (vgl. Abbildung 1). Trotz Abwanderung lebte der größere Teil der noch bestehenden deutschen Minderheiten weiterhin in ihren traditionellen Siedlungsgebieten (Oberschlesien, Siebenbürgen, Banat) oder in Regionen, in die sie während des Zweiten Weltkrieges zwangsweise umgesiedelt worden waren (vor allem Sibirien, Kasachstan, Kirgisien).

Mit dem Fall des Eisernen Vorhangs und der Aufhebung administrativer Reisebeschränkungen in Ostmittel- und Osteuropa verschwanden Ende der 80er Jahre auch die Migrationsbarrieren für Aussiedler. Ihre Zahl stieg in der Folge erheblich an. Bereits 1988 kamen 203.000 Aussiedler nach Deutschland, fast dreimal so viele wie im Jahr davor. 1990 erreichte der Aussiedlerzuzug mit 397.000 Personen seinen bisherigen Höhepunkt. Von 1988 bis 1998 wanderten insgesamt fast 2,5 Mio. Aussiedler nach Deutschland ein. Den größten Anteil an den Herkunftsregionen hatten in dieser Phase die ehemalige Sowjetunion bzw. die GUS-Staaten (1.672.000 Aussiedler bzw. 68%). Zweitwichtigstes Herkunftsland deutschstämmiger Aussiedler war in dieser Periode Polen (1988-98: 574.000 bzw. 23%). An dritter Stelle kam Rumänien (1988-98: 218.000 bzw. 9%).

Abbildung 1: Zuzug von Aussiedlern nach ihrer Herkunft, 1950-98

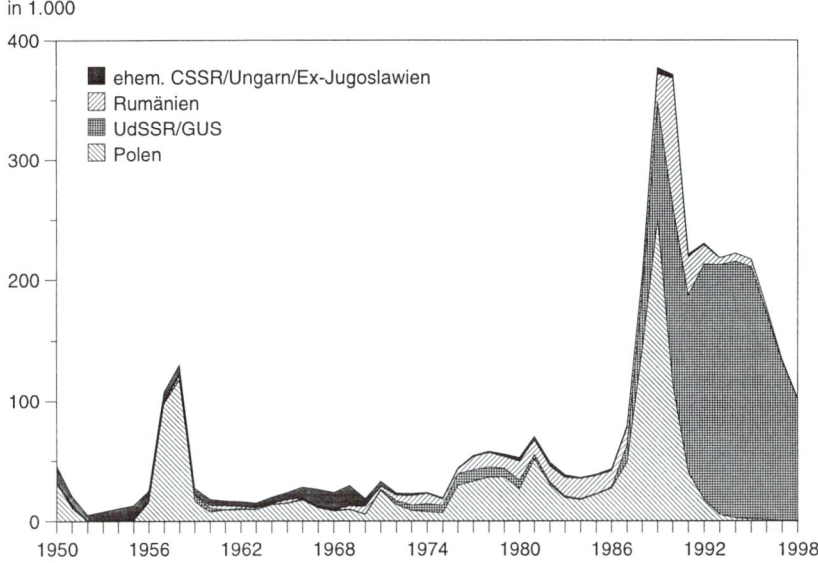

Daten: Bundesverwaltungsamt, Bundesministerium des Inneren

Bis 1989/90 durften Angehörige deutscher Minderheiten aus ihren osteuropäischen Herkunftsländern zwar nicht frei ausreisen, aber in die Bundesrepublik frei einreisen und einen Antrag auf Verleihung der deutschen Staatsbürgerschaft stellen (Anspruchseinbürgerung). Dieser Antrag konnte auch während einer Besuchsreise zu Verwandten oder selbst nach einem illegalen Grenzübertritt gestellt werden. Die schnelle und unbürokratische Einbürgerung ermöglichte es Aussiedlern unter solchen Voraussetzungen, auch ohne reguläre Einwanderung sofort im Land zu bleiben. Ende der 80er Jahre reagierte die Bundesrepublik auf die Liberalisierung der Ausreise aus den Herkunftsländern und den starken Anstieg der Aussiedlerzahlen mit dem *Aussiedleraufnahmegesetz.* Seit 1. Juli 1990 müssen potentielle Aussiedler ihre Einreise nach Deutschland bereits vom Herkunftsland aus beantragen. Zur Prüfung der deutschen Volkszugehörigkeit muß nun ein ca. 50 Seiten langer Fragebogen ausgefüllt werden. Außerdem wird über den Antrag nicht mehr sofort und unbürokratisch entschieden. Diese neuen Regelungen führten bereits 1991 zu einem Rückgang des Aussiedlerzuzugs auf 221.000 und einem Rückstau von noch nicht entschiedenen Anträgen (März 1995: 520.000). Mit dem 1992 verabschiedeten *Kriegsfolgenbereinigungsgesetz* wurde eine jährliche Quote der Aufnahme von Aussiedlern festgelegt. Diese orientierte sich am Durchschnitt der Jahre 1991/92 und liegt bei 220.000. Im Jahr 1994 kamen 222.000 Aussiedler in die Bundesrepublik, im Jahr 1997 nur noch 134.000 (vgl. Abbildung 1). 1998 gingen die Aussiedlerzahlen auf 103.000 zurück. Dies hat mehrere Gründe.

Seit 1993 besteht ein unbedingter Anspruch auf Einwanderung nach Deutschland nur noch für Volksdeutsche, die in den Nachfolgestaaten der Sowjetunion leben. Ethnische Deutsche aus anderen Staaten Mitteleuropas und des Balkans müssen hingegen glaubhaft machen, daß sie selbst wegen ihrer Volkszugehörigkeit benachteiligt werden oder unter den Folgen früherer Benachteiligung leiden. Restriktiv auf den Aussiedlerzuzug wirkt sich derzeit auch die Bestimmung aus, wonach Volksdeutsche nun vor der Einreise die Kenntnisse der deutschen Sprache nachweisen müssen. Andernfalls kann ihnen der Aussiedlerstatus verweigert werden.[7] In den Jahren 1996-97 bestanden nur noch rund 60% aller antretenden Bewerber den inzwischen obligatorischen Sprachtest. Für die verbleibenden 40% besteht keine Möglichkeit, den Test zu wiederholen (Ohliger 1999).

Ein Ende der ethnisch privilegierten Zuwanderung nach Deutschland ist absehbar. Das *Kriegsfolgenbereinigungsgesetz* von 1992 legt fest, daß in Zukunft nur Personen, die vor dem 1. Januar 1993 geboren wurden, einen eigenständigen Antrag auf Aufnahme in Deutschland stellen können. Diese Bestimmung gewinnt allerdings erst dann an Bedeutung, wenn dieser Personenkreis nach dem Jahr 2010 großjährig wird. Personen, die später geboren wurden, können jedoch auch nach 2010 im Rahmen der Familienzusammenführung nach Deutschland kommen.

---

[7] Vgl. das Urteil des Bundesverwaltungsgerichts (BVwG Az 9c.8.96).

Insgesamt kamen zwischen 1950 und 1998 rund 3,8 Mio. Aussiedler nach Deutschland, darunter die meisten aus Polen (1,4 Mio.) sowie aus der Sowjetunion und ihren Nachfolgestaaten (1,8 Mio.). Das Potential für den weiteren Zuzug von Aussiedlern ist nicht eindeutig abschätzbar. Für die Nachfolgestaaten Jugoslawiens, die Tschechische Republik und die Slowakei ist klar, daß dort beinahe keine Deutschen mehr leben. In Rumänien reduzierte die von deutscher Seite ermutigte große Abwanderungswelle (1989-92) die deutsche Volksgruppe auf einen Kern älterer, nicht mehr abwanderungsbereiter Personen (1999: ca. 60.000-80.000). Für Polen wird geschätzt, daß sich 500.000 bis 800.000 Personen selbst als Deutsche verstehen. Vielen von ihnen wurde bereits irgendwann die Aufnahme als Aussiedler genehmigt. Etliche nutzten ihren Aussiedlerstatus aber nicht für eine dauerhafte Übersiedlung in die Bundesrepublik, sondern beantragten bloß einen deutschen Paß. Dadurch wuchs in Polen die Zahl der Personen mit deutscher wie auch polnischer Staatsbürgerschaft (1998: ca. 250.000 Personen). Sie repräsentieren ein beträchtliches Potential für weitere Einwanderungen – unabhängig von den Begrenzungen, die durch das Kriegsfolgenbereinigungsgesetz geschaffen wurden.

Aus einer Reihe von Gründen geben Volkszählungen nur unvollständig Auskunft über die Größe der verbleibenden deutschen Minderheiten in der östlichen Hälfte Europas und in den Nachfolgestaaten der Sowjetunion. Mitte der 90er Jahre dürfte die Zahl der Volksdeutschen in dieser Region noch rund 1,7 Mio. betragen haben, davon über 1 Mio. in den GUS-Staaten. Wie die Statistik zeigt, kommen seit 1991 fast nur noch Aussiedler aus den GUS-Staaten nach Deutschland (vgl. Abbildung 1). Dies ist eine Folge der seither geltenden gesetzlichen Beschränkungen, beweist aber nicht, daß es anderswo keine Angehörigen deutscher Minderheiten mehr gibt.

Zu berücksichtigen ist schließlich: Das Potential zukünftiger Aussiedler enthält einen unbekannten Anteil nicht-deutscher Ehepartner und Kinder. Dieser Anteil ist auf dem Gebiet der ehemaligen Sowjetunion erheblich höher als unter den Aussiedlern, die vor 1992 aus Polen und Rumänien nach Deutschland kamen. Angesichts ökonomischer Transformationskrisen und ethnischer Konflikte in mehreren GUS-Staaten ist überdies zu erwarten, daß sich eine wachsende Zahl von Personen mit deutschen Vorfahren in Zukunft als Angehörige deutscher Minderheiten deklarieren werden, um sich die Option auf eine spätere Auswanderung nach Deutschland offenzuhalten.

2.2 Wanderungen zwischen Ost- und Westdeutschland

Die *Übersiedler* aus der DDR bildeten eine zweite Gruppe von deutschen Migranten. Schon vor der Gründung der beiden deutschen Staaten waren rund 730.000 Personen aus der sowjetischen in die westlichen Besatzungszonen übersiedelt. Nach Gründung der DDR (1949) verließen bis zum Bau der Mauer (August 1961) weitere 3,8 Mio. Ostdeutsche ihr Land. In dieser Periode gab es nur ein einziges Jahr (1959), in dem weniger als 200.000 Personen von Ost- nach Westdeutschland abwanderten. Unzufriedenheit mit dem politischen System der DDR, die ökonomische Anziehungskraft des westdeutschen Wirtschaftswunders, aber auch der Wunsch nach Familienzusammenführung waren die wichtigsten Gründe für die Wanderungen zwischen beiden deutschen Staaten (Ulrich 1990).

Häufig wird allerdings übersehen, daß es auch einen Wanderungsstrom in die Gegenrichtung gab, der sich keineswegs nur aus Funktionären der KPD und einigen prominenten „Überläufern" rekrutierte. Zwischen 1949 und August 1961 übersiedelten immerhin 393.000 Personen aus der Bundesrepublik in die DDR. Jährlich schwankte deren Zahl zwischen 25.000 und 40.000 (vgl. Abbildung 2). Zwar wanderten etliche der West-Ost-Übersiedler aus politischen Motiven in die DDR. Doch in anderen Fällen gaben familiäre Gründe den Ausschlag.

Ungeachtet der individuellen Motive war der Wanderungssaldo zwischen der DDR und der Bundesrepublik Ausdruck der unterschiedlichen Attraktivität beider deutscher Staaten. Dies galt nicht nur auf wirtschaftlichem Gebiet, sondern auch im politisch-institutionellen Sinne. Zugleich bewirkten die anhaltend hohen jährlichen Wanderungsverluste für die DDR eine politische und ökonomische Destabilisierung. Diese verstärkte sich, da Teile der ostdeutschen Bevölkerung auf Versorgungsengpässe und die Durchsetzung sozialisti-

36

scher Eigentumsverhältnisse (Verstaatlichung auch des Kleingewerbes, Kollektivierung der Landwirtschaft) mit Abwanderung reagierten.

Nach einem erneuten Anstieg der Übersiedlung in den Jahren 1960/61 schloß die ostdeutsche Führung mit dem Bau der Berliner Mauer die innerdeutsche Grenze. Diese Maßnahme erwies sich als außerordentlich wirksam. Der Migrationsstrom riß Mitte August 1961 deutlich ab. Zwischen 1962 und 1988 betrug die Zahl der Übersiedler aus der DDR in die BRD im Jahresdurchschnitt nur 23.000 Personen: weniger als ein Zehntel der Wanderungen der Periode bis 1961. Auch die Zahl der Westdeutschen, die in die DDR übersiedelten, sank auf durchschnittlich 3.000 pro Jahr (vgl. Abbildung 2).

Trotzdem ist bemerkenswert, daß der Wanderungsstrom nicht völlig zum Erliegen kam. Zwischen August 1961 und Ende 1988 emigrierten insgesamt 600.000 DDR-Bürger in die Bundesrepublik. Darunter waren von der Bundesrepublik freigekaufte Häftlinge (34.000) und andere Personen, über deren Ausreise individuell verhandelt worden war (insgesamt ca. 215.000 Personen). Hinzu kamen DDR-Bürger im Rentenalter, von denen die meisten frei reisen durften. Erst mit der zunehmenden Destabilisierung des SED-Regimes im Jahr 1989 stieg auch die Zahl jener wieder an, die die DDR gegen den Willen der Behörden verließen. Zehntausende flüchteten in bundesdeutsche Botschaften (Budapest, Prag, Warschau) sowie über die ungarisch-österreichische Grenze in den Westen.

Nach dem Fall der Mauer kam es zu einer völlig unkontrollierten Massenabwanderung. Insgesamt verließen 1989 rund 390.000 und 1990 weitere 395.000 Personen die DDR. Diese hohe Abwanderung nach Westdeutschland war ein Faktor, der den Zusammenbruch der DDR 1989/90 noch beschleunigte. Nach der deutschen Vereinigung nahm die Zahl der nun innerdeutschen Ost-West-Wanderer deutlich ab. Zugleich erhöhte sich die Zahl der West-Ost-Migranten. 1997 wanderten nur noch 168.000 Personen aus Ostdeutschland in den Westen, aber bereits 157.000 Personen von West- nach Ostdeutsch (Saldo 1997: -10.000 Personen). In Summe verlor Ostdeutschland im Zeitraum 1989-97 durch die Wanderung zwischen beiden Teilen Deutschlands mehr als 1,2 Mio. Einwohner (Abwanderer in den Westen: 2,1 Mio., Zuwanderer aus dem Westen: 940.000). Weitere

300.000 Ostdeutsche pendeln täglich oder wöchentlich zur Arbeit nach Westdeutschland.[8]

Abbildung 2: Migration zwischen Ost- und Westdeutschland, 1950-97

in 1.000

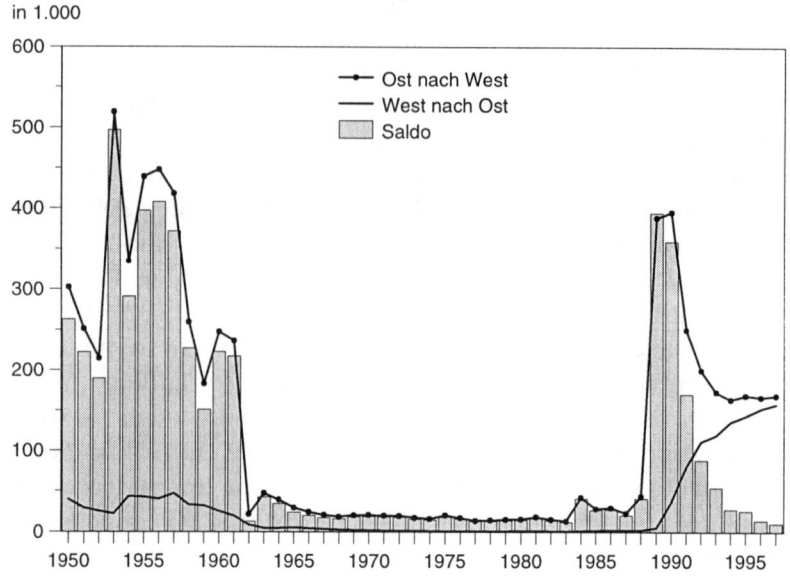

Quelle: 1950-90: Rudolph 1996; 1991-97: Statistisches Bundesamt

Insgesamt verlor Ostdeutschland zwischen 1949 und 1997 durch Abwanderung rund ein Viertel seiner Bevölkerung (vgl. Tabelle 1).[9] In diesem Zeitraum wanderten 6,6 Mio. Deutsche von Ost- nach Westdeutschland, aber nur 1,4 Mio. von West- nach Ostdeutschland (siehe Abbildung 2).[10]

---

[8] Diese Zahl schließt jene ca. 200.000 Ostdeutschen nicht mit ein, die täglich nach West-Berlin pendeln (Schupp, Wagner 1994).

[9] Gegenüber dem Ausland hatte Ostdeutschland seit 1992 durchweg eine positive Wanderungsbilanz, zu der nicht zuletzt die bundesweit quotierten Zuweisungen von Aussiedlern und Asylbewerbern beitrugen.

[10] Durch Zuwanderung aus dem Ausland (v.a. Aussiedler und Asylbewerber) ist der Wanderungsverlust Ostdeutschlands nicht ganz so groß, wie es eine bloße Betrachtung der Ost-West-Wanderungen vermuten ließe.

Die Zuwanderung von Aus- und Übersiedlern nach Westdeutschland hatte eine Reihe von Ursachen. Wichtigster Auslöser waren zweifellos die ökonomisch, politisch und kulturell unbefriedigenden Lebensverhältnisse und die Hoffnung auf ein besseres Leben im Westen. Entscheidend war allerdings das Staatsangehörigkeitsrecht und die Aufnahmepraxis. DDR-Bürger und Volksdeutsche galten entweder aufgrund ihrer Abstammung (DDR-Bürger und andere ehemalige Reichsdeutsche seit 1949) oder aufgrund ihrer Volkszugehörigkeit (Aussiedler seit 1950/53) als potentielle Staatsbürger der Bundesrepublik. In anderen westlichen Ländern hätte dieser Personenkreis allenfalls einen Asylantrag stellen können und wäre zweifellos nicht rasch eingebürgert worden.[11]

Vertriebene, Aus- und Übersiedler fanden nicht bloß privilegierte Aufnahme, sie wurden zur Erleichterung ihrer Integration in Westdeutschland auch besonders gefördert. Das betraf Entschädigungen für zurückgelassenes Eigentum, die Anerkennung von Rentenansprüchen, vorrangige Wohnraumzuweisung, Zuschüsse für den Aufbau eines Haushalts, Deutschkurse und weitere Eingliederungshilfen, darunter Ausbildungszuschüsse, Umschulungsprogramme und die Anerkennung im Ausland erworbener Bildungsabschlüsse. Die öffentliche Akzeptanz für diese aufwendigen Integrationsprogramme wurde in der unmittelbaren Nachkriegszeit geschaffen. Die in dieser Zeit getroffenen Regelungen existierten zum größten Teil bis in die 90er Jahre. Gekürzt wurden zwischen 1991 und 1996 vor allem Ansprüche der Aussiedler an die Renten- und Arbeitslosenversicherung. Sie werden nun nicht mehr so behandelt, als wenn sie ihren Beruf lebenslang in Deutschland ausgeübt hätten. Einige Integrationsmaßnahmen für Aussiedler gibt es bis heute. Darunter fallen ein (von zwölf auf sechs Monate verkürzter) kostenloser Deutschkurs, finanzielle Eingliederungshilfen und Zuweisung von Wohnraum. Seit 1997 müssen Aussiedler allerdings den zugewiesenen Wohnort beibehalten, solange sie Eingliederungshilfen in Anspruch nehmen.

---

[11] Der Wanderungsverlust Ostdeutschlands im Rahmen der innerdeutschen Ost-West-Migration betrug 1950-97 ca. 5,2 Mio. (Abbildung 2). Zum Vergleich: In Österreich, das 1945-47 rund 420.000 Vertriebene aufgenommen hatte, lebten über 300.000 Volksdeutsche bis 1953 als Staatenlose (Fassmann, Münz 1995; Stanek 1985).

Dies dient einer gerechteren räumlichen Verteilung der Lasten, beschleunigt aber keineswegs die Integration. Denn eine frühzeitige Binnenwanderung in Regionen mit besseren Arbeitsmarktchancen oder zu bereits länger in Deutschland lebenden Verwandten und Bekannten unterbleibt nun in der Regel.

Eine weitere Besonderheit der Zuwanderung von DDR-Übersiedlern und Aussiedlern war bzw. ist, daß sie von wirtschaftlichen Konjunkturen und Krisen in der Bundesrepublik weitgehend unbeeinflußt blieb. Viel entscheidender war das politische Klima in den jeweiligen Herkunftsländern und das Ausmaß, in dem sich die jeweiligen Bonner Regierungen für Ausreiseerleichterungen für diesen Personenkreis engagierten oder Ausreisewillige „freikauften".

2.3 Aus- und Rückwanderung von Deutschen

Weniger im öffentlichen Bewußtsein verankert als die Wanderungen zwischen Ost- und Westdeutschland ist die Tatsache, daß Deutsche auch in größerer Zahl in andere Staaten auswandern. Im 19. und frühen 20. Jahrhundert handelte es sich um eine zum kleineren Teil politisch, vor allem aber ökonomisch motivierte Auswanderung nach Übersee. 7 Mio. Deutsche gingen zwischen 1800 und 1930 in die USA, nach Kanada und nach Südamerika. Der Erste Weltkrieg und die zu Beginn der 20er Jahre restriktiver gefaßten Einwanderungsgesetze der USA unterbrachen diesen Strom (Bade 1992b) oder lenkten ihn von der USA in Richtung anderer Einwanderungsländer. Zugleich kam es während der Weltwirtschaftskrise zu einer beträchtlichen Rückwanderung. Ab 1933 handelte es sich bei den Auswanderern in erster Linie um Personen, die im nationalsozialistischen Deutschland aus politischen, rassischen oder religiösen Gründen verfolgt wurden. Ziele der jüdischen und der politischen Emigration waren die europäischen Nachbarstaaten, die USA, die Sowjetunion sowie eine Reihe anderer Staaten in Übersee (Kulischer 1948).

Nach 1945 standen ökonomische Gründe wieder im Vordergrund. Viele versuchten, aus dem zerstörten Deutschland nach Übersee zu emigrieren. Manchen ging es um bessere Berufschancen, andere wollten der „Enge" der Nachkriegsgesellschaft entfliehen. Wieder andere heirateten Angehörige der alliierten Streitkräfte und wanderten anschließend in die Herkunftsländer dieser Soldaten – insbesondere in die USA – aus. Später dominierte die Auswanderung zu Studienzwecken oder im Rahmen einer beruflichen Karriere. Heute kommt eine wachsende Zahl deutscher Rentner hinzu, die ihren Wohnsitz am Lebensabend in den Süden (v.a. nach Österreich, Italien oder Spanien) verlegen.

Insgesamt gingen zwischen 1954 und 1997 rund 2,0 Mio.[12] (West)-Deutsche für längere Zeit oder für immer ins Ausland (Jahresdurchschnitt: 47.000). Etwas über dem Durchschnitt lag die Zahl der Auswanderer in den Jahren bis 1973 (1954-1973: 1,6 Mio.; durchschnittlich 84.000 pro Jahr) sowie 1989-1997 (ca. 104.000 pro Jahr). Die Auswanderungswelle der frühen 90er Jahre bestand zum Teil aus volksdeutschen Aussiedlern, für die Deutschland nur eine Durchgangsstation auf dem Weg in die USA, Kanada, Australien oder Südafrika war. Eine andere Ursache war der Abbau der alliierten Streitkräfte in Deutschland seit Ende der 80er Jahre. In vielen Fällen folgten deutsche Ehepartner den ausländischen Soldaten und Zivilangestellten in deren Heimatländer (Schulz 1994).

Trotz der genannten Beispiele war und ist die Auswanderung von Deutschen in der Mehrzahl der Fälle keine endgültige. In den vergangenen Jahrzehnten gab es eine beträchtliche Zahl von Rückwanderern. Von 1954 bis 1995 wanderten ca. 3,5 Mio. Deutsche (wieder) in die Bundesrepublik ein.[13] Diese Wanderungen entwickelten sich parallel zu den Auswanderungen. Sie waren in den 50er und 60er Jahren höher, dann etwas geringer. Analog zu den Auswanderungen stiegen auch die Ein- und Rückwanderungen von deutschen Staatsbürgern Ende der 80er Jahre wieder an. Dennoch überwiegt bei den Einheimischen die Abwanderung. Im Saldo verlor Deutschland von 1954 bis 1997 durch diese Wanderungen allein gegenüber Westeuropa, Nordamerika und Entwicklungsländern ca. 1,5 Mio. Einwohner (im Schnitt netto: -35.000 pro Jahr).

---

[12] Diese Zahl schließt die Wanderungen aus der Bundesrepublik in die DDR nicht mit ein.

[13] Übersiedler aus der DDR und Aussiedler sind in dieser Zahl nicht enthalten.

3 Die Zuwanderung von Ausländern

3.1 Anwerbung und Rotationsmodell

Neben den Vertriebenen der Jahre 1945-48 trugen Ausländer aus Mittelmeerländern am meisten zum westdeutschen Wanderungsgewinn bei. Die Zuwanderung von Ausländern wurde von der Bundesrepublik ab Mitte der 50er Jahre aus wirtschaftlichen Gründen initiiert und in der Anfangsphase zwischenstaatlich geregelt.

Bereits vor dem Zweiten Weltkrieg gab es Phasen einer verstärkten Zuwanderung von Arbeitskräften aus anderen europäischen Ländern. Die Volkszählung von 1910 ergab eine Zahl von 1,3 Mio. Ausländern in Deutschland. Von ihnen waren 50% österreichische Staatsbürger (v.a. aus Böhmen, Mähren und Galizien), 11% Niederländer und 11% Bürger des zaristischen Rußland (v.a. aus dem russischen Teil Polens und dem Baltikum). Somit stammte damals die große Mehrzahl aus dem nahen Ausland. Auch in der Zwischenkriegszeit gab es Zuwanderung vor allem aus den Nachbarstaaten. Von den 1 Mio. Ausländern des Jahres 1925 stammten 27% aus Polen, 23% aus der Tschechoslowakei und 14% aus Österreich.

Während des Zweiten Weltkriegs konnte die deutsche Kriegswirtschaft zu einem erheblichen Teil nur durch den Einsatz ausländischer Fremd- und Zwangsarbeiter aufrechterhalten werden (Bade 1992b; Dohse 1981). Die Zahl der damals überwiegend zwangsweise beschäftigten Ausländer in Deutschland stieg dabei bis 1944/45 auf knapp 8 Mio. (Herbert 1986). Hinzu kamen Kriegsgefangene und überlebende KZ-Häftlinge. Die meisten von ihnen kehrten 1945/46 wieder in ihre Heimatländer zurück oder wurden gegen ihren Willen dorthin zurückgeschickt.[14] Andere wanderten nach Israel und Übersee aus. Nur wenige blieben als „displaced persons" in Deutschland.

Unmittelbar nach dem Krieg erschwerte die hohe Arbeitslosigkeit zunächst die wirtschaftliche und soziale Integration der Vertriebenen und Kriegsheimkehrer. Mit dem Einsetzen des exportorientierten deutschen „Wirtschaftswunders" wuchs jedoch die Arbeitskräftenachfrage in den 50er Jahren rasch. Die Arbeitslosigkeit verringerte sich schnell, und sowohl Vertriebene als auch DDR-Übersiedler wurden in großer Zahl in die westdeutsche Wirtschaft integriert (Luettinger 1986).

Trotz der großen Zahl von Vertriebenen und des jährlichen Zuzugs hunderttausender DDR-Bürger konnten bereits in den 50er Jahren in einigen westdeutschen Branchen Arbeitsplätze nicht mehr besetzt werden. Die westdeutsche Wirtschaft begann, in Südeuropa Gastarbeiter zu rekrutieren. 1955 schloß die Bundesrepublik ein entsprechendes Abkommen mit Italien und während der 60er Jahre in kurzer Folge mit Spanien (1960), Griechenland (1960), der Türkei (1961), Marokko (1963), Portugal (1964), Tunesien (1965) und Jugoslawien (1968) (Rudolph 1996).

Anfangs hatten die Anwerbeabkommen nur wenig Bedeutung. In Zeiten des „Wirtschaftswunders" expandierte die Beschäftigung zunächst durch den Abbau von Arbeitslosigkeit und die Eingliederung von geflüchteten DDR-Bürgern. 1950 gab es in der Bundesrepublik nur rund 72.000 ausländische Arbeitskräfte. 1960 waren es 329.000, unter ihnen die Hälfte Italiener (144.000). Erst der Bau der Mauer führte zu einem „take-off" der Ausländerbeschäftigung (Abbildung 3).

1960 war die Anzahl der offenen Stellen in Westdeutschland zum ersten Mal seit 1945 höher als die Zahl der Arbeitslosen. Mittelfristig wurde damals ein weiterer Rückgang des deutschen Arbeitsangebots erwartet: als Folge der demographischen Entwicklung, aber auch wegen der durch die beginnende Bildungsexpansion verlängerten

---

[14] Viele zwangsrekrutierte Arbeitskräfte, Vertriebene, Kriegsgefangene und KZ-Häftlinge aus der Sowjetunion, die die westlichen Alliierten gegen ihren Willen repatriierten, wurden nach ihrer Rückkehr in der UdSSR in Arbeitslagern inhaftiert, manche sogar hingerichtet. Die Zwangsrückführungen in die Sowjetunion wurden erst Ende 1946 - also mit Beginn des Kalten Krieges - abgebrochen (Fassmann, Münz 1994).

Ausbildungszeiten und wegen des sinkenden Rentenalters. Überdies verringerte der Babyboom zu jener Zeit die Erwerbsbeteiligung der Frauen. Die deutsche Exportwirtschaft befand sich in einem anhaltenden Boom. Alternativen zur Anwerbung von Gastarbeitern wurden kaum diskutiert. Rationalisierungsinvestitionen hätten die Arbeitskräfteknappheit kurzfristig nicht lösen können. Eine verstärkte Erwerbstätigkeit deutscher Ehefrauen und Mütter schien in jener Periode, in der eine Renaissance traditioneller Familienwerte propagiert wurde, nicht in Frage zu kommen (Rudolph 1996). Es gab zu diesem Zeitpunkt auch wenig Anreize, deutsches Kapital im Ausland, insbesondere in Billiglohnländern zu investieren.

Abbildung 3: Ausländische Bevölkerung, sozialversicherungspflichtig Beschäftigte und ausländisches Erwerbspotential in Deutschland, 1960-97

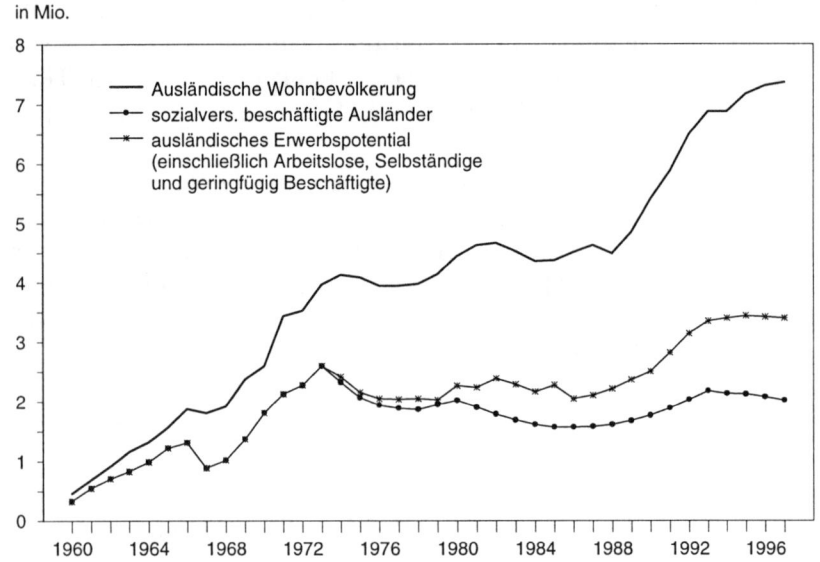

Daten: Amtliche Nachrichten der Bundesanstalt für Arbeit; Statistisches Bundesamt; bis 1990 nur Westdeutschland

Deshalb forcierte die westdeutsche Wirtschaft die Anwerbung von Ausländern. 1964 wurde bereits der einmillionste Gastarbeiter gezählt – und damals auch gefeiert.[15] Neben Italien (296.000) gewannen Griechenland (155.000) und Spanien (151.000) als Herkunftsländer an Bedeutung (Abbildung 7). Die Gesamtzahl der Ausländer in Westdeutschland betrug Ende 1964 etwa 1,2 Mio. (2,1% der westdeutschen Bevölkerung). 1970 waren es bereits 3 Mio. (5%). Die Ausländerbeschäftigung erreichte 1973 mit 2,6 Mio. ihren bisherigen Höhepunkt. 12% aller unselbständig Beschäftigten hatten damals keinen deutschen Paß. Arbeitsmigranten aus der Türkei (605.000), aus Jugoslawien (535.000) und aus Italien (450.000) bildeten damals die größten Gruppen. Insgesamt lebten 1973 fast 4 Mio. Ausländer in Westdeutschland (Ausländeranteil: 7%).

Abbildung 4: Zuzüge und Fortzüge von Ausländern, Wanderungssaldo für Deutschland, 1954-1998*

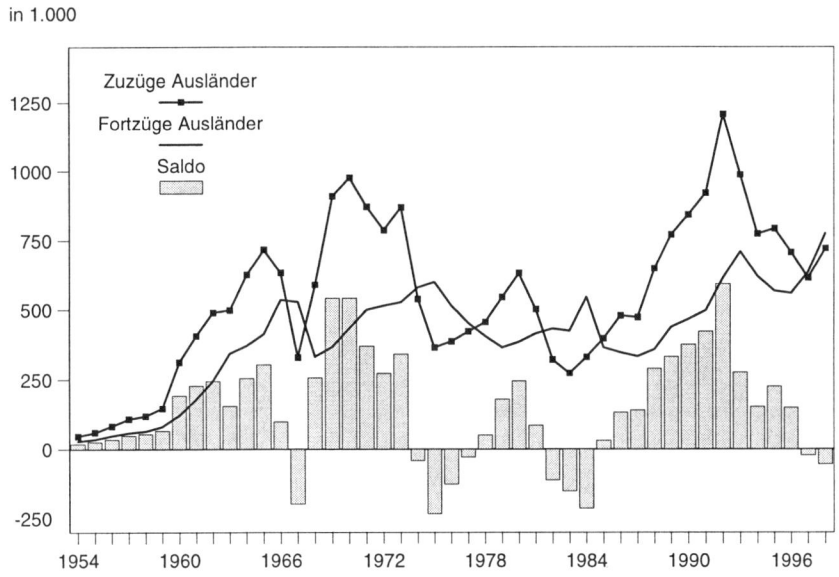

in 1.000

* *1998 vorläufiger Wert.*

Daten: Statistisches Bundesamt; bis 1990 nur Westdeutschland

---

15 Der Portugiese Armando Rodriguez wurde 1964 als einmillionster Gastarbeiter am Bahnhof von Köln-Deutz offiziell begrüßt und mit einem Motorrad beschenkt. Der SPIEGEL widmete ihm damals eine Titelgeschichte (Münz, Ulrich 1993).

Tabelle 4: Ausländische Wohnbevölkerung und Beteiligung am Erwerbsleben, 1973-1997

	Ausländische Wohnbevölkerung	sozialversicherungspflichtig beschäftigte Ausländer	selbständige Ausländer	arbeitslose Ausländer	geringfügig beschäftigte Ausländer**
1973	3,97	2,60	*	*	*
1974	4,13	2,33	0,07	*	0,02
1975	4,09	2,07	0,07	*	0,02
1976	3,95	1,94	0,08	*	0,03
1977	3,95	1,89	0,08	0,04	0,07
1978	3,98	1,87	0,09	0,06	0,08
1979	4,14	1,95	0,10	0,09	0,60
1980	4,45	2,02	0,10	0,11	0,05
1981	4,63	1,91	0,10	0,17	0,06
1982	4,67	1,79	0,11	0,25	0,24
1983	4,53	1,69	0,12	0,29	0,31
1984	4,36	1,61	0,13	0,27	0,29
1985	4,38	1,57	0,14	0,25	0,32
1986	4,51	1,57	0,13	0,25	0,23
1987	4,63	1,58	0,13	0,26	0,13
1988	4,49	1,61	0,14	0,27	0,21
1989	4,85	1,68	0,15	0,23	0,30
1990	5,41	1,77	0,16	0,20	0,37
1991	5,88	1,89	0,19	0,21	0,53
1992	6,50	2,03	0,23	0,27	0,61
1993	6,88	2,18	0,24	0,36	0,56
1994	6,88	2,14	0,27	0,42	0,57
1995	7,17	2,13	0,26	0,44	0,61
1996	7,31	2,08	0,28	0,50	0,57
1997	7,37	2,02	0,27	0,55	0,57

Keine Daten verfügbar.
** *Differenz aus der Summe der Arbeiter und Angestellten und den sozialversicherungspflichtig Beschäftigten.*

Quelle: Statistisches Bundesamt

Zweck des Anwerbeverfahrens war nicht die Organisation und Steuerung von Einwanderung nach dem Vorbild Frankreichs und der USA, sondern die Beseitigung konjunkturell und demographisch bedingter Engpässe auf dem westdeutschen Arbeitsmarkt. Gesucht und ins Land geholt wurden nur Personen, für die es auch Arbeit gab: überwiegend schlecht bezahlte, wenig prestigeträchtige und unattraktive Arbeit, für die sich Bundesdeutsche kaum interessierten. Die bei der Anwerbung ausgestellten Arbeits- und Aufenthaltserlaubnisse waren in der Regel jeweils nur für ein Jahr gültig. In den ersten Jahren der Gastarbeitermigration war der temporäre Charakter des Arbeitsaufenthalts und die damit verbundene Rotation nicht umstritten. Sie wurden nicht nur von der deutschen Wirtschaft und Öffentlichkeit akzeptiert, sondern auch von den Gastarbeitern und ihren Herkunftsländern. Dadurch erklärt sich das hohe jährliche Niveau von Zuzügen und Fortzügen der 60er und frühen 70er Jahre (vgl. Abbildung 4).

Ähnlich wie die Bundesrepublik handelte später auch die DDR. Sie engagierte zur Verringerung der chronischen Arbeitskräfteknappheit ab den 60er Jahren Vertragsarbeiter aus staatssozialistischen Ländern Mitteleuropas, später auch aus Kuba, Mosambik und Vietnam. Dabei hielten die DDR-Verantwortlichen viel konsequenter als die westdeutschen Behörden am Rotationsprinzip fest (Dorbritz, Speigner 1990). Fast alle Arbeitsmigranten mußten nach Ablauf der vereinbarten Frist in ihre Heimatländer zurückkehren. Quantitativ spielte die Ausländerbeschäftigung jedoch in der DDR nie eine so wichtige Rolle wie in der Bundesrepublik. Selbst in den späten 80er Jahren lag die Zahl der Vertragsarbeiter nie über 200.000.

Von 1954 bis 1965 waren im Jahresschnitt die Zuzüge von Ausländern in die Bundesrepublik um 136.000 größer als die Fortzüge. Als Folge der westdeutschen Rezession von 1966/67 gingen die Zuzüge der Gastarbeiter deutlich zurück, die Fortzüge stiegen. Während Westdeutschland 1966 noch einen Wanderungsgewinn gegenüber dem Ausland von 97.000 Personen hatte, gab es 1967 einen Wanderungsverlust von 198.000 Ausländern. Die Konjunkturabhängigkeit des Zuzugs und Wegzugs von Arbeitsmigranten war in dieser Phase deutlich erkennbar. Nachdem sich die Konjunktur „erholte", gab es schon 1968 wieder einen Wanderungsgewinn durch Anwerbung neuer Arbeitskräfte.

Von 1968 bis 1973 kamen mehr Gastarbeiter ins Land als je zuvor. Tag für Tag wurden 500 bis 1.000 neue Gastarbeiter für Deutschland rekrutiert: im Schnitt ein Wanderungsgewinn von 387.000 Personen pro Jahr (1968-1973). In bestimmten Phasen mußten Züge und Flugzeuge gechartert werden, um rascher neue Arbeitskräfte ins Land zu bringen. Die ausländische Bevölkerung wuchs in dieser Phase (1968-73) von 1,9 auf 4,0 Mio. Personen. Die Zahl der sozialversicherungspflichtig beschäftigten Ausländer stieg von 1,1 Mio. (1968) auf den bisherigen historischen Höchststand von 2,6 Mio. (1973). Zum Vergleich: 1997 waren in Deutschland im Jahresschnitt nur 2,0 Mio. Ausländer sozialversicherungspflichtig beschäftigt (vgl. Tabelle 4). Das ausländische Erwerbspotential (einschließlich der Arbeitslosen) betrug 3,4 Mio. Personen.

Das anfänglich allgemein akzeptierte Rotationsmodell verlor ab den späten 60er Jahren langsam an Akzeptanz und Durchsetzbarkeit. Viele Gastarbeiter konnten das für den Aufenthalt in Deutschland selbstgesetzte Sparziel nicht innerhalb von ein oder zwei Jahren erreichen. Auch für die westdeutschen Arbeitgeber brachte die ständige Rotation ihrer ausländischen Belegschaft wesentliche Nachteile. Sie wollten nicht ständig neue Arbeitskräfte anstellen und einschulen, bloß weil bei anderen Ausländern die Arbeits- und Aufenthaltserlaubnis abgelaufen war. Kritik an der ständigen Rotation von Gastarbeitern wurde damals sowohl von den Regierungen einiger Herkunftsländer als auch von den deutschen Gewerkschaften und anderen Gruppen formuliert. Die deutsche Bundesregierung reagierte darauf 1971 mit einer Erleichterung der Verlängerung von Aufenthaltsgenehmigungen. Damit begann für viele die Verfestigung ihres Status. In der Folge kam es in stärkerem Maße zum Nachzug von Familienangehörigen. Die Möglichkeiten der deutschen Behörden, Zuwanderungen je nach Entwicklung des Arbeitsmarktes zu regulieren, verringerten sich dadurch beträchtlich.

3.2 Anwerbestopp, Versuch einer Konsolidierung, neue Zuwanderungswelle

Für die Zuwanderung von Ausländern nach Deutschland bedeutete das Jahr 1973 einen wesentlichen Einschnitt. Die deutsche Regierung erhöhte zunächst die Gebühren, die Arbeitgeber für die Anwerbung von Gastarbeitern zahlen mußten, auf das Dreifache. Dies geschah bereits vor dem ersten Ölpreis-Schock und der darauf folgenden Rezession. Ein Stopp oder eine deutliche Begrenzung der Gastarbeiteranwerbung erfolgte in diesem Zeitraum auch in anderen europäischen Ländern: zuerst in der Schweiz unter dem Einfluß fremdenfeindlicher und rechtspopulistischer Bewegungen (1970), knapp darauf im sozialdemokratisch regierten Schweden (1972), später in Frankreich (1974). Nach dem OPEC-Ölembargo verkündete die Bundesregierung im Oktober 1973 die Beendigung der Anwerbung von Gastarbeitern (Anwerbestopp).

Damit existieren seit 1973 im wesentlichen folgende Möglichkeiten, einer legalen Zuwanderung von Ausländern nach Deutschland:

- Freizügigkeit für Staatsbürger anderer Mitgliedsländer der EU sowie (seit 1994) des Europäischen Wirtschaftsraumes (EWR);
- bestehende legale Arbeitsmöglichkeiten für neu hinzukommende Bürger von Nicht-EU-Staaten (Vertragsarbeiter, Saisonarbeiter, „neue Gastarbeiter");
- Recht auf Familiennachzug für ausländische Ehepartner und minderjährige Kinder (bis 16 Jahre) von in Deutschland lebenden Ausländern;
- befristete Rückkehrmöglichkeit für Ausländer mit Aufenthaltsberechtigung in Deutschland, die in einem Drittstaat oder im Herkunftsland leben;
- Antrag auf Asyl für politisch Verfolgte und ihre unmittelbaren Familienangehörigen.

Daneben gab und gibt es:

- Sonderregelungen für Kontingentflüchtlinge;
- Regelungen zur vorübergehenden Duldung von Kriegsopfern und Vertriebenen (seit 1993);
- Ausnahmen für Manager internationaler Unternehmen, Militärpersonal verbündeter Staaten, Bedienstete internationaler Organisationen, Diplomaten, Korrespondenten ausländischer Medien, reproduzierende Künstler, ausländische Studenten.

Der Anwerbestopp zielte als Teil eines Maßnahmenpaketes auf eine Konsolidierung und Verringerung der Ausländerbeschäftigung in Deutschland. Begleitende Maßnahmen sollten entweder eine Rückkehr in die Herkunftsländer oder die soziale Integration in

Deutschland fördern. Dieses Paket begrenzte in den folgenden Jahren die Höhe der Zuwanderung von Ausländern (siehe Abbildung 4). Aber es erreichte mittelfristig nicht das gewünschte Resultat. Zum Teil hatten die Maßnahmen völlig unbeabsichtigte Nebenwirkungen. Dies gilt vor allem mit Blick auf die Struktur der Zuwanderung und ihre Konjunkturabhängigkeit (vgl. Einleitung; siehe auch Bade 1994b; Höhn, Rein 1990).

In der Rezession 1974/75 kam es wieder zu einem Rückgang der Zuzüge und zu einem leichten Anstieg der Fortzüge. Der Wanderungssaldo von Ausländern war in den Jahren 1974 bis 1977 negativ. Insgesamt ging die Zahl der in Deutschland lebenden Ausländer in diesen vier Jahren um weniger als 200.000 Personen zurück, die Zahl der ausländischen Beschäftigten sank hingegen um 706.000 auf 1,9 Mio. (1977). Diese Entwicklung war nicht von Dauer. Bereits 1976 stiegen die Zuzüge an, und die Fortzüge sanken. 1978 hatte die ausländische Bevölkerung wieder einen Wanderungsgewinn von 50.000 Personen. 1979 waren es 180.000 und 1980 schon 246.000 Personen (siehe Abbildung 4).

1980 lebten 4,5 Mio. Ausländer in der Bundesrepublik (Ausländeranteil: 7%). Die Zahl der sozialversicherungspflichtig beschäftigten Ausländer betrug 2,0 Mio., unter ihnen in erster Linie Arbeitsmigranten aus der Türkei (592.000), Jugoslawien (357.000) und Italien (309.000; siehe Abbildung 5). Das ausländische Erwerbspotential lag bei 2,3 Mio. Personen. In den darauffolgenden Jahren ging die Zahl der Ausländer trotz der Rezession der frühen 80er Jahre nur unwesentlich zurück (1985: 4,4 Mio.), während die Zahl der ausländischen Beschäftigten deutlich sank (1985: sozialversicherungspflichtig Beschäftigte 1,6 Mio.; Erwerbspotential 2,3 Mio.). In dieser Periode (1983-84) versuchte die Bundesregierung, die Rückkehr von Arbeitsmigranten in ihre Herkunftsländer durch finanzielle Anreize zusätzlich zu fördern. Tatsächlich wanderten in den Jahren 1982-84 per Saldo 470.000 Ausländer ab. 1985-87 war der Wanderungssaldo der Ausländer hingegen wieder positiv (siehe Abbildung 4).

Die sinkende Ausländerbeschäftigung jener Periode hatte ganz unterschiedliche Ursachen. Neben dem verlangsamten Wirtschaftswachstum hatte der Eintritt der deutschen Babyboom-Generation auf den Arbeitsmarkt entscheidenden Einfluß. Überdies bauten Sektoren und Branchen, in denen Ausländer Beschäftigung gefunden hatten, massiv Arbeitsplätze ab (Münz, Ulrich 1993).

Nach 1987 kam es zu einer neuen Welle der Zuwanderung von Ausländern. Dazu trugen die steigende Zahl der Asylbewerber (siehe Abbildung 6), der Fall des Eisernen Vorhangs, Kriege und ethnische Säuberungen im ehemaligen Jugoslawien sowie die sich zuspitzende Situation im kurdisch besiedelten Teil der Türkei bei. Die Konflikte im ehemaligen Jugoslawien und im Südosten der Türkei schlugen sich nicht nur in der Statistik der Asylanträge nieder. Sie waren für etliche Arbeitsmigranten aus beiden Ländern auch ein Anlaß, weitere Familienangehörige nach Deutschland zu holen.

Neben Migrationsursachen in den jeweiligen Herkunftsländern gab es damals auch ein ökonomisches Signal aus Deutschland. Die relativ gute Wirtschaftslage der späten 80er Jahre und der durch die deutsche Vereinigung ausgelöste kurze Wirtschaftsboom 1990/91 trugen zur Beschäftigung neuer ausländischer Arbeitskräfte bei. Damit verbunden war das Auftreten neuer Gruppen von Arbeitsmigranten, vor allem aus Polen und der Tschechischen Republik, aber auch aus den übrigen Staaten Ostmittel- und Osteuropas, darunter Personen, die auf der Grundlage von Werkverträgen, als Saisonarbeiter (z.B. Erntehelfer), Grenzgänger oder ausdrücklich zur beruflichen Qualifikation nach Deutschland kamen und kommen. Neue legale Zuzugsmöglichkeiten und Beschäftigungsformen für individuell befristete Zeiträume wurden für osteuropäische Saisonarbeiter, Kontraktarbeiter, Gastarbeiter oder Grenzgänger seit Anfang der 90er Jahre geschaffen (Hönekopp 1997a; Rudolph 1996; Velling 1994). Zugleich verband sich damit die Hoffnung, daß die Rücküberweisungen dieser neuen Arbeitsmigranten mit begrenztem Aufenthaltsrecht die Situation der Bevölkerung in den ostmitteleuropäischen Herkunftsländern verbessern und den Auswanderungsdruck verringern hilft.

Die zeitlichen Beschränkungen dieser Beschäftigungsformen und das Verbot von Familiennachzug sollten vor allem dazu dienen, Engpässe auf dem Arbeitsmarkt, beispielsweise im Pflegebereich, zu beseitigen. Zugleich sollten sie eine Anpassung an die Erfordernisse des Arbeitsmarktes gewährleisten, aber die sozialen Folgekosten dauerhafter Zuwanderung vermeiden. Ausländische Saisonarbeitnehmer können bis zu drei Monate im Jahr einer Beschäftigung in der Landwirtschaft und anderen ausgewählten Bereichen, etwa dem Hotel- und Gaststättengewerbe nachgehen.

Tabelle 5: Ostmittel- und osteuropäische Arbeitnehmer* auf dem westdeutschen Arbeitsmarkt, 1991-96

	1991	1992	1993	1994	1995	1996
Projektarbeitnehmer	51.770	93.592	67.270	39.070	47.565	44.000
Saisonarbeiter	18.375	43.283	35.341	28.717	36.054	42.000
Grenzgänger	7.000	12.400	11.200	8.000	8.500	7.500
„neue Gastarbeiter"	1.500	4.000	5.200	5.400	5.400	4.300
Krankenschwestern		1.000	1.800	2.100	2.200	2.300
Gesamt	78.645	154.275	120.811	83.287	99.719	100.100

Aus Bulgarien, Tschech. Republik, Slowakei, Ungarn, Polen, Rumänien, GUS-Staaten.

Quelle: Hönekopp 1997b

Mit einigen ostmitteleuropäischen Ländern wurden kleine Kontingente an „neuen" Gastarbeitnehmern vereinbart. Insgesamt belaufen sich diese Kontingente auf 9.900 Personen. Allerdings wurden sie nicht voll ausgeschöpft und 1996 nur von 4.300 Arbeitnehmern in Anspruch genommen. Während die Zahl der temporären Beschäftigungsverhältnisse von ostmitteleuropäischen Beschäftigten 1994 gegenüber 1993 zurückging, war seit 1995 wieder ein Anstieg der temporären Beschäftigungsverhältnisse zu beobachten (vgl. Tabelle 5).

1988 lebten 4,5 Mio. Ausländer in Deutschland, 1997 waren es bereits 7,3 Mio. Die Zahl der sozialversicherungspflichtig beschäftigten Ausländer wuchs in dieser Periode nur von 1,6 auf 2,0 Mio., das ausländische Erwerbspotential stieg hingegen auf 3,4 Mio. Personen (1997; vgl. Tabelle 4). Größte Gruppen sind nach wie vor die Arbeitsmigranten aus der Türkei (1997: 560.000) und aus dem ehemaligen Jugoslawien (378.000), deren Zahl nicht wesentlich geringer ist als Mitte der 70er Jahre. Im Gegensatz dazu ist die Zahl der beschäftigten Italiener (198.000), Griechen (111.000) und Spanier (46.000) deutlich geringer als 20 Jahre zuvor (siehe Abbildung 5).

Insgesamt registrierte die Wanderungsstatistik zwischen 1954 und 1997 24,0 Mio. Zuzüge von Ausländern nach Deutschland. Im gleichen Zeitraum verließen 17,4 Mio. Ausländer die Bundesrepublik (Abbildung 4). Der Wanderungsgewinn betrug somit 6,6 Mio. Personen.

Abbildung 5: Ausländische Arbeitskräfte nach ausgewählter Staatsangehörigkeit, 1955-1997

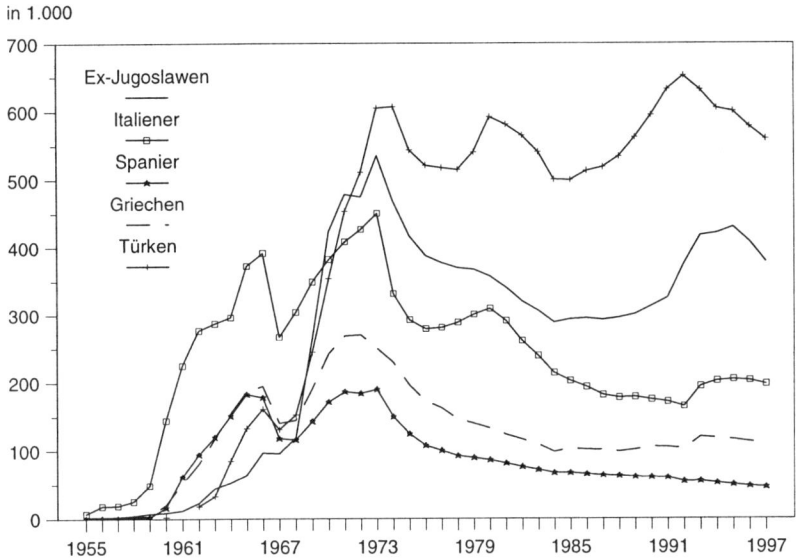

Daten: Rudolph 1996; Ausländerbeauftragte 1994; Bundesanstalt für Arbeit

3.3 Asylbewerber und Flüchtlinge

Artikel 16 des deutschen Grundgesetzes bestimmt: „Politisch Verfolgte genießen Asylrecht." Bis 1993 verband sich damit ein im internationalen Vergleich relativ weit gefaßter individueller Rechtsanspruch auf Asyl. Er war mit Blick auf die deutsche NS-Vergangenheit und die Erfahrungen einiger Nachkriegspolitiker formuliert worden, die die Jahre 1933-45 im Exil überlebt hatten. Außerdem wollten die Gründerväter der Bundesrepublik in bewußtem Bruch zur NS-Zeit ein Signal setzen und ein liberales Asylrecht verfassungsrechtlich verankern.

Tatsächlich wurde das liberale Asylrecht anfänglich nur von wenigen in Anspruch genommen. DDR-Bürger und Aussiedler galten ohnedies als deutsche Staatsbürger, vor anderen Zuwanderern aus dem Osten schützte der Eiserne Vorhang. Zwischen 1953 und 1978 kamen insgesamt nur 178.000 Asylbewerber in die Bundesrepublik (Durchschnitt: 7.100 jährlich). Kurzfristige Anstiege gab es allerdings nach der Niederschlagung des ungarischen Aufstandes (1956) und dem gewaltsamen Ende des „Prager Frühlings" (1968/69). Teils in Antizipation, teils erst als Folge des Militärputsches in der Türkei 1980 und der Verhängung des Kriegsrechtes in Polen 1981 wurden 1979-81 in Deutschland weitere 200.000 Asylanträge gestellt. Die Bundesregierung reagierte auf diese Entwicklung mit administrativen Maßnahmen. Für türkische Staatsbürger wurde die Visumpflicht wieder eingeführt und für Polen aufrechterhalten. Prompt ging die Zahl der Asylbewerber aus beiden Staaten zwischen 1980 und 1982 um fast 90% zurück.

Mit Ausnahme der Jahre 1979-81 blieb die Zahl der Asylanträge bis Mitte der 80er Jahre unter 40.000 pro Jahr. Danach stieg sie jedoch deutlich an. Der Bürgerkrieg in Sri Lanka und die Verfolgung der dortigen tamilischen Minderheit, die Unterdrückung der Kurden in der Türkei, im Iran und im Irak sowie der Krieg und die „ethnischen Säuberungen" im ehemaligen Jugoslawien (in Kroatien und Bosnien, aber auch in der Vojvodina und zuletzt vor allem im Kosovo) sind Beispiele für Krisen und Konflikte, die zu einem Anwachsen der Flüchtlingsströme nach Deutschland führten. Hinweise darauf gibt die von Jahr zu Jahr sich ändernde Struktur der Herkunftsländer von Asylbewerbern.

Seit den späten 80er Jahren kommen allerdings deutlich mehr als die Hälfte aller Asylbewerber aus europäischen Ländern und der Türkei. Zugleich macht die Statistik klar, daß sich die Gewichte von der Arbeitsmigration und dem Familiennachzug eine Zeitlang zum Asylverfahren verschoben haben. Anfang der 70er Jahre betrug der Anteil der Asylbewerber an der Bruttozuwanderung von Ausländern nach

Deutschland unter 1%; Anfang der 90er Jahre waren es über 30%. Mitte der 90er Jahre sank der Anteil der Asylbewerber wieder auf 16%.

Vor 1980 betrug die Anerkennungsquote unter den Bedingungen des Kalten Krieges über 80% aller Asylbewerber. 1985 erreichte die Quote immerhin 29%. Während der 90er Jahre bekamen nur noch zwischen 3-7% der Antragsteller nach dem mehrmonatigen Prüfungsverfahren in erster Instanz den Status von politischen Flüchtlingen zugesprochen (1997: 4,2%). Dies bedeutet jedoch keineswegs, daß die verbleibenden 93-97% einfach als „Scheinasylanten" oder Wirtschaftsflüchtlinge klassifiziert werden können.

Abbildung 6: Asylanträge in Deutschland, 1970-98

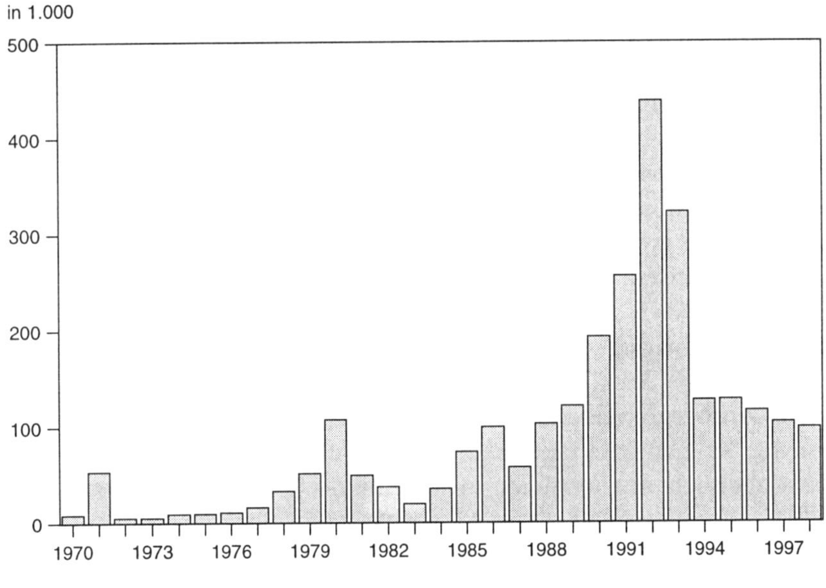

in 1.000

Daten: Statistisches Bundesamt

Das deutsche Asylverfahren akzeptiert Verfolgung und Menschenrechtsverletzungen durch staatliche Organe nur dann als Asylgrund, wenn diese im Verfolgerstaat eindeutig politisch motiviert sind. Der Nachweis einer Bedrohung von Leben und Freiheit des Antragstellers durch Bürgerkrieg, Terror oder „ortsübliche" Folter reichen für die

55

Zuerkennung des politischen Asyls heute in der Regel nicht mehr aus. Viele nicht anerkannte Asylbewerber werden jedoch aufgrund des Abschiebeverbots (non-refoulement) der Genfer Flüchtlingskonvention mit Rücksicht auf eine mögliche Gefährdung durch die aktuelle Situation in ihren Heimatländern nicht abgeschoben bzw. in Deutschland geduldet. Dies sind sogenannte „De facto-Flüchtlinge".

Ein Teil der abgelehnten Asylbewerber beschreitet den Rechtsweg und erreicht in einer späteren Phase des Verfahrens die Aufhebung eines negativen Asylbescheids. In der Literatur finden sich Schätzungen, nach denen mindestens ein Fünftel der Asylbewerber in diese Kategorien fällt (vgl. Bade 1994a). Tatsächlich abgeschoben wurden in den letzten Jahren nur 15-20% der abgelehnten Asylbewerber. Eine größere Zahl kehrte ohne äußeren Zwang ins Herkunftsland zurück. Andere wanderten in Drittstaaten weiter. Die Mehrzahl blieb aber in Deutschland (Mitteilungen 1999).

Nach Schätzungen des Bundesinnenministeriums lebten 1997 rund 1,4 Mio. Flüchtlinge und Asylbewerber in Deutschland (Mitteilungen 1999). Die größte Gruppe (360.000) waren De-facto-Flüchtlinge, deren Asylantrag zwar abgelehnt wurde, die aber aus humanitären oder politischen Gründen geduldet oder nicht abgeschoben wurden. Die zweitgrößte Gruppe (320.000) waren 1997 Asylbewerber, deren Antrag rechtlich noch geprüft wurde. Demgegenüber gab es 307.500 Asylberechtigte samt Familienangehörigen. Eine weitere Gruppe sind Kriegs- und Bürgerkriegsflüchtlinge, für die durch eine Änderung des Ausländergesetzes seit dem 1.7. 1993 die Möglichkeit einer vorübergehenden Aufnahme ohne Einzelfallprüfung geschaffen wurde. Es handelte sich dabei 1997 um 254.000 Personen, fast ausschließlich um Moslems aus Bosnien-Herzegowina, deren Rückkehr die Bundesregierung seit 1996 aktiv betreibt.

Ein quantitativ geringes Gewicht haben Kontingentflüchtlinge, die im Rahmen humanitärer Aktionen des UNHCR oder aus anderen Gründen aufgenommen wurden und ein dauerhaftes Bleiberecht in der Bundesrepublik erhielten (1997: 95.000). Die größte Gruppe sind Juden aus der ehemaligen Sowjetunion (und deren nichtjüdische Familienangehörige), die in Deutschland wie Kontingentflüchtlinge behandelt werden. Der Nachweis einer individuellen Verfolgung wird für diese Gruppe nicht gefordert. Zwischen 1990 und 1998 kamen fast 100.000 Juden (und deren nichtjüdische Angehörige) auf diesem Wege nach Deutschland. Weitere 23.000 Personen haben von ihrer bewilligten Aufnahme bislang keinen Gebrauch gemacht. Pro Jahr dürfen im Rahmen einer informellen Quote 10.000-15.000 Personen jüdischer Herkunft als Kontingentflüchtlinge einreisen. Ein Teil dieser Personen ist inzwischen remigriert oder weitergewandert.

1990 hatte die letzte DDR-Regierung (unter L. de Maizière) sowjetische Juden eingeladen, sich in Ostdeutschland anzusiedeln, um dort die jüdischen Gemeinden zu stärken. Diese Einladung wurde nach der Vereinigung zwar nicht erneuert, die in diesem Zusammenhang getroffenen Vereinbarungen werden von bundesdeutscher Seite jedoch weiterhin eingehalten.

Der starke Anstieg der Asylbewerberzahlen zwischen 1988 und 1992 und das hohe Niveau der gesamten Zuwanderungen in dieser Phase führten zu einer intensiven Diskussion über eine Neuregelung des Asylrechts in Deutschland. Für die CDU/CSU und konservative Gruppierungen ging es dabei vor allem um eine Begrenzung des Zustroms von Asylbewerbern. Die SPD und Teile der FDP strebten in diesem Zusammenhang ein Paket von Regelungen zu Einwanderung, Integration und Einbürgerung von Zuwanderern an. Im Ergebnis dieser Auseinandersetzung entstand 1993 der sogenannte Asylkompromiß (Blahusch 1994; Bade 1994a). Damit wurde die Möglichkeit, in Deutschland politisches Asyl zu beantragen, in zweierlei Richtung erschwert. Zum einen können Asylbewerber, die aus Mitgliedsländern der EU oder aus anderen sogenannten „sicheren Drittstaaten" nach Deutschland einreisen, sofort und ohne rechtliche Prüfung wieder dorthin abgeschoben werden. Zum anderen wurde für Antragsteller aus „verfolgungsfreien Herkunftsstaaten" ein vereinfachtes Prüfungsverfahren geschaffen, welches in den meisten Fällen auf eine sofortige Ablehnung und mögliche Abschiebung hinausläuft.

Da Deutschland von sicheren Drittstaaten umgeben ist, bleibt für Asylbewerber nur der Luft- und Seeweg oder eine illegale Einreise. Ergänzend zu der Neuregelung des Asylrechts wurden 1992 mit Rumänien, 1993 mit Polen, 1993 mit der Schweiz, 1994 mit Bulgarien, Georgien und der Tschechischen Republik, 1995 mit Vietnam, 1996 mit Bosnien-Herzegowina, Kroatien und Slowenien, 1997 mit Algerien, Österreich und Ungarn, 1998 mit Marokko sowie 1999 mit Estland, Lettland und Litauen Abkommen über die Rückführung geschlossen.

Tabelle 6: Asylbewerber und die Zuwanderung von Ausländern, 1970-98

Jahr	Zuzüge (brutto) von Ausländern in 1.000*	Wanderungs-saldo (netto)	Asylbewerber in 1.000	in % aller Zuzüge von Ausländern
1970	976	542	8,6	0,9
1971	871	370	53,4	6,1
1972	787	273	5,3	0,7
1973	869	342	5,6	0,6
1974	601	-35	9,4	1,6
1975	429	-224	9,6	2,2
1976	476	-93	11,1	2,3
1977	523	17	16,4	3,1
1978	560	101	33,1	5,9
1979	650	231	51,5	7,9
1980	736	297	107,8	14,6
1981	606	135	49,4	8,2
1982	404	-89	37,4	9,3
1983	354	-133	19,7	5,6
1984	410	-194	35,3	8,6
1985	481	56	73,8	15,4
1986	567	160	99,7	17,6
1987	592	193	57,4	9,7
1988	861	441	103,1	12,0
1989	1.134	594	121,3	10,7
1990	1.256	682	193,1	15,4
1991	1.183	601	256,1	21,7
1992	1.558	822	438,2	28,1
1993	1.339	500	322,6	24,1
1994	1.133	346	127,2	11,2
1995	1.148	430	127,9	11,1
1996	1.008	293	116,4	11,5
1997	881	87	104,4	11,9
1998	722	-54	98,6	13,7

Bis 1988 nur Westdeutschland, ab 1989 Deutschland gesamt; Zuzüge inklusive Asylbewerber.

Quelle: Statistisches Bundesamt

Diese Abkommen verfolgen unterschiedliche Ziele. Ein Teil der Staaten verpflichtete sich nur, eigene Staatsbürger aufzunehmen, wenn diese illegal in die Bundesrepublik eingereist waren oder hier kein Aufenthaltsrecht mehr besitzen. Andere Staaten, darunter Österreich, Polen, die Schweiz und die Tschechische Republik verpflichteten sich dagegen, auch durchgereiste Personen und abgelehnte Asylbewerber aus Drittstaaten zurückzunehmen, falls sie über die gemeinsame Grenze nach Deutschland kamen. Zusätzlich leisten die EU und die Bundesrepublik im Rahmen des EU-Beitrittsprozesses den meisten ostmittel- und südosteuropäischen Staaten kontinuierliche Hilfe beim Aufbau der Infrastruktur zur Sicherung der Außengrenze und bei der Bekämpfung illegaler Einreisen. Darüber hinaus wird auf den Aufbau effektiver Ausländer- und Flüchtlingsverwaltungen hingewirkt. Das erfolgt auch in Form von Schulungsmaßnahmen auf allen Verwaltungsebenen.

Die Änderung des deutschen Grundgesetzes und die restriktivere Praxis erzielten ganz offensichtlich den gewünschten Effekt: Die Zahl der Asylanträge ging bereits in der zweiten Jahreshälfte 1993 zurück. Waren im ersten Halbjahr 1993 noch 224.000 Asylbewerber nach Deutschland gekommen, so wurden in der zweiten Jahreshälfte nur 98.000 Asylanträge registriert. 1994 stellten in Deutschland 127.200 Personen und 1998 nur noch 98.600 Personen einen Asylantrag (siehe Tabelle 6). Durch die Neuregelung des Asylrechts in Deutschland kam es teilweise zu einer Umleitung von Asylbewerbern in andere europäische Länder. Die Niederlande und Großbritannien sowie die Staaten Ostmitteleuropas verzeichneten nach Inkrafttreten der neuen Regelung in Deutschland vorübergehend einen Anstieg der Asylanträge (Münz 1995). Für Deutschland diagnostizieren einige Beobachter eine Umschichtung von legal einreisenden Asylbewerbern zu illegaler Immigration (Blahusch 1994; Winkler 1994).

4 Struktur der ausländischen Bevölkerung in Deutschland

4.1 Herkunft und Status der Ausländer in Deutschland

Stark verändert hat sich seit Anfang der 70er Jahre die Palette der Herkunftsländer. Bis 1970 kam knapp die Hälfte aller Ausländer in Deutschland aus einem der (damaligen oder heutigen) EU-Staaten, anfangs vor allem aus Italien, Griechenland, Spanien und Österreich. Erst nach 1970 wurden Türken und (Ex-)Jugoslawen zu den beiden wichtigsten Gruppen von Ausländern. Der Anteil der Bürger aus anderen EU-Staaten lag Ende 1997 nur noch bei 25%. Die größte Gruppe bilden mit 2,1 Mio. die türkischen Staatsbürger (29% der ausländischen Wohnbevölkerung). An zweiter Stelle kommen die Bürger der BR Jugoslawien (Serbien, Montenegro, Kosovo: 10%) sowie Bosnier (4%) und Kroaten (3%). Unter den Bürgern anderer EU-Staaten spielen Italiener (8%) und Griechen (5%) die größte Rolle. Deren Anteile reduzierten sich jedoch seit Mitte der 70er Jahre deutlich. Dagegen wuchs in jüngerer Zeit der Anteil der Polen auf 4%.

In den 60er und frühen 70er Jahren dominierten Ausländer, die erst kurz oder überhaupt nur für kurze Zeit in Deutschland lebten (vgl. auch Abbildung 15). Im Anwerbeabkommen mit der Türkei war ein maximal zweijähriger Aufenthalt mit anschließender Rotation festgelegt. Dies wurde jedoch in der zweiten Hälfte der 60er Jahre nicht mehr strikt durchgesetzt. Ab 1971 erhielten Ausländer (aus nicht zur EU gehörenden Staaten), die länger als 5 Jahre in Deutschland gearbeitet hatten, eine Arbeitserlaubnis für weitere 5 Jahre.

Abbildung 7: Ausländer in Deutschland nach Staatsbürgerschaft, in %, 1973, 1997

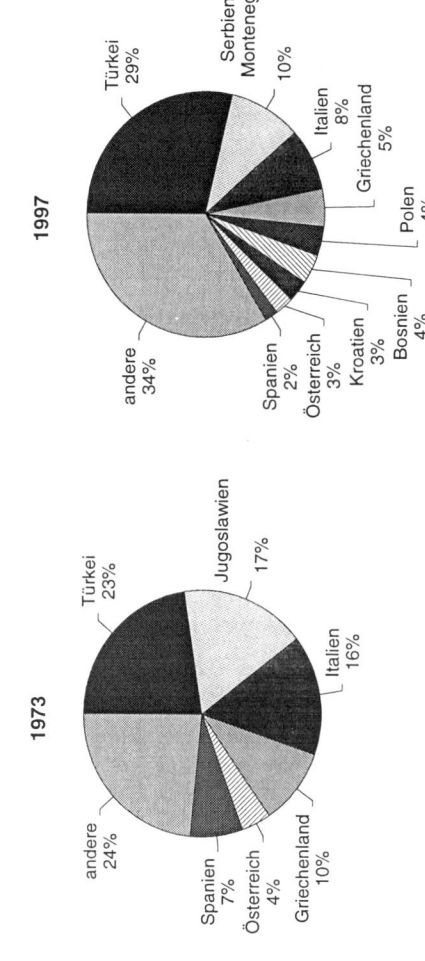

1997: (Ex-)Jugoslawien umfaßte 17% aller Ausländer in Deutschland.

Quelle: Statistisches Bundesamt

Tabelle 7: Aufenthaltstitel und Aufenthaltsstatus der Ausländer in Deutschland (Stand Mai 1999)

Titel	§§	Personenkreis	Wirkung
Aufenthaltsgenehmigung	§ 5 AuslG	Oberbegriff des AuslG für alle regulären Aufenthaltstitel nach dem AuslG	**rechtmäßiger** Aufenthalt wird begründet; Voraussetzung für Aufenthaltsverfestigung und sozialrechtliche Positionen
Aufenthaltsbefugnis	§§ 30ff AuslG	Personen, denen aus humanitären Gründen der Aufenthalt erlaubt werden soll/muß: Bürgerkriegsflüchtlinge, Flüchtlinge i.S. der Genfer Flüchtlingskonvention (§ 51 Abs.2 Nr.2 AuslG); VertragsarbeiterInnen der DDR (zukünftig Aufenthaltserlaubnis); sonstige humanitäre Gründe (geprügelte Frauen, die ihre Ehemänner vor Ablauf der Härtefrist nach § 19 AuslG verlassen haben)	Befristung zunächst auf zwei Jahre; keine Verlängerung bei Wegfall von Abschiebungshindernissen; Anspruch auf unbefristete Aufenthaltserlaubnis nach 8 Jahren; Arbeitserlaubnis unter Beachtung Inländervorrang möglich; nach fünfjährigem Aufenthalt Arbeitsberechtigung
Aufenthaltsberechtigung	§ 27 AuslG	Ehemalige Gastarbeiter der BRD und Familienangehörige. Voraussetzungen: 8jähriger rechtmäßiger Aufenthalt, ausreichendes Einkommen und Wohnraum, Sprachkenntnisse, 60 Pflichtbeiträge zur Rentenversicherung. Bereits nach 5 Jahren können Asylberechtigte und Ehegatten von Deutschen Aufenthaltsberechtigung erhalten.	Verfestigtes Aufenthaltsrecht; Ausweisung nur unter sehr eingeschränkten Bedingungen möglich; keine Auflagen/Befristung möglich; keine Arbeitsgenehmigung erforderlich
Aufenthaltserlaubnis (befristet oder unbefristet)	§§ 15ff AuslG	nachgezogene Familienangehörige; Asylberechtigte, Kontingentflüchtlinge (unbefristet)	Vorstufe der Aufenthaltsberechtigung; kann befristet/ unbefristet erteilt werden; nachträgliche Befristung und Auflagen möglich; Nichtverlängerung bei Vorliegen von Ausweisungsgründen, allerdings unter Berücksichtigung der Aufenthaltsdauer; Arbeitserlaubnis wie bei Aufenthaltsbefugnis; bei unbefristeter Aufenthaltserlaubnis kein Arbeitsgenehmigung erforderlich

Titel	§§	Personenkreis	Wirkung
Aufenthalts-bewilligung	§§ 28,29 AuslG	Werkvertragsarbeitnehmer, Studierende, Praktikanten für einen genau bestimmten Aufenthaltszweck. Befristung auf 2 Jahre, Verlängerung maximal für weitere 2 Jahre möglich	Aufenthalt wird nur bis zum Erreichen des Aufenthaltszweckes erlaubt; keine Verfestigung des Aufenthaltsstatus möglich, es sei den durch Wechsel des Grundes (Heirat z.B.)
Ausländerrechtliche Erfassung	materiell § 69 AuslG, aber kein formeller Titel	AusländerInnen, die die Verlängerung oder erstmalige Erteilung einer Aufenthaltsgenehmigung beantragt haben während der Bearbeitungszeit des Antrages durch die Ausländerbehörde	der Aufenthalt „gilt" nach mindestens 6monatigem rechtmäßigem Aufenthalt und in einigen anderen Fällen als erlaubt; nach legaler Einreise ohne Zustimmung der Ausländerbehörde als geduldet
Duldung	§§ 53ff AuslG	Personen, die vollziehbar ausreisepflichtig sind (also nicht in Besitz einer Aufenthaltsgenehmigung oder -gestattung), aber aus rechtlichen oder tatsächlichen Gründen nicht abgeschoben werden können (Menschenrechtskonvention, Bürgerkrieg, Todesstrafe, Abschiebestop durch Ländervereinbarung, Paßlosigkeit, Krankheit, fehlende Aufnahmebereitschaft des Landes, in das abgeschoben werden soll)	begründet **keinen** rechtmäßigen Aufenthalt; Ausreisepflicht bleibt vollziehbar; lediglich die Abschiebung, also die Zwangsvollstreckung der Ausreisepflicht wird ausgesetzt. Anwendungsbereich überschneidet sich mit Aufenthaltsbefugnis
Aufenthalts-gestattung	§ 55 AsylVfG	Asylsuchende während des Asylverfahrens	begründet einen legalen, aber keinen rechtmäßigen Aufenthalt i.S. des AuslG, wird aber bei Anerkennung nachträglich als rechtmäßig berücksichtigt
Grenzübertrittsbescheinigung, Paßeinzugsbescheinigung etc.	bzw. keine Rechtsgrundlage	AusländerInnen, denen eine Ausreisefrist gestzt worden ist und die i.d.R. nicht abgeschoben werden könne/ sollen; in jüngster Zeit z.B. Kosovo-Albaner	Illegaler, u.U. strafbarer Aufenthalt. Faktisch handelt es sich jedoch meistens um eine Duldung. Nach Rechtsprechung des BVerwG besteht ein Anspruch auf Erteilung einer förmlichen Duldung, wenn absehbar ist, daß eine Abschiebung in näherer Zukunft nicht möglich ist

Quelle: AusländerG; Zusammenstellung Sybille Rössler

Abbildung 8: Aufenthaltstitel und Aufenthaltsstatus der Ausländer in Deutschland, 1998

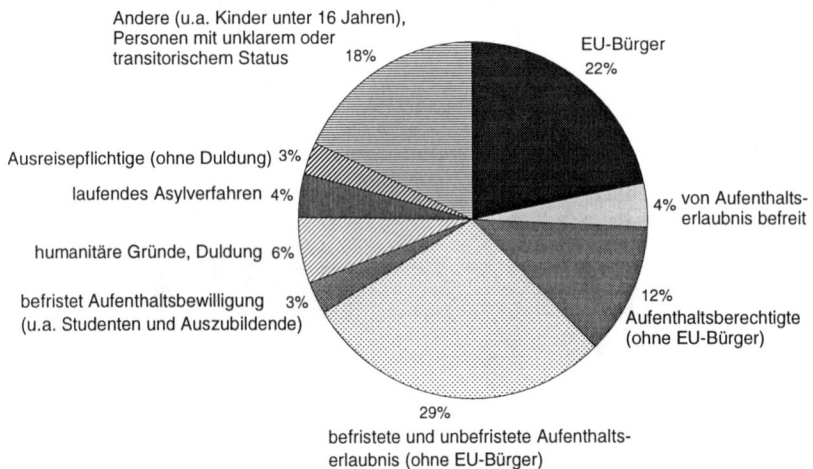

Andere (u.a. Kinder unter 16 Jahren), Personen mit unklarem oder transitorischem Status 18%

EU-Bürger 22%

Ausreisepflichtige (ohne Duldung) 3%

laufendes Asylverfahren 4%

humanitäre Gründe, Duldung 6%

befristet Aufenthaltsbewilligung 3% (u.a. Studenten und Auszubildende)

4% von Aufenthalts- erlaubnis befreit

12% Aufenthaltsberechtigte (ohne EU-Bürger)

29% befristete und unbefristete Aufenthalts- erlaubnis (ohne EU-Bürger)

Quelle: Ausländerzentralregister

Den rechtlich besten Status hat heute jenes Fünftel der Ausländer (22%), die aus einem anderen EU-Land stammen.[16] Sie haben weitgehend unbeschränkten Zutritt zum deutschen Arbeitsmarkt und dürfen sich in Deutschland frei niederlassen, wenn sie über ein reguläres Einkommen oder über andere Subsistenzmittel verfügen und nicht auf Sozialhilfe angewiesen sind. Unter den übrigen Ausländern finden sich Gruppen mit unterschiedlich verfestigtem Status. Dieser kann von bloßer Duldung (1998: 6%; darunter Kriegsflüchtlinge aus Bosnien und abgelehnte Asylbewerber, die vorläufig nicht abgeschoben werden) über eine unbefristete oder befristete Aufenthaltserlaubnis (29%) bis zu einem dauernden Aufenthaltsrecht auch für Angehörige von Drittstaaten (12%) reichen. 4% waren vom Erwerb der Aufenthaltserlaubnis befreit. 4% der ausländischen Bevölkerung

---

[16] Ihnen gleichgestellt sind Bürger der EWR-Staaten (Island, Liechtenstein, Norwegen) sowie ab dem Jahr 2000 Bürger der Schweiz, mit der die EU 1998 ein dem EWR ähnliches Abkommen schloß. Türkische Staatsbürger haben aufgrund des Assoziierungsabkommens von 1963 mit der EWG nach fünfjährigem Aufenthalt ebenfalls einen erleichterten Zugang zum deutschen Arbeitsmarkt.

befanden sich 1998 im Asylverfahren, 3% waren ausländische Studenten oder Auszubildende mit befristetem Aufenthaltstitel (Aufenthaltsbewilligung), weitere 3% waren nach Ansicht der Behörden im Prinzip verpflichtet, das Land zu verlassen (siehe Abbildung 8).

4.2 Demographische Merkmale der ausländischen Bevölkerung

Die Struktur der ausländischen Wohnbevölkerung in Deutschland war anfänglich stark durch die Anwerbung geprägt. Diese konzentrierte sich vor allem auf Männer im Alter zwischen 20 und 30 Jahren. Solange das Rotationsprinzip die Zuzüge und Fortzüge bestimmte, blieb es bei einer männlichen und überwiegend jungen Ausländerbevölkerung. Erst mit dem Anfang der 70er Jahre einsetzenden Familiennachzug stieg der Anteil von Frauen und Kindern. Dennoch gibt es bis heute unter der ausländischen Bevölkerung einen deutlichen Männerüberschuß. 55% aller in Deutschland lebenden Ausländer sind Männer, nur 45% sind Frauen. Bei der deutschen Bevölkerung ist die Relation umgekehrt (Männer 48%, Frauen 52%). Besonders ausgeprägt ist der Männerüberschuß bei den jüngeren Altersgruppen der erwachsenen Ausländer. Eine der Ursachen ist der größere Anteil allein ins Land kommender Arbeitsmigranten. Aber auch das Übergewicht männlicher Asylbewerber spielt eine Rolle.

Seit 1973 entschieden sich immer mehr Ausländer für einen längeren oder ständigen Aufenthalt in der Bundesrepublik. Damit wächst allmählich auch der Anteil von älteren Ausländern in Deutschland. Bis heute ist jedoch der Anteil älterer Menschen unter den Ausländern deutlich niedriger als unter den Deutschen (vgl. Abbildung 9). Der Anteil der über 60jährigen betrug 1996 bei deutschen Männern 19% und bei deutschen Frauen 27%. Im selben Jahr waren dagegen von den ausländischen Männern und Frauen jeweils nur 6% über 60 Jahre alt. Ihr Anteil hatte sich damit gegenüber 1984 um nur zwei Prozentpunkte erhöht. Aus der Altersverteilung ist erkennbar, daß erst in den nächsten 15-20 Jahren eine größere Zahl von Ausländern die Altersgrenze von 60 Jahren überschreiten wird (vgl. auch Abbildung 9).

Abbildung 9: Altersstruktur von Ausländern und Deutschen, 1996

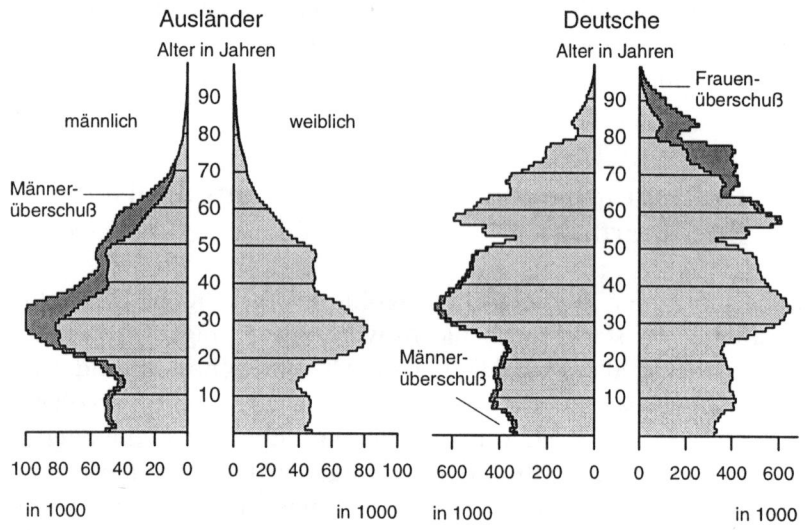

Quelle: Statistisches Bundesamt

Die stärkere Zuwanderung junger Erwachsener bewirkt, daß der Ausländeranteil in den Altersjahrgängen von 20 bis 25 Jahren besonders hoch ist, und zwar zwischen 15% und 18% (vgl. Abbildung 10). In der Gruppe der über 65jährigen kommen nur ein bis zwei Ausländer auf 100 Deutsche gleichen Alters.

Die Altersstruktur der Bevölkerung hat wesentlichen Einfluß auf die Finanzierung der Sozialversicherung, insbesondere auf die Relation von Beitragszahlern und Leistungsempfängern. Diese hängt allerdings nicht bloß von demographischen Faktoren ab, sondern wird auch von der jeweiligen Erwerbsquote der 15- bis 65jährigen, von der Lage auf dem Arbeitsmarkt und dem durchschnittlichen Renteneintrittsalter bestimmt.

Von Einfluß ist die Altersstruktur auch für die Kosten des Gesundheitswesens. Denn ältere Menschen nehmen die Leistungen der Gesundheitsversorgung stärker und kostenintensiver in Anspruch als jüngere. Aus demographischer Sicht ist die Altenquote – die Zahl von Menschen über 60 Jahre je 100 Personen im Alter von 20 bis 60 Jahren – ein aussagekräftiger Indikator. Bei deutschen Männern kamen

66

1994 32 Personen im Alter über 60 Jahre auf 100 Personen im Alter von 20 bis 60 Jahren. Da die Lebenserwartung von Frauen deutlich höher ist, lag die Relation bei 50 über 60jährigen Frauen auf 100 20- bis 60jährige. Die Altenquote der Ausländer lag zum selben Zeitpunkt bloß bei neun über 60jährigen je 100 20- bis 60jährigen.

Abbildung 10: Anteil der ausländischen Bevölkerung an der Wohnbevölkerung nach Altersjahren, 1996

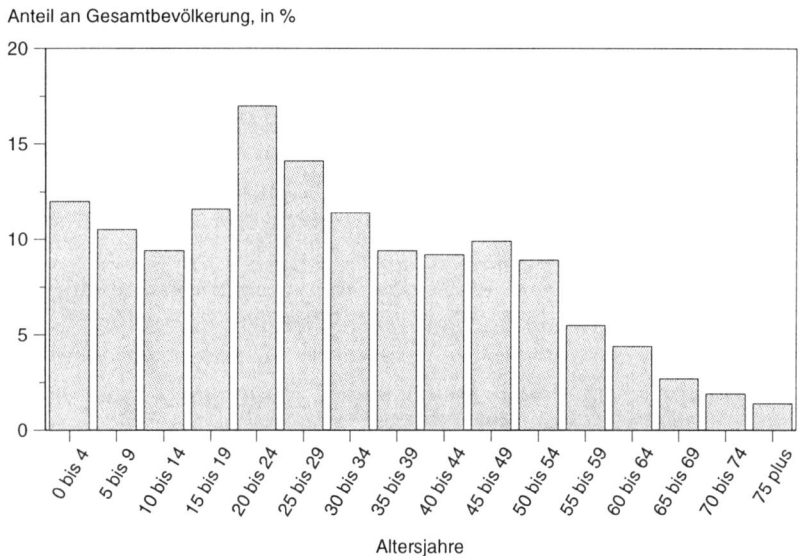

Anteil an Gesamtbevölkerung, in %

Altersjahre

Quelle: Statistisches Bundesamt

Die junge Altersstruktur der ausländischen Bevölkerung brachte der deutschen Renten- und Krankenversicherung in den letzten Jahrzehnten viele zusätzliche Beitragszahler und nur wenige zusätzliche Leistungsempfänger. Anhand von Daten des Sozio-Ökonomischen Panels (SOEP; siehe Anhang) läßt sich für 1984 zeigen, daß ausländische Haushalte damals im Schnitt 3.517 DM an Beiträgen in die Rentenversicherung einzahlten, aber nur 365 DM an Leistungen bezogen (Ulrich 1994: 67). Der positive Beitrag der Ausländer zur Finanzierung der öffentlichen Haushalte war und ist zu einem wesentlichen Teil ihrer Altersstruktur und ihrer hohen Erwerbsquote geschuldet.

Die Altersstruktur einer Bevölkerung wird auf längere Sicht vor allem durch die Fertilität beeinflußt. Ausländische Mütter haben in den vergangenen drei Jahrzehnten wesentlich zur Gesamtzahl der Geburten in Deutschland beigetragen. Im Jahre 1975 hatten 107.000 von 600.000 Neugeborenen in Westdeutschland eine ausländische Mutter. Bis 1996 stieg die Gesamtzahl der Geburten von ausländischen Müttern auf 133.000, das waren 17% aller Geburten in Deutschland.

In Ländern mit einem Staatsangehörigkeitsrecht nach dem Prinzip des *ius soli* erwerben Neugeborene automatisch die Staatsangehörigkeit des Landes, in dem sie geboren wurden. In Deutschland war dies bis zum Jahr 1999 nicht der Fall. Dem Prinzip des *ius sanguinis* folgend, war die Staatsangehörigkeit an die Abstammung geknüpft. Deshalb erhielten Kinder ausländischer Eltern in der Vergangenheit nicht die deutsche Staatsangehörigkeit, auch wenn sie auf deutschem Boden geboren wurden.

Seit 1974 erhielt ein Kind die deutsche Staatsangehörigkeit allerdings auch dann, wenn nur ein Elternteil die deutsche Staatsangehörigkeit besaß und die Eltern verheiratet waren. Ab dem Jahr 2000 erhalten auch die in Deutschland geborenen Kinder ausländischer Eltern (zumindest bis zum 23. Lebensjahr) die deutsche Staatsbürgerschaft, wenn zumindest ein Elternteil über einen verfestigten Aufenthaltsstatus verfügt und seit mindestens acht Jahren im Land lebt.

Der Anteil von ehelichen Geburten mit einer ausländischen Mutter und einem deutschen Vater ist in den letzten Jahren gestiegen. 1975 gehörte jede zehnte Geburt einer ausländischen Mutter in diese Kategorie. 1996 hatten bereits 20% der neugeborenen Kinder ausländischer Mütter einen deutschen Vater. Dies waren 27.200 Neugeborene mit ausländischer Mutter aber deutscher Staatsangehörigkeit. Für einen Teil dieser Fälle kann man annehmen, daß die deutsche Staatsangehörigkeit des Vaters erst in den letzten Jahren durch Einbürgerung erworben wurde.

Die Familienbildung der ersten Generation der Ausländer ist sowohl durch die Wertvorstellungen und Verhaltensmuster ihrer Herkunftsländer als auch durch ihre spezifische Situation als Immigranten in Deutschland geprägt.

Tabelle 8: Lebendgeburten in Deutschland nach Staatsangehörigkeit, 1975-1996

Jahr	Gesamt	Staatsangehörigkeit des Kindes					Staatsangehörigkeit der Mutter		
		Deutsch beide Eltern od. unverh. Mutter	ausl. Mutter	ausl. Vater	Ausländisch absolut	% von Gesamt	Deutsch absolut	Ausländ. absolut	% von Gesamt
Westdeutschland									
1975	600,5	504,6	481,8	10,9	11,9	95,9	16,0	493,7	106,8	17,8
1980	620,7	540,0	511,7	12,4	15,8	80,7	13,0	527,5	93,1	15,0
1985	586,2	532,4	503,8	11,6	17,0	53,8	9,2	520,8	65,4	11,2
1990	727,2	640,9	604,4	15,7	20,7	86,3	11,9	625,1	102,0	14,0
1991	722,2	632,7	595,2	16,8	20,7	89,5	12,4	615,9	106,3	14,7
1991	830,1	739,3	700,6	17,2	21,5	90,8	10,9	722,1	108,0	13,0
1992	809,1	709,0	668,6	18,6	21,7	100,1	12,4	690,3	118,7	14,7
1993	798,5	695,6	653,4	20,2	21,9	102,9	12,9	675,3	123,1	15,4
1994	769,6	668,9	625,0	21,6	22,2	100,7	13,1	647,2	122,3	15,9
1995	765,2	665,5	618,1	23,9	23,5	99,7	13,0	641,6	123,6	16,2
1996	796,0	689,8	636,4	27,2	26,2	106,2	13,3	662,6	133,4	16,8

Quelle: errechnet nach Daten des Statistischen Bundesamtes

In den 70er Jahren war die Fertilität in den Herkunftsländern der Immigrantinnen höher als die Fertilität in Deutschland. Dies hat sich inzwischen teilweise geändert. Innerhalb Europas ist Deutschland nicht länger das Land mit dem niedrigsten Niveau der Fertilität. Während Deutschland 1996 eine Gesamtfruchtbarkeitsrate von 1,3 hatte, lag sie in Italien (1,22) und Spanien (1,15) deutlich niedriger, und in Griechenland auf demselben Niveau. Diese Relationen spiegeln sich auch in der Fertilität verschiedener Nationalitäten in Deutschland wider.

Abbildung 11: Altersspezifische Fruchtbarkeitsziffern verschiedener Nationalitäten in Deutschland, 1996

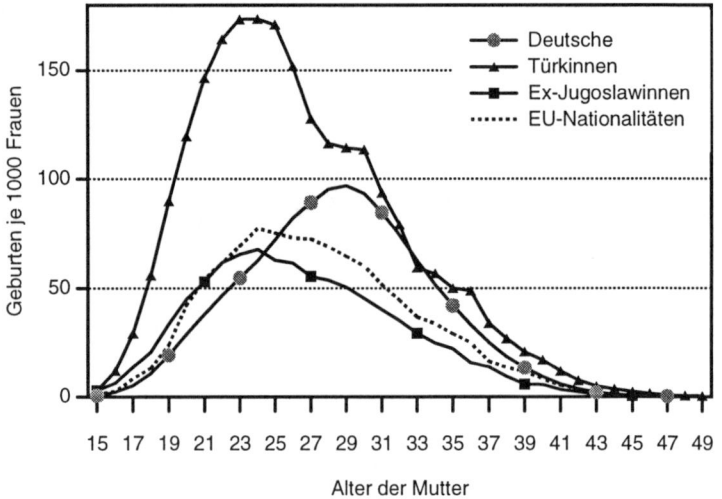

Quelle: errechnet nach Daten des Statistisches Bundesamtes

Die Gesamtfruchtbarkeitsrate von EU-Ausländerinnen in Deutschland liegt unter der Kinderzahl deutscher Frauen. Dies gilt auch für Frauen aus den Nachfolgestaaten des ehemaligen Jugoslawien, unter denen der Anteil von Flüchtlingen beträchtlich ist. Sie haben eine Gesamtfruchtbarkeitsrate von 1,05. Türkinnen sind die einzige größere Nationalität mit einer höheren Fertilität als die Deutschen. Sie erreichen den Gipfel der altersspezifischen Fertilität bereits vor dem 25. Lebensjahr. Obwohl die Gesamtfruchtbarkeitsrate türkischer

Immigrantinnen im deutschen Kontext relativ hoch ist (2,3 Kinder je Frau), liegt sie unter dem Niveau der Fertilität in der Türkei (2,6 Kinder je Frau; United Nations 1999). Die Frauen anderer Nationalitäten in Deutschland haben in Summe ein ähnliches Niveau der Fertilität wie die Deutschen.

Der Wandel des reproduktiven Verhaltens in den letzten 25 Jahren ist auch an der Kinderzahl ausländischer Mütter in Deutschland abzulesen. Diese sank von 2,4 Kindern je Frau Mitte der 70er Jahre auf durchschnittlich 1,5 Kinder Mitte der 90er Jahre (vgl. Abbildung 12). Dieser Trend wurde in der zweiten Hälfte der 80er Jahre kurzfristig durch den verstärkten Zuzug türkischer Frauen unterbrochen.

Abbildung 12: Durchschnittliche Kinderzahl ausländischer und aller Frauen in Westdeutschland, 1970-96

Kinder je Frau

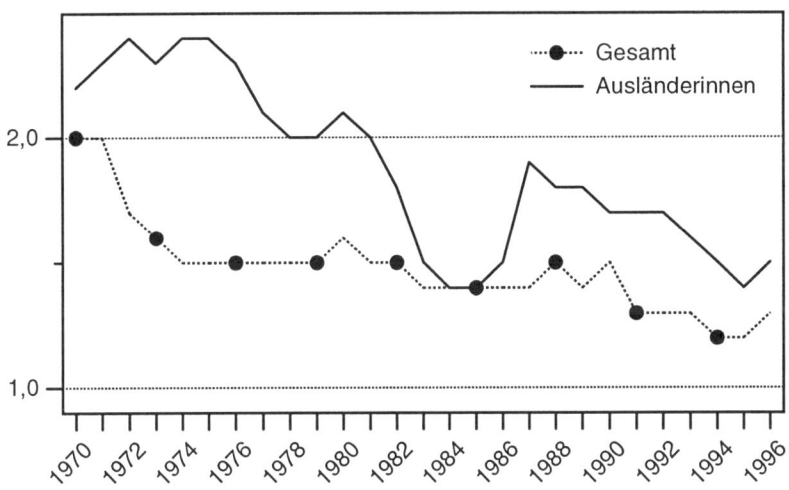

Vergleich nur für Westdeutschland, da in Ostdeutschland fast keine Ausländerinnen leben.
Quelle: Statistisches Bundesamt, EUROSTAT

4.3 Regionale Verteilung der Ausländer in Deutschland

Gemessen an der Gesamtbevölkerung ist der Ausländeranteil in den Stadtstaaten Hamburg (Ende 1997: 18%), Berlin (14%) und Bremen (12%) sowie in Hessen (14%), Baden-Württemberg (12%) und Nordrhein-Westfalen (11%) am höchsten. Im Gegensatz dazu leben in den neuen Bundesländern absolut und relativ nur sehr wenige Ausländer (1-2%). Die derzeit bestehende räumliche Konzentration hängt in erster Linie mit den regionalen Wirtschaftsstrukturen und den damit verbundenen Erwerbschancen von Arbeitsmigranten zusammen. Kleinräumig sind auch der Wohnungsmarkt und die inzwischen in vielen Großstädten entstandenen „ethnischen Quartiere" bestimmend. Nur bei Asylbewerbern ist die regionale Verteilung durch einen Verteilungsschlüssel zwischen den Bundesländern festgelegt (Bucher et al. 1992; Schulz 1994).

Tabelle 9: Ausländer nach Bundesländern, Ende 1997

	Gesamtbevölkerung in 1.000	Ausländer in 1.000	Bev.anteil in %
Baden-Württemberg	10.397	1.280	12,3
Bayern	12.066	1.111	9,2
Berlin	3.426	479	14,0
Brandenburg	2.573	58	2,3
Bremen	674	82	12,2
Hamburg	1.705	310	18,2
Hessen	6.032	839	13,9
Mecklenburg-Vorpommern	1.808	26	1,4
Niedersachsen	7.845	481	6,1
Nordrhein-Westfalen	17.974	2.011	11,2
Rheinland-Pfalz	4.018	300	7,5
Saarland	1.081	80	7,4
Sachsen	4.522	86	1,9
Sachsen-Anhalt	2.702	49	1,8
Schleswig-Holstein	2.756	142	5,2
Thüringen	2.478	31	1,3
Deutschland gesamt	82.057	7.386	9,0

Quelle: Statistisches Bundesamt

Am höchsten ist der Ausländeranteil heute in städtischen Ballungsräumen Westdeutschlands mit einem hohen Anteil an Industrie, verarbeitendem Gewerbe und spezialisierten Dienstleistungen. Dies gilt insbesondere für Teile Baden-Württembergs, für den Großraum München, das Rhein-Main-Gebiet, den Raum Köln, das Ruhrgebiet und Teile Westberlins (Abbildung 13).

Nach Daten der laufenden Raumbeobachtung der Bundesanstalt für Landeskunde und Raumordnung lebten 1992 in Deutschland mehr als 60% aller Ausländer in Kernstädten und in Regionen mit großen Verdichtungsräumen (Göddecke-Stellmann 1994). Im gleichen Jahr lebten hingegen nur 41% der Deutschen in diesen urbanen Regionen. Dadurch erklären sich auch die deutlichen Unterschiede beim Ausländeranteil zwischen Stadt und Land. Während der Ausländeranteil in ländlichen Kreisen Westdeutschlands weniger als 5% beträgt, liegt er in den Kernstädten der großen Verdichtungsräume im Regelfall über 10%, in Frankfurt/M., Offenbach, Stuttgart und München sogar deutlich über 20%. Der Ausländeranteil ist in diesen Städten dreimal so hoch wie im Bundesdurchschnitt (1997: 9%).

Gering ist der Ausländeranteil bis jetzt in Ostdeutschland (1997: 1,7%). Er ging nach der Öffnung der Mauer kurzzeitig zurück, stieg dann aber wieder auf das Niveau von Ende der 80er Jahre (1989: 1,5%). Die meisten von der DDR angeworbenen Vertragsarbeiter sind inzwischen in ihre Herkunftsländer zurückgekehrt oder nach Westdeutschland gezogen. Die größte noch verbliebene Gruppe sind Vietnamesen, denen von den Behörden ihres Heimatlandes die Rückkehr erschwert wird. Das zwischen Deutschland und Vietnam abgeschlossene Rücknahmeabkommen wurde bisher nur in geringem Umfang wirksam.

Der Zuzug von Ausländern nach Ostdeutschland hat seit 1990 in der Regel keine ökonomischen Gründe, sondern erklärt sich durch die bundesweite Aufteilung von Asylbewerbern und geduldeten Kriegsflüchtlingen. Nur in Ostberlin (1997: 5,4%) und in Brandenburg (2,3%) sowie in den Ballungsgebieten von Halle-Leipzig, Dresden, Chemnitz und Rostock (2,1-5,5%) lebt ein nennenswerter Anteil von Ausländern. In Berlin ließ sich auch ein wesentlicher Teil der als „Kontingentflüchtlinge" eingewanderten Juden aus der ehemaligen Sowjetunion nieder.

Abbildung 13: Ausländeranteil in Deutschland nach Kreisen, 1997, in %

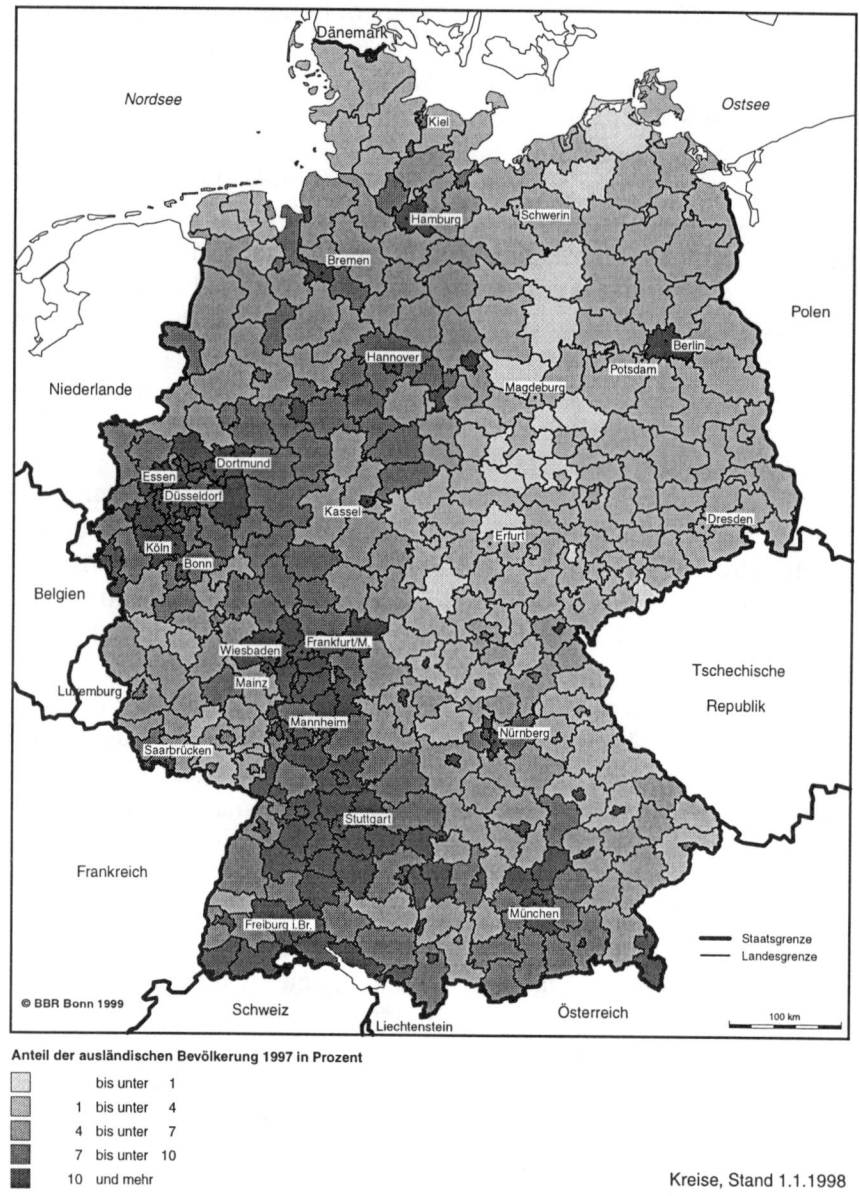

Anteil der ausländischen Bevölkerung 1997 in Prozent

- bis unter 1
- 1 bis unter 4
- 4 bis unter 7
- 7 bis unter 10
- 10 und mehr

Kreise, Stand 1.1.1998

Quelle: Laufende Raumbeobachtung der BfLR

Tabelle 10: Städte mit dem größten Ausländeranteil, Anfang 1995

	ausländische Bevölkerung	
	in 1.000	in % der ges. Bevölkerung
Frankfurt/Main	191,7	29,2
Offenbach	33,2	28,4
Stuttgart	141,8	24,0
München	287,1	22,9
Mannheim	66,9	21,1
Köln	186,9	19,4
Düsseldorf	108,3	18,9
Ludwigshafen	31,8	18,9
Wiesbaden	46,7	17,5
Duisburg	91,4	17,0
Nürnberg	81,7	16,4
Augsburg	42,7	16,2
Hamburg	261,8	15,4
Berlin	438,6	12,6
Deutschland	6.990,5	8,6

Quelle: Statistisches Bundesamt

4.4 Von Gastarbeitern zu Einwanderern

Vertriebene, volksdeutsche Aussiedler und DDR-Bürger kamen meist mit einer klaren Perspektive nach Westdeutschland. Sie wollten sich hier niederlassen und bleiben. Im Gegensatz dazu rechnete die erste Generation der Gastarbeiter mit einem zeitlich begrenzten Aufenthalt. Und die meisten von ihnen kehrten tatsächlich früher oder später wieder heim. Dies mag mit ein Grund dafür gewesen sein, warum damals die Rekrutierung mehrerer Millionen ausländischer Arbeitskräfte in Deutschland kaum auf Widerspruch stieß. Die Gastarbeiter füllten nicht nur Lücken auf dem Arbeitsmarkt, sondern fungierten auch als „Konjunkturpuffer", sollten aber gar nicht integriert werden. In jedem Fall erleichterte die Rekrutierung von Gastarbeitern die Verlängerung der Regelschulzeit, den Ausbau der Bundeswehr und die Senkung des Rentenalters. Denn all dies entzog dem westdeutschen Arbeitsmarkt eine beträchtliche Zahl von Inländerinnen und Inländern.

Klar erkennbar ist, daß erst der Anwerbestopp 1973 die Reaktion der Gastarbeiter auf konjunkturelle Schwankungen und damit auch ihre Funktion als „Konjunkturpuffer" veränderte. In der Rezession 1966/67 waren viele arbeitslose Gastarbeiter zeitweilig in ihre Heimatländer zurückgegangen und während des folgenden Aufschwungs wieder nach Deutschland gekommen. Nach dem Anwerbestopp konnten Ausländer aus Ländern, die nicht der EU angehörten, also vor allem türkische und jugoslawische Gastarbeiter, nicht mehr mit einer Rückkehrmöglichkeit rechnen.[17] Viele blieben daher trotz Arbeitslosigkeit in den Rezessionsphasen 1974/75 und 1981-84 in Deutschland.

Dadurch, daß der Anwerbestopp die Mobilität der Nicht-EU-Ausländer bremste, beeinflußte er auch ihre Lebenspläne (Bade 1994b). Bis Mitte der 70er Jahre orientierten sich viele Ausländer selbst am Konzept eines befristeten Aufenthalts in Deutschland. Danach wurde in wachsendem Maße ein längerer Aufenthalt ins Auge gefaßt (Seifert 1995). Bis 1973/74 waren vor allem Männer im Alter zwischen 20 und 40 Jahren gekommen. Ab Mitte der 70er Jahre begannen viele Arbeitsmigranten, ihre Familien nach Deutschland zu holen oder hier Familien zu gründen. Der genaue Anteil der Familienzusammenführungen an der gesamten Zuwanderung von Ausländern nach Deutschland ist nicht bekannt. Manche Autoren schätzen, daß der Nachzug von Familienangehörigen in den 70er und 80er Jahren mehr als die Hälfte der Zuwanderung von Ausländern ausmachte (Franz 1991; Schmidt, Zimmermann 1992; Velling 1993a).

Wie eine Erhebung des Bundesministeriums für Arbeit und Sozialordnung (1995) zeigte, kam die Mehrzahl der heute in Deutschland lebenden männlichen Ausländer (aus Mittelmeerländern) zwecks Arbeitsaufnahme nach Deutschland (60%), nur eine Minderheit wurde als Angehörige nachgeholt (23%). Bei den Ausländerinnen aus den Mittelmeerländern dominierte der Familiennachzug (60%) gegenüber der unmittelbaren Arbeitsmigration (24%). Nach Nationalitä-

---

[17] Zu diesem Zeitpunkt gehörten auch Griechenland, Spanien und Portugal noch nicht zur EU.

ten bestehen zum Teil erhebliche Unterschiede. Bei Türkinnen ist die Arbeitsmigration im Vergleich zum Familiennachzug deutlich seltener als bei anderen Ausländerinnen. Flucht und Vertreibung spielen dagegen bei Bürgerinnen und Bürgern Jugoslawiens bzw. seiner Nachfolgestaaten eine relativ große Rolle (siehe Abbildung 14)

Abbildung 14: Einreisegründe von Ausländern nach ausgewählten Nationalitäten und Geschlecht, 1995

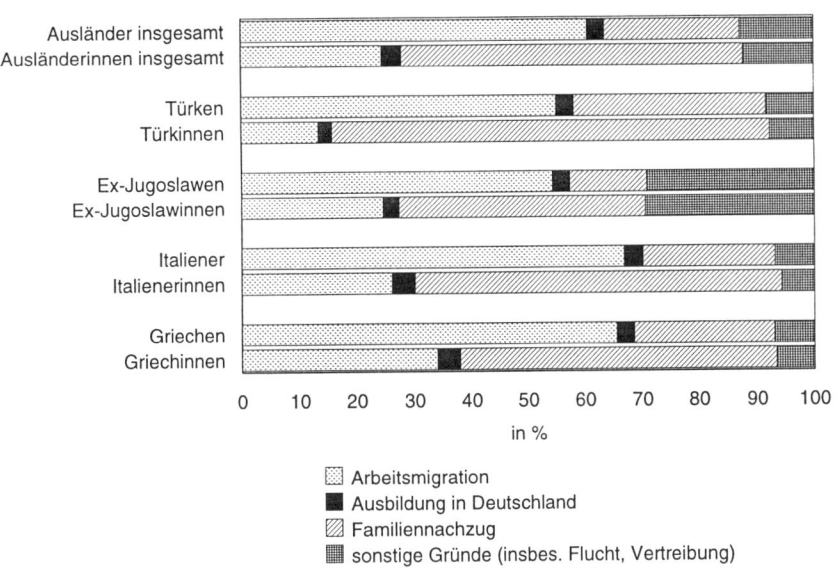

Quelle: BmfAuS 1995

Anhand von Daten des Sozio-Ökonomischen Panels läßt sich analysieren, welche Determinanten die Entscheidung von Ausländern beeinflußt, ihre Familien nach Deutschland zu holen. Wie zu erwarten, stieg die Wahrscheinlichkeit des Familiennachzug mit zunehmendem Alter und längerer Aufenthaltsdauer. Auf Phasen eines allgemeinen Anstiegs der Arbeitslosigkeit in Deutschland reagierten Ausländer oft mit einer Verschiebung des Familiennachzugs. Der Anteil verheirateter Ausländer, deren Ehepartner nicht in der Bundesrepublik lebte, sank von über 80% Anfang der 60er Jahre auf unter 20% Anfang der 80er Jahre.

Abbildung 15: Ausländer in Deutschland nach Aufenthaltsdauer, 1973 und 1997

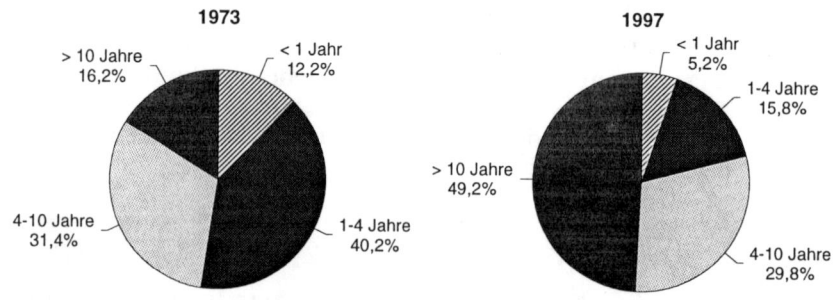

Quelle: *Statistisches Bundesamt*

Tabelle 11: Ausländer in Deutschland nach Aufenthaltsdauer und Herkunftsland, 1997, in %

	< 1 Jahr	1-4 Jahre	4-10 Jahre	> 10 Jahre
Italien	3,5	10,4	14,9	71,3
Türkei	3,2	11,7	23,3	61,8
Portugal	5,9	21,1	21,8	51,2
Polen	7,7	19,5	45,9	26,9
ehem. Jugoslawien	2,9	15,9	41,3	39,8
Gesamt	5,2	15,8	29,8	49,2

Quelle: *Statistisches Bundesamt*

Mit dem verstärkten Familiennachzug und der Gründung neuer Familien in Deutschland wurde das Rotationsmodell obsolet. Dies zeigt sich heute auch deutlich in der Aufenthaltsdauer der in der Bundesrepublik lebenden Ausländer (vgl. Abbildung 15). Ende 1997 lebte knapp die Hälfte der Ausländer (49%) seit über zehn Jahren in Deutschland, darunter mehr als jeder vierte Ausländer bereits länger als 20 Jahre (29%). Nur ein Drittel (30%) war erst kürzer als vier Jahre im Land. 1,4 von 7,3 Mio. in Deutschland lebenden Ausländern sind hier geboren. Vor allem bei jenen Nationalitäten, deren Angehörige einst als Gastarbeiter angeworben wurden, liegt die durchschnittliche Aufenthaltsdauer über dem Durchschnitt aller Ausländer. Dies gilt für Italiener genauso wie für Türken. Im Gegensatz dazu sind die meisten Polen kürzer als zehn Jahre im Land, weil es für sie vor 1986 kaum eine Möglichkeit zur legalen Auswanderung gab. Auch unter den Bürgern (Ex-)Jugoslawiens in Deutschland gibt es eine erhebliche Zahl von Asylbewerbern und Flüchtlingen aus den 90er Jahren. Diese sind alle seit weniger als zehn Jahren im Land.

Heute kann kein Zweifel mehr bestehen: Aus vielen „Gastarbeitern", die zuerst nur kurzfristig in Deutschland Beschäftigung suchten, wurden nachträglich Einwanderer. Die meisten dieser Arbeitsmigranten leben mit ihren Familien im Land, werden bis zu Erreichung des Rentenalters oder bis an ihr Lebensende hier bleiben, viele eines Tages hier sogar begraben sein.

5 Qualifikation, Stellung auf dem Arbeitsmarkt, berufliche Mobilität und soziale Integration von Ausländern

5.1 Die Bildungsstruktur der ausländischen Bevölkerung

Die Bildungsstruktur der Migranten und ihrer Kinder ist entscheidend für ihre beruflichen Chancen, denn in Deutschland haben Bildungszertifikate eine hohe Bedeutung für den Zugang zu Arbeitsplätzen mit höheren Qualifikationsanforderungen. Dies gilt nicht zuletzt für jenen Bereich des Arbeitsmarktes, in dem der Zugang über das duale Ausbildungssystem geregelt ist. Damit läßt sich erklären, warum Personen, die ihren Bildungsabschluß außerhalb Deutschlands erwarben, schlechtere Chancen auf dem Arbeitsmarkt haben. Ihnen bleibt der Zugang zu höher qualifizierten Tätigkeiten in der Regel verschlossen. Da keine Bildungsinformationen für die ausländische Bevölkerung insgesamt vorliegen, analysieren wir zunächst auf der Basis des Sozio-Ökonomischen Panels die schulischen Bildungsabschlüsse von Arbeitsmigranten aus den Anwerbeländern und anschließend die Bildungsgrade von in- und ausländischen Absolventen deutscher Schulen.

Generell läßt die Bildungsstruktur der ausländischen Bevölkerung aus den Anwerbeländern kaum erwarten, daß Migranten in größerer Zahl in qualifizierte Beschäftigungsbereiche vordringen. Fast ein Fünftel dieser Ausländer aus den Mittelmeerländern im erwerbsfähigen Alter hat gar keinen Schulabschluß (vgl. Abbildung 16). Weitere 39% besuchten im Herkunftsland nur die Pflichtschule. Über einen höheren, im Ausland erworbenen Bildungsabschluß verfügen 10% von ihnen. Von jenen, die in deutsche Schulen gingen, stellen Hauptschulabsolventen die mit Abstand größte Gruppe (18%). Mittlere Reife haben 6% und Abitur 7% der Ausländer aus den Mittelmeerländern im erwerbsfähigen Alter.

Abbildung 16: Schulische Bildung der Ausländer aus Mittelmeerländern im erwerbsfähigen Alter, 1997

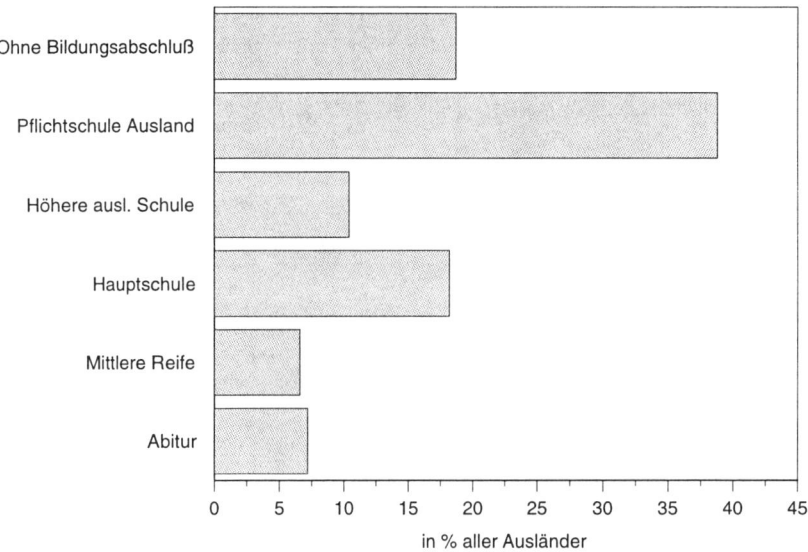

Daten: SOEP; Längsschnittdatensatz 1993-97 (methodische Erläuterungen im Anhang)

Ausländische Jugendliche, die eine deutsche Schule besuchen, erwerben im Durchschnitt einen höheren Bildungsabschluß als ihre Eltern. Diese Jugendlichen besitzen aufgrund der im Land erworbenen Schulabschlüsse günstigere Voraussetzungen für das Erreichen qualifizierter und höherer Positionen auf dem Arbeitsmarkt. Dennoch bleibt ein beträchtlicher Unterschied zu gleichaltrigen Kindern mit deutscher Staatsangehörigkeit.

An deutschen allgemeinbildenden Schulen bleiben ausländische Schüler doppelt so häufig ohne Abschluß wie deutsche. Am häufig-

sten verlassen ausländische Absolventen das deutsche Bildungssystem mit einem Hauptschulabschluß. Die Realschule wird von ausländischen Jugendlichen relativ selten erfolgreich abgeschlossen.
Noch krasser sind die Unterschiede beim Abitur: Mehr als jeder
vierte deutsche, aber noch nicht einmal jeder zehnte ausländische
Schulabgänger macht Abitur (Abbildung 17).

Abbildung 17: Deutsche und ausländische Schulabsolventen nach der Art
des Abschlusses, 1996

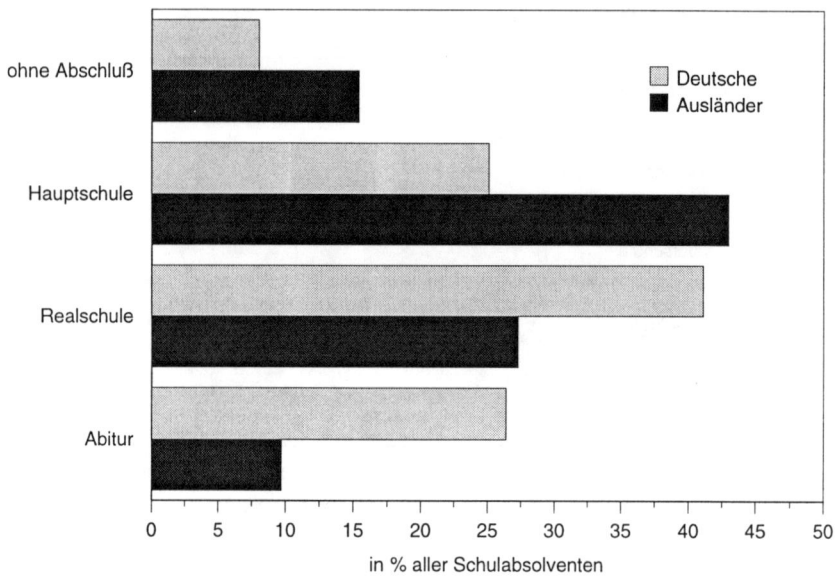

Quelle: Statistische Veröffentlichungen der Kultusministerkonferenz

Dafür, daß ausländische Jugendliche im Bildungssystem weniger
erfolgreich sind als deutsche, gibt es eine Vielzahl von Gründen.
Wichtigste Ursache ist zweifellos die soziale Stellung der Eltern. Die
meisten Arbeitsmigranten gehörten in ihren Herkunftsländern zu unteren Sozialschichten, etliche zur besitzlosen agrarischen Unterschicht. Auch in Deutschland bleiben die meisten Angehörigen der
ersten Einwanderergeneration in untergeordneter beruflicher und
sozialer Position. Dies reduziert die Chancen der Kinder auf einen
höheren Bildungsabschluß.

Abbildung 18: Ausländische Schulabsolventen mit mittlerem und höherem Bildungsabschluß, 1985-96, in %

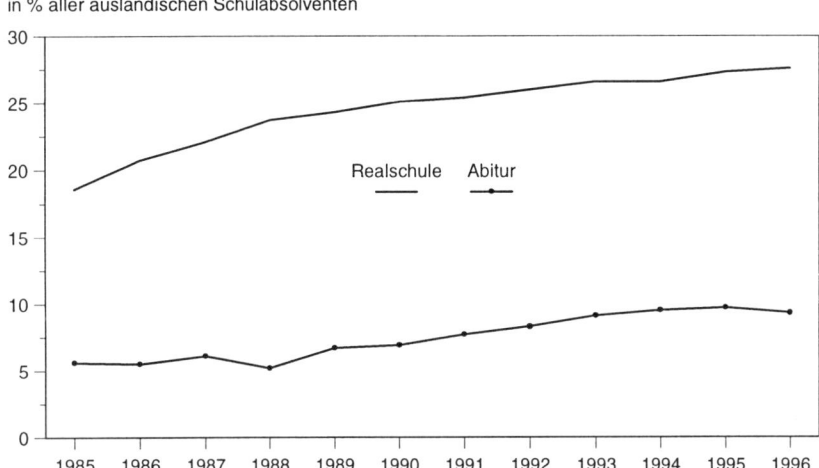

Quelle: Statistische Veröffentlichungen der Kultusministerkonferenz

Trotz der bestehenden Startnachteile gibt es Hinweise darauf, daß die (überwiegend in Deutschland geborenen) Kinder von Arbeitsmigranten der 60er und frühen 70er Jahre allmählich Zugang zu weiterführenden Schulen und damit zu höheren Bildungsabschlüssen finden. Dies zeigt die Entwicklung der Jahre 1985-96. Der Anteil der jungen Ausländer mit Realschulabschluß stieg in diesem Zeitraum von 19% auf 27%. Der Anteil der Abiturienten erhöhte sich von 6% auf 9%, war allerdings zwischen 1995 und 1996 leicht rückläufig (Abbildung 18). Der Anteil der Hauptschulabsolventen verringerte sich von 49% auf 44%. Ohne Bildungsabschluß blieben 1985 immerhin 27%, 1996 waren es noch 21%. Dieser Wert lag jedoch deutlich über dem Bundesdurchschnitt. Mitte der 90er Jahre verließen in Deutschland 12% aller Schulabsolventen die Schule ohne Abschluß. Gleichzeitig finden ausländische Jugendliche nicht im selben Maße Zugang zu mittleren und höheren schulischen Bildungsgängen wie gleichaltrige Deutsche (Abbildung 17).

5.2 Ausländische Beschäftigte und Arbeitslose

Ab Anfang der 60er Jahre stieg die Zahl der ausländischen Arbeitnehmer in Deutschland trotz Rotation 13 Jahre lang an. In der Rezession von 1967/68 zeigte sich die flexible Einsetzbarkeit ausländischer Arbeitskräfte und ihre Funktion als „Konjunkturpuffer". Während des kurzen wirtschaftlichen Einbruchs reduzierte sich die Zahl der ausländischen Beschäftigten kurzfristig, stieg aber in der darauffolgenden Hochkonjunktur wieder stark an. Der vorläufige Höhepunkt der Beschäftigung ausländischer Arbeitnehmer wurde 1973 mit 2,6 Mio. erreicht. Danach war die Zahl der ausländischen Beschäftigten über zehn Jahre lang rückläufig. 1985 waren in Deutschland mit 1,6 Mio. 40% weniger Ausländer sozialversicherungspflichtig beschäftigt als 1973. In den späten 80er Jahren und insbesondere zwischen 1990 und 1993 stieg ihre Zahl an, sank danach jedoch wieder (1997: 2,0 Mio.). Das Bild wäre allerdings ein deutlich anderes, wenn neben den beschäftigten Ausländern auch die inzwischen in den Arbeitsmarkt integrierten Aussiedler und eingebürgerte Einwanderer berücksichtigt würden. Hinzu kommt eine Strukturverschiebung, die sich in den hier analysierten Daten niederschlägt. In den 60er und 70er Jahren gab es in Deutschland überwiegend unselbständig beschäftigte Ausländer. Seit den 80er Jahren wächst hingegen die Zahl der selbständigen und freiberuflich tätigen Ausländer.

1997 kamen zu den 2,0 Mio. sozialversicherungspflichtig beschäftigten Ausländern noch 116.000 Lehrlinge, 281.000 Selbständige und mithelfende Familienangehörige sowie freiberuflich tätige Ausländer und 57.000 geringfügig Beschäftigte. Insgesamt waren somit in den späten 90er Jahren in Deutschland rund 2,8 Mio. Ausländer beruflich tätig.

Einen Hinweis auf die Veränderungen der letzten Jahrzehnte gibt auch der Anteil der Ausländer an allen unselbständig Beschäftigten. 1973 erreichte dieser Anteil mit 12% ein historisches Maximum. Aufgrund des in der Zwischenzeit beträchtlich gewachsenen deutschen Erwerbspotentials in Westdeutschland lag der Ausländeranteil an allen sozialversicherungspflichtig Beschäftigten 1997 nur noch bei 9%.

Abbildung 19: Sozialversicherungspflichtig beschäftigte Ausländer, 1960-97

Quelle: Statistisches Bundesamt

Während der 60er Jahre kamen Ausländer überwiegend als angeworbene Arbeitskräfte ins Land. Entsprechend hoch war ihre Erwerbsquote. Erst durch den Familiennachzug und die Geburt von Kindern in Deutschland veränderte sich die Zusammensetzung der ausländischen Bevölkerung und damit auch die Erwerbsbeteiligung. Mitte der 90er Jahre hatten griechische und spanische Männern eine etwas niedrigere Erwerbstätigenquote[18] als die deutschen Männer. Bei italienischen Männern lag die Erwerbstätigenquote über dem Durchschnitt der deutschen Männer. Deutlich unterdurchschnittliche Erwerbstätigenquoten hatten Männer aus dem ehemaligen Jugoslawien und der Türkei. Bei ersteren trugen bosnische Kriegsflüchtlinge zur niedrigen Erwerbstätigenquote bei, bei letzteren dürfte vor allem die hohe Arbeitslosigkeit dieser Gruppe eine Rolle spielen.

---

[18] Anteil der regelmäßig Erwerbstätigen an der erwerbsfähigen Bevölkerung (16-64 Jahre).

Bei ausländischen Frauen sind die Unterschiede in der Erwerbsbeteiligung wenig ausgeprägt. Lediglich Türkinnen waren deutlich seltener erwerbstätig als deutsche Frauen. Griechische Frauen hatten die gleiche Erwerbstätigenquote wie deutsche Frauen. Bei Italienerinnen, (Ex-)Jugoslawinnen und Spanierinnen lag sie etwas unter jener der deutschen Frauen.

Tabelle 12: Erwerbstätigenquoten der in- und ausländischen Bevölkerung nach Geschlecht und Staatsbürgerschaft, 1995, in %

	Deutsche	Griechen	Italiener	(Ex-)Jugo-slawen	Spanier	Türken
Männer						
1995	74,1	72,0	77,5	66,7	71,6	63,4
Frauen						
1995	54,8	54,8	51,5	50,5	49,6	31,9

Quelle: Statistisches Bundesamt, Mikrozensus

In den 60er und frühen 70er Jahren gab es in Deutschland kaum arbeitslose Ausländer (Abbildung 20). Wer arbeitslos wurde, kehrte in der Regel entweder freiwillig ins Heimatland zurück oder verlor die Aufenthaltserlaubnis und mußte Deutschland verlassen. Dadurch belasteten diese Arbeitsmigranten weder die hiesige Arbeitslosenstatistik noch das Budget der Bundesanstalt für Arbeit. Erst nach dem Anwerbestopp von 1973 änderte sich die Situation. Die Rückkehr ins Heimatland wurde seltener.

Die Zahl der beschäftigungslosen Ausländer erreichte 1975 mit 151.000 einen ersten Höhepunkt und pendelte sich dann im Jahresdurchschnitt bei rund 100.000 ein. In der Rezession der frühen 80er Jahre stieg die Zahl der arbeitslosen Ausländer auf nahezu 300.000 Personen (1983). Die Rückkehrprämien der Jahre 1983/84 entlasteten den Arbeitsmarkt nur geringfügig (Hönekopp 1987). Eine verbesserte Konjunkturlage, insbesondere zu Beginn des kurzen „Vereinigungsbooms", ließ die Zahl der arbeitslosen Ausländer Anfang der 90er Jahre auf annähernd 200.000 sinken. Danach stieg die Zahl der beschäftigungslosen Ausländer wieder sprunghaft an. 1994 wurden in Deutschland im Jahresdurchschnitt erstmals über 400.000 arbeitslose Ausländer registriert; 1997 waren es bereits 550.000. Bei der

Arbeitslosenquote nimmt sich der Anstieg allerdings nicht ganz so dramatisch aus, weil im gleichen Zeitraum auch die Zahl der ausländischen Beschäftigten deutlich anstieg.

Abbildung 20: Arbeitslose Ausländer (Westdeutschland), 1960-97

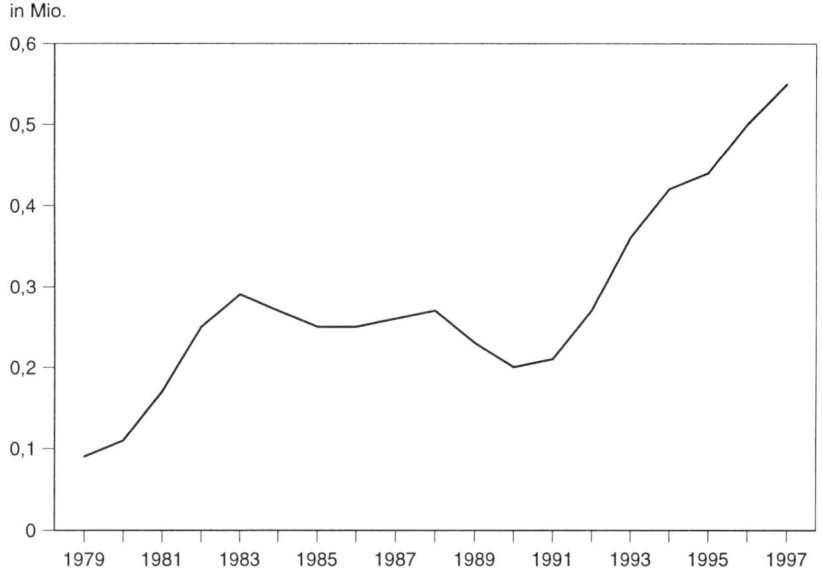

Quelle: Bundesanstalt für Arbeit

Erst seit Ende der 70er Jahre liegt die Arbeitslosenquote der Ausländer in Deutschland über jener der Inländer. Abgesehen von einer kurzen Phase der Wiederannäherung in der zweiten Hälfte der 80er Jahre entwickelten sich die Arbeitslosenquoten der ausländischen und der deutschen Erwerbsbevölkerung weiter auseinander. Dabei fällt auf, daß die Arbeitslosenquote der Ausländer immer dann überproportional anstieg, wenn die Arbeitslosenquote insgesamt stieg. Dies war in den frühen 80er Jahren, 1986/87 und in den 90er Jahren zu beobachten. 1997 waren Ausländer (20,4%) wesentlich stärker von Arbeitslosigkeit betroffen als westdeutsche Erwerbspersonen insgesamt (11%).[19] Besonders betroffen vom jeweiligen Trend waren und sind türkische Erwerbstätige, deren Arbeitslosenquote (1997: 24%) über jener aller Ausländer liegt. Dies gilt insbesondere in Phasen insgesamt steigender Arbeitslosigkeit. Sank jedoch die Arbeitslosenquote, wie 1983/84 und 1987-90, reduzierte sich die Arbeitslosenquote von Türken stärker als die der Ausländer insgesamt.

Abbildung 21: Arbeitslosenquoten (Westdeutschland), 1980-97, in %

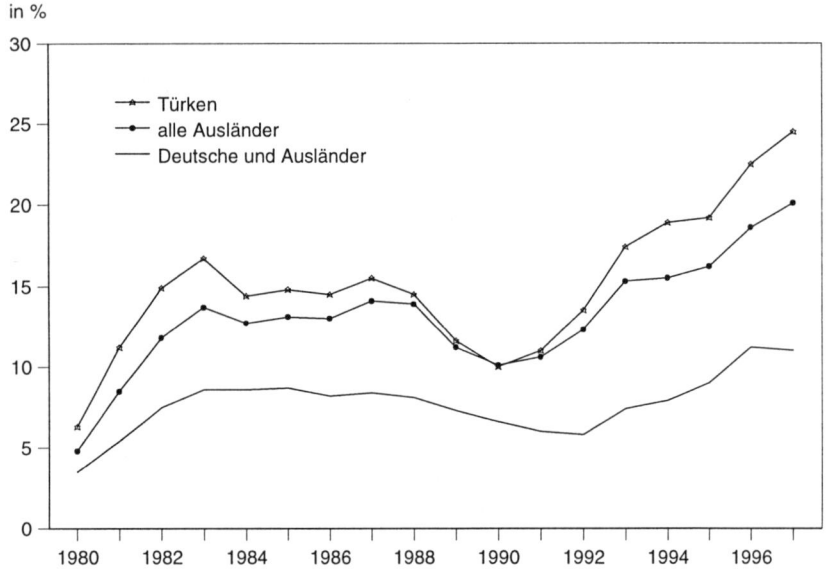

Quelle: Bundesanstalt für Arbeit

In der Struktur der arbeitslosen Ausländer spiegelt sich der niedrige Bildungsgrad der ausländischen Bevölkerung deutlich wider. Ausländer ohne berufliche Ausbildung und ohne formellen Bildungsabschluß sind besonders häufig von Arbeitslosigkeit betroffen. 1996 hatten 78% der arbeitslosen Ausländer keine berufliche Ausbildung abgeschlossen. Die Mehrzahl (71%) der ausländischen Arbeitslosen

---

[19] Der Vergleich ist nur für Westdeutschland sinnvoll, weil in den 90er Jahren 97% aller legal anwesenden Ausländer ihren Wohnsitz in den alten Bundesländern hatten.

war zuvor als un- oder angelernte Arbeiter beschäftigt. Im Gegensatz dazu waren ausländische Facharbeiter und Angestellte seltener arbeitslos, ihr Arbeitslosigkeitsrisiko lag aber immer noch über dem deutscher Arbeitnehmer in vergleichbarer beruflicher Stellung.

Abbildung 22: Strukturmerkmale der ausländischen Arbeitslosen, 1996, in %

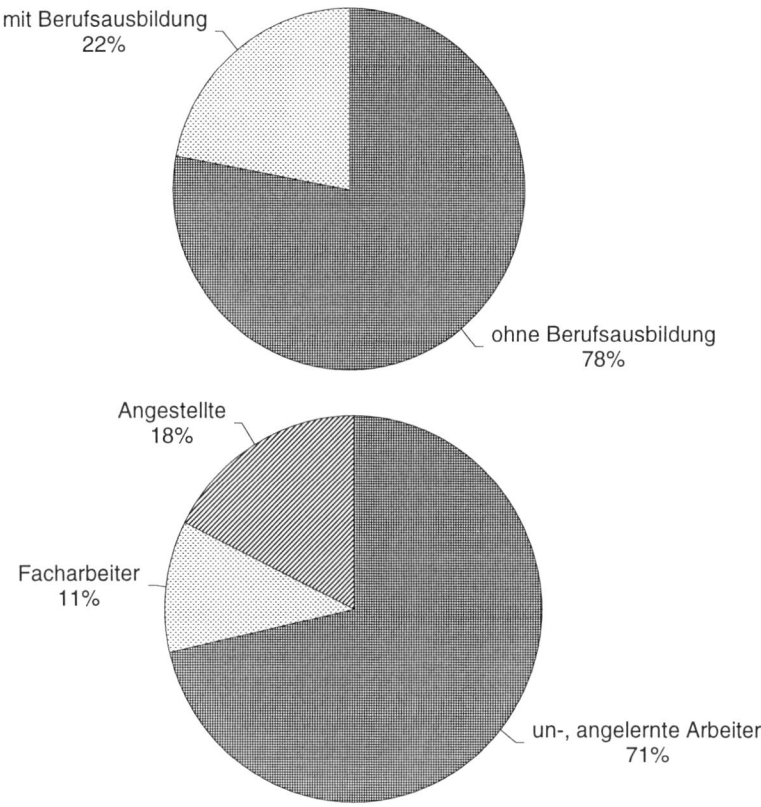

Quelle: Bundesanstalt für Arbeit

Sowohl die Betroffenheit als auch die Dauer von Arbeitslosigkeit waren in der ersten Hälfte der 90er Jahre bei ausländischen Erwerbs-

personen aus den fünf wichtigsten Herkunftsländern von Arbeitsmigranten größer als bei inländischen Arbeitnehmern (Tabelle 13)

Tabelle 13: Betroffenheit von Arbeitslosigkeit zwischen 1992 und 1996

	Mindestens einmal arbeitslos		Kumulierte Dauer der Arbeitslosigkeit	
	Ausländer	Deutsche	Ausländer	Deutsche
	in %		in Monaten	
Insgesamt	29	17	17	12
Zweite Generation*	39	22	14	8
Frauen	29	17	15	11
Türken	33		19	
Bildung				
ohne Bildungsabschluß	23	18	21	8
Pflichtschule im Ausland	29		17	
Höhere Schule im Ausland	32		15	
Hauptschule in Deutschland	32	20	16	14
Mittlere Reife	35	13	13	9
Abitur	24	13	10	9

* Bei Deutschen: 16- bis 30jährige.

Daten: SOEP, Längsschnittdatensatz 1993-1997 (nur Westdeutschland; methodische Erläuterungen im Anhang)

Ausländische Frauen waren nicht stärker von Arbeitslosigkeit betroffen als ausländische Männer. Der Anteil der türkischen Arbeitnehmer, die im Untersuchungszeitraum arbeitslos wurden, lag über
dem Durchschnitt aller Ausländer. Bei der zweiten Generation der in
Deutschland lebenden Ausländer lag der Anteil derer, die zwischen
1992 und 1996 mindestens einmal arbeitslos wurden, deutlich über
dem der Ausländer insgesamt. In der Phase des Übergangs von der
Schule in die Ausbildung und nachfolgenden in das Berufsleben treten Perioden der Arbeitslosigkeit somit überproportional oft auf.
Aufgrund der geringen Berufserfahrung und der im Schnitt noch kurzen Betriebszugehörigkeit trägt diese Gruppe ein hohes Arbeitslosigkeitsrisiko.

Im Durchschnitt waren Ausländer, die zwischen 1992 und 1996
irgendwann ihren Arbeitsplatz verloren, auch länger ohne Arbeit als

Deutsche. Die Dauer der Arbeitslosigkeit von Angehörigen der zweiten Generation lag jedoch unter dem Durchschnitt. Ausländer der zweiten Generation waren zwar häufiger arbeitslos, im Regelfall jedoch nur verhältnismäßig kurze Zeit. Zwei mögliche Erklärungen bieten sich an: Kürzere Erwerbszeiten von Jugendlichen und jungen Erwachsenen bedeuten einen kürzeren Anspruch auf Arbeitslosengeld. Dadurch erhöht sich der Zwang, rasch wieder eine Stelle zu finden. Zugleich dürfte ein Teil der Jüngeren selbst nach Verlust eines Jobs bessere Arbeitsmarktchancen haben als arbeitslos gewordene ältere Arbeitnehmer.

Sowohl ausländische als auch deutsche Frauen sind im Schnitt weniger lang arbeitslos als Männer. Bei ihnen könnte ebenfalls ein kürzerer Anspruch auf Arbeitslosengeld eine Rolle spielen, aber auch die größere Bereitschaft, notfalls einen weniger attraktiven Arbeitsplatz zu akzeptieren.

Diejenigen, die ihren Schulabschluß im Deutschland erwarben, wurden in den frühen 90er Jahren kaum seltener arbeitslos, als jene mit einem ausländischen Schulabschluß. Dies betrifft besonders die zweite Generation der in Deutschland lebenden Ausländer. Ein großer Teil von ihnen befindet sich in der Phase zwischen Ausbildung und Beruf oder am Beginn beruflicher Laufbahnen, also in einer Phase, in der auch Deutsche überproportional von Arbeitslosigkeit betroffen sind. Bei ausländischen Beschäftigten nimmt jedoch die Beschäftigungsstabilität mit höherem Bildungsabschluß kaum zu. Lediglich Ausländer mit Abitur hatten ein geringeres Arbeitslosigkeitsrisiko. Allerdings war der Anteil der Arbeitslosen in dieser Gruppe fast doppelt so hoch wie bei Deutschen mit gleichem Bildungsgrad.

Nach der kumulierten Dauer von Arbeitslosigkeit zwischen 1992 und 1997 lassen sich eindeutige Bildungseffekte erkennen. Ausländer mit niedrigem Bildungsgrad waren im Durchschnitt am längsten ohne Beschäftigung, während diejenigen mit Abitur die kürzeste Arbeitslosigkeitszeit aufwiesen. Das Risiko, einmal arbeitslos zu werden, war zwar für alle Bildungsgruppen ähnlich hoch, bei der Dauer der Arbeitslosigkeit zeigen sich jedoch für die Gruppen mit mittlerem und höheren Bildungsgrad günstigere Bedingungen.

Abbildung 23: Wiederbeschäftigung nach Arbeitslosigkeit, in %

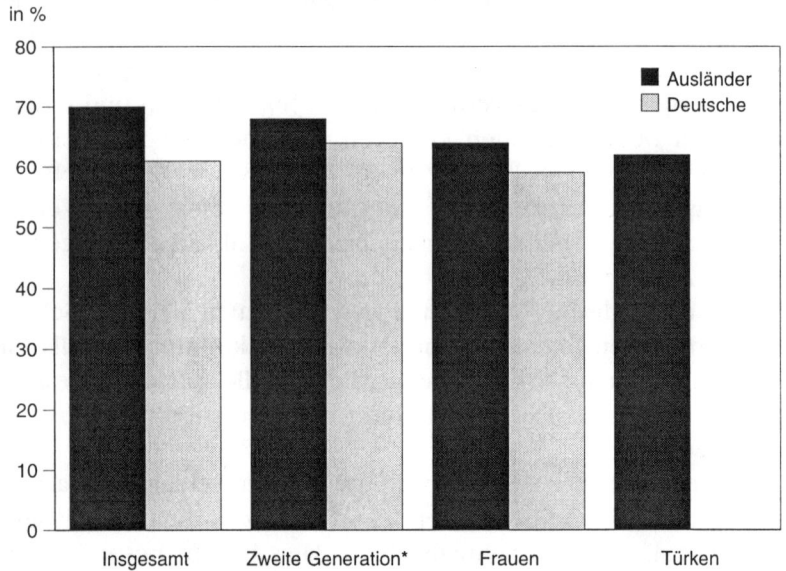

Bei Deutschen: 16-30jährige.

Daten: SOEP, Längsschnittdatensatz 1993-1997 (nur Westdeutschland)

Was folgt nach einer Phase der Arbeitslosigkeit? Entweder finden die Betroffenen wieder einen Job, oder nach dem Auslaufen des Arbeitslosengeldes bzw. der Arbeitslosenhilfe folgt eine andere Form der Nichterwerbstätigkeit.[20]

Obwohl ausländische Beschäftigte insgesamt schlechtere Arbeitsmarktchancen haben, ist die Chance auf Wiederbeschäftigung nach

---

[20] Um Aussagen über die Dauer der Arbeitslosigkeit und die Chance auf Wiederbeschäftigung machen zu können, werden zwischen 1992 und 1997 Erwerbspersonen aus den fünf wichtigsten Herkunftsländern (Türkei, ehemaliges Jugoslawien, Italien, Griechenland und Spanien) betrachtet, die in diesem Zeitraum nicht dauernd erwerbslos waren. Um Langzeitarbeitslose nicht generell von der Analyse auszuschließen, werden im folgenden alle Personen betrachtet, die zwischen 1992 und 1997 von Arbeitslosigkeit in Erwerbstätigkeit bzw. Nichterwerbstätigkeit wechselten. Bei Personen, die mehr als einmal arbeitslos waren, wird die letzte abgeschlossene Periode betrachtet.

Arbeitslosigkeit bei Ausländern etwas günstiger als bei Deutschen. 70% der ausländischen und der 61% deutschen Arbeitslosen treten wieder ins Berufsleben ein. Dabei gelingt der zweiten Generation der Wiedereinstieg nach Arbeitslosigkeit etwas seltener als den Ausländern insgesamt. Dies gilt für jene, die bereits Zugang zum Arbeitsmarkt gefunden haben. Noch schwerer haben es jene, die den Berufseinstieg nach Ende der Schulzeit verpassen.

Erkennbar schlechtere Wiederbeschäftigungschancen als Angehörige anderer Nationalitäten haben türkische Arbeitslose. Von ihnen gelingt es nur 62%, im Anschluß an eine Periode der Arbeitslosigkeit direkt wieder erwerbstätig zu werden. Auch jene, die wieder Arbeit finden, bekommen nicht immer einen Arbeitsplatz mit vergleichbaren Arbeitsbedingungen. Gerade bei ausländischen Arbeitskräften ist die Wiederbeschäftigung nach Arbeitslosigkeit häufig mit einer Dequalifizierung verbunden (Seifert 1995). Dennoch muß festgehalten werden: Trotz häufigerer und längerer Betroffenheit von Arbeitslosigkeit haben ausländische Beschäftigte durchaus die Chance auf eine erfolgreiche Wiedereingliederung in den Arbeitsmarkt.

5.3 Ausländische Beschäftigte nach Wirtschaftsbereichen

1975 arbeiteten zwei von drei ausländischen Beschäftigten im produzierenden Gewerbe (63%). Das letzte Drittel verteilte sich auf das Baugewerbe (11%), Handel und Verkehr (9%) sowie auf sonstige Dienstleistungen. In den folgenden zwei Jahrzehnten kam es zu einem deutlichen Strukturwandel. 1997 war weniger als die Hälfte aller beschäftigten Ausländcr im produzierenden Gewerbe tätig (41%), bereits ein Viertel im Bereich der sonstigen Dienstleistungen (26%), ein weiteres Siebtel im Bereich von Handel und Verkehr (16%) und ein Zehntel im Baugewerbe (8%). Vor allem im Zeitraum 1985-1997 waren diese Strukturverschiebungen in erster Linie auf den Eintritt neuer Zuwanderergruppen in andere Beschäftigungsbereiche, seltener hingegen auf den Wechsel von bereits im produzierenden Gewerbe beschäftigten Ausländern in andere Bereiche zurückzuführen. Gleichzeitig erhöhte sich zwischen 1985 und 1993 die Gesamtzahl der sozialversicherungspflichtig beschäftigten Ausländer in Deutschland, während sie davor (1973-1985) und danach (1995-1997) rückläufig war (vgl. Abbildung 19).

Abbildung 24: Anteil ausländischer Beschäftigter in ausgewählten Beschäftigungsbereichen, Westdeutschland, 1996, in %

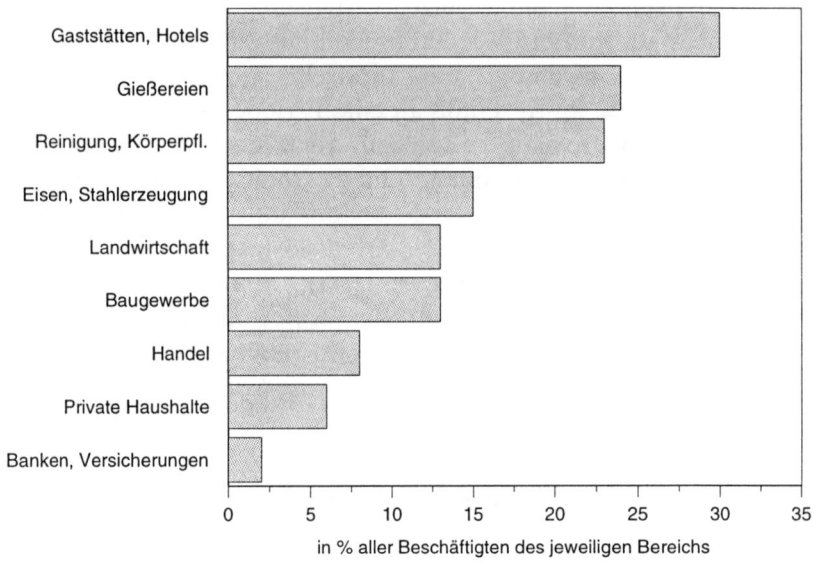

in % aller Beschäftigten des jeweiligen Bereichs

Quelle: Ausländerbeauftragte der Bundesregierung 1997

Auch die Beschäftigungsstruktur der Deutschen änderte sich seit Mitte der 70er Jahre recht deutlich. Der Vergleich macht jedoch klar, daß der Strukturwandel bei den Ausländern größer war. Dies führte dazu, daß die Beschäftigungsstruktur der Ausländer (gemessen an der Verteilung nach Wirtschaftsbereichen) Mitte der 90er Jahre der Struktur der deutschen Beschäftigten ähnlicher war als in den Jahrzehnten davor. Dennoch bestehen nach wie vor Unterschiede. So waren Ausländer Mitte der 90er Jahre relativ selten bei Banken und Versicherungen sowie im öffentlichen Dienst tätig (1997: 1% aller ausländischen Beschäftigten). In diesen Bereichen gibt es ein – teils durch das Beamtendienstrecht vorgesehenes, teils informell durchgesetztes – Primat der Inländerbeschäftigung. In der Summe war der Bedeutungsgewinn des Dienstleistungssektors bei ausländischen Beschäftigten stärker als bei deutschen. Zugleich ist der Anteil der Beschäftigung im produzierenden Gewerbe unter den Ausländern (1997: 41%) immer noch höher als unter den Deutschen (32%).

Tabelle 14: Sozialversicherungspflichtig Beschäftigte nach Wirtschaftsbereichen, 1975-97, in %

	1975	1980	1985	1990	1994	1997
Beschäftigte insgesamt						
Produzierendes Gewerbe	45,5	43,5	41,4	40,2	35,5	31,6
sonstige Dienstleistungen	14,7	16,9	19,0	20,9	23,9	26,2
Handel, Verkehr, Nachrichten-übermittlung	18,6	18,7	18,4	18,6	19,4	19,1
Baugewerbe	8,3	8,1	7,2	6,6	7,1	7,6
Gebietskörperschaften, Sozialversicherung	6,6	6,4	6,8	6,5	6,4	7,2
Kreditinstitute, Versicherungsgewerbe	3,6	3,6	3,9	4,0	4,3	3,9
gemeinnützige Organisationen, private Haushalte	1,6	1,7	2,1	2,3	2,6	3,1
Landwirtschaft	1,0	1,1	1,1	1,0	0,9	1,3
Ausländische Beschäftigte						
Produzierendes Gewerbe	62,1	59,2	56,0	53,2	42,3	40,9
sonstige Dienstleistungen	13,2	15,2	18,2	20,9	26,5	28,5
Handel, Verkehr, Nachrichten-übermittlung	9,2	10,2	10,8	12,0	14,9	15,9
Baugewerbe	10,8	10,5	9,2	8,1	10,0	8,2
Gebietskörperschaften, Sozialversicherung	2,4	2,4	2,9	2,8	2,5	2,4
gemeinnützige Organisationen, private Haushalte	0,6	0,7	1,0	1,2	1,5	1,8
Landwirtschaft	1,0	0,9	1,0	1,0	1,3	1,2
Kreditinstitute, Versicherungsgewerbe	0,6	0,7	0,8	0,8	1,1	1,1

Quelle: Statistisches Bundesamt

Im April 1998 waren 8,7% aller unselbständig Beschäftigten in Deutschland ausländischer Herkunft. Überdurchschnittlich hoch war der Ausländeranteil Mitte der 90er Jahre in den Bereichen von

Gastronomie und Hotelgewerbe (30%), der Reinigung und Körperpflege (23%) sowie in der Eisen- und Stahlverarbeitung (15%), insbesondere in Gießereien (24%). Über dem Bundesdurchschnitt lag auch die Land- und Forstwirtschaft (13%) mit einem hohen Anteil ausländischer Saisonarbeiter, ferner das Baugewerbe (13%), wo erheblich mehr Ausländer beschäftigt sein dürften, als die Statistik der Bundesanstalt für Arbeit ausweist. Ähnliches gilt für persönliche Dienstleistungen im Haushalt (vgl. Münz, Ulrich 1993).

Tabelle 15: In Deutschland ansässige ausländische Unternehmer nach Staatsangehörigkeit und Wirtschaftsbereichen, 1997

Staatsangehörigkeit der Unternehmer	Industrie und Handel	Handwerk	Insgesamt
Griechen	21.242	1.968	23.210
Italiener	27.977	5.146	33.123
Portugiesen	1.750	253	2.003
Spanier	2.671	506	3.177
Türken	57.277	7.039	64.266
andere Ausländer	137.454	17.907	155.361
Ausländer insgesamt	248.321	32.819	281.140

Quelle: Institut der deutschen Wirtschaft 1998

Gestiegen ist in den letzten Jahren nicht nur die Zahl der ausländischen Putzfrauen, Kindermädchen, Köchinnen und Blumenverkäuferinnen, erhöht hat sich auch die Zahl der selbständigen Ausländer in Handel, Gewerbe und Industrie. Sie lag 1997 bei 281.000 Selbständigen und mithelfenden Familienangehörigen. Eine hohe Dynamik war vor allem bei türkischen Selbständigen zu verzeichnen. Ihre Zahl wuchs von 3.000 im Jahre 1970 auf 64.000 im Jahre 1997.

Gewandelt hat sich mittlerweile auch der Charakter der Unternehmen von Ausländern in Deutschland. Während sie in früheren Zeiten auf die Versorgung von Personen der eigenen Ethnie und die Vermarktung von Produkten aus der alten Heimat ausgerichtet waren, konnten sie ihr Aktivitätsfeld mittlerweile erheblich verbreitern. Die Firma Santex in Aachen, die von einem türkischen Immigranten gegründet wurde, ist hierfür ein gutes Beispiel. Sie stellt Bekleidung her und beschäftigt mittlerweile 1.352 Personen. Überhaupt sind ausländische Selbständige zu wichtigen Arbeitgebern geworden. Allein die türkischen Unternehmer beschäftigten 1997 ca. 162.000 Personen. Darüber hinaus schufen ausländische Unternehmen 10.750 Lehrstellen (Institut der Deutschen Wirtschaft 1998).

5.4 Berufliche Stellung der ausländischen Beschäftigten

Durch den Zuzug neuer Gruppen wandelte sich seit den späten 80er Jahren die Struktur der eingewanderten Bevölkerung nach Bildung, Qualifikation und Herkunftsland erheblich. Aussagen über die längerfristige Integration, über berufliche und soziale Mobilität lassen sich daher vorläufig nur für die Gruppe der Ausländer aus den traditionellen Herkunftsländern von Arbeitsmigranten, also über Türken, (Ex-)Jugoslawen, Italiener, Griechen und Spanier treffen, von denen sich die Mehrzahl bereits länger als zehn Jahre in Deutschland aufhält.[21]

Zwischen deutschen und ausländischen Beschäftigten gibt es bis heute erhebliche strukturelle Unterschiede.[22] 1984 waren 70% der ausländischen Beschäftigten aus den genannten fünf Ländern als un- oder angelernte Arbeiter tätig. Von den westdeutschen Beschäftigten waren es hingegen nur 16% (Tabelle 16). Zwischen 1984 und 1989 sank bei ausländischen Beschäftigten aus Mittelmeerländern der Anteil derer, die ungelernte Tätigkeiten ausübten, während der Facharbeiteranteil anstieg. Auch der Anteil der mittleren und höheren Angestellten verdoppelte sich in diesem Zeitraum (1984: 3%, 1989: 6%). Dennoch war deren Anteil bei den deutschen Beschäftigten um ein Vielfaches höher (mittlere/höhere Angestellte 1984: 33%, 1989: 37%). Auch zwischen 1993 und 1997 verringerte sich der Anteil an

---

[21] Im folgenden wird die berufliche Mobilität im Vergleich von ausländischen und deutschen Arbeitnehmern anhand der Stellung im Beruf zwischen 1984 und 1997 betrachtet. Die Angaben beziehen sich jeweils auf Personen, die einer regelmäßigen Vollzeit- oder einer Teilzeitbeschäftigung mit mindestens der Hälfte der tariflichen Arbeitszeit nachgehen.

[22] Auch nach den Herkunftsländern zeigen sich zum Teil unterschiedliche Beschäftigungsprofile (Bender, Seifert 1996).

ungelernten Arbeitern aus den Mittelmeerländern nochmals deutlich. Trotzdem übten 1997 immer noch 51% dieser ausländischen Beschäftigten un- und angelernte Tätigkeiten aus. Von den Westdeutschen taten dies 1997 dagegen nur 10%.

Nicht nur der Bildungsgrad von Ausländern der zweiten Generation liegt im Schnitt über jenem ihrer Eltern, es gibt auch deutliche Hinweise auf einen höheren Grad ökonomischer Integration. 1984 war noch nahezu die Hälfte der Angehörigen der zweiten Generation aus den fünf genannten Mittelmeerländern als un- oder angelernte Arbeiter tätig (47%), aber immerhin 32% als Facharbeiter. Schon zwischen 1984 und 1989 reduzierte sich der Anteil der ungelernten Arbeiter. In den 90er Jahren waren die Ausgangsbedingungen der Berufsanfänger der zweiten Generation sogar erkennbar günstiger als 1984. 1997 waren nur noch 22% der Beschäftigten der zweiten Generation als un- oder angelernte Arbeiter tätig, 16% übten Facharbeiter- und Meisterberufe aus. Immerhin 35% waren in mittleren oder gehobenen Angestelltenpositionen tätig. Unter gleichaltrigen Westdeutschen lag dieser Anteil mit 45% deutlich höher. Trotz dieser verbleibenden Differenz zeichnet sich bei der ausländischen Bevölkerung eine beachtliche intergenerationale Mobilität ab.

In Deutschland geborene Ausländer bringen es beruflich weiter als ihre eingewanderten Eltern. Dabei zeigt sich zweierlei: Einerseits treten Ausländer der zweiten Generation aus Mittelmeerländern, die eine höhere schulische Ausbildung erhalten haben, erst später, aber dafür mit einer besseren Erstplazierung in das Erwerbsleben ein. Letzteres gilt auch für deutsche Jugendliche. Anderseits besteht gerade in der Berufseinmündungsphase, in der sich große Teile der zweiten Generation noch befinden, eine erhöhte individuelle berufliche Mobilität.

Die strukturellen Veränderungen betreffen beide Geschlechter. Auch ausländische Frauen aus den Mittelmeerländern waren 1984 noch überwiegend als un- und angelernte Arbeiterinnen tätig (83%). 1997 war die Konzentration in den Arbeiterberufen deutlich geringer. Zwar waren noch immer mehr als die Hälfte der ausländischen Frauen als un- oder angelernte Arbeiterinnen tätig (53%), doch nun besetzten sie in weit höherem Maße auch mittlere und höhere Angestelltenpositionen (20%).

Tabelle 16: Berufliche Stellung und berufliche Mobilität von ausländischen und deutschen Beschäftigten, 1984-97, in %

| | 1. Längsschnittkohorte | | | | 2. Längsschnittkohorte | | | |
| | Ausländer | | Deutsche* | | Ausländer | | Deutsche* | |
	1984	1989	1984	1989	1993	1997	1993	1997
Fallzahlen (N)	1086	1141	2565	2755	946	878	3112	2980
Insgesamt								
ungelernte Arbeiter	25	20	4	4	18	10	3	3
angelernte Arbeiter	45	44	12	12	41	41	10	7
Facharbeiter/Meister	19	23	18	17	22	20	17	15
einfache Angestellte	4	3	10	9	8	10	12	10
mittl./höhere Angest.	3	6	33	37	7	13	37	42
Selbständige	4	4	12	11	4	6	10	12
Zweite Generation **								
ungelernte Arbeiter	22	15	9	3	3	4	1	1
angelernte Arbeiter	25	35	11	14	19	18	8	6
Facharbeiter/Meister	32	28	21	24	23	16	24	20
einfache Angestellte	14	7	18	11	28	22	15	10
mittl./höhere Angest.	5	15	29	37	27	35	38	45
Selbständige	2	2	3	6	1	4	5	9
Frauen								
ungelernte Arbeiter	35	33	6	7	32	15	6	5
angelernte Arbeiter	48	44	12	14	37	38	11	7
Facharbeiter/Meister	3	5	3	4	2	3	4	4
einfache Angestellte	8	7	21	18	18	19	23	17
mittl./höhere Angest.	3	8	39	42	8	20	41	48
Selbständige	4	4	13	9	2	4	8	11
Türkische Zuwanderer								
ungelernte Arbeiter	36	27			20	7		
angelernte Arbeiter	42	42			42	46		
Facharbeiter/Meister	14	22			23	19		
einfache Angestellte	5	2			8	14		
mittl./höhere Angest.	2	6			4	10		
Selbständige	2	1			3	4		

* *Der auf 100% fehlende Wert entspricht dem Beamtenanteil.*

** *Zweite Generation = in Deutschland Geborene mit ausländischem Paß. Diese Gruppe war beim Längsschnitt 1984-1989 noch zu klein. Deshalb wurden hier auch diejenigen betrachtet, die in Deutschland zur Schule gegangen sind. Die Angaben für Deutsche beziehen sich auf eine vergleichbare Altersgruppe (1984-1989: 16 bis 25 Jahre, 1993-1997: 16 bis 30 Jahre).*

Daten: SOEP, Längsschnittdatensätze 1984-1989 und 1993-1997 (nur Westdeutschland; methodische Erläuterungen im Anhang).

Der zwischen 1993 und 1997 zu beobachtende drastische Anstieg im Bereich der mittleren und höheren Angestelltenpositionen betraf überwiegend neu in das Erwerbsleben eintretende junge Ausländerinnen. Die berufliche Stellung westdeutscher Frauen veränderte sich im Untersuchungszeitraum in die gleiche Richtung, wenn auch in geringerem Umfang. Der Anteil der in mittleren und höheren Angestelltenpositionen beschäftigten Frauen stieg zwischen 1984 und 1997 an, während der der un- und angelernten Arbeiterinnen zurückging. Die strukturellen Unterschiede zwischen ausländischen und deutschen Frauen wurden etwas kleiner.

Die Struktur der türkischen Erwerbstätigen unterschied sich 1984 gegenüber anderen Nationalitäten vor allem durch einen besonders hohen Anteil an un- und angelernten Arbeitern (78%). Dieser Unterschied gegenüber ausländischen Erwerbstätigen aus anderen Mittelmeerländern war in den 90er Jahren weniger ausgeprägt. Insbesondere der Anteil an ungelernten Arbeitern ging deutlich zurück (1984: 78%, 1997: 53%). Somit war die berufliche Mobilität türkischer Arbeitnehmer etwas größer als die anderer Nationalitäten.

Trotz einer Tendenz zu beruflichem Aufstieg läßt sich sagen: Ausländische Migranten sind auch in den 90er Jahren noch immer an Arbeitsplätzen und in beruflichen Positionen konzentriert, die nur eine geringe Qualifikation erfordern. Im Zeitverlauf ist jedoch ein langsames Aufsteigen in höhere Beschäftigungspositionen zu erkennen. Insbesondere bei der zweiten Generation zeigt sich eine günstigere Struktur. Bemerkenswert ist auch, daß die durch den Prozeß der deutschen Einigung gestiegene Konkurrenz auf dem Arbeitsmarkt keine Abdrängung ausländischer Arbeitskräfte in marginale Segmente des Arbeitsmarktes zur Folge hatte. Konkurrenz besteht allerdings zum Teil zwischen Ausländern und Aussiedlern.

5.5 Die Segmentierung des Arbeitsmarktes als strukturelle Integrationsbarriere?

Die Arbeitsmigranten, die zwischen 1960 und 1973 angeworben wurden, gelangten damals über den unteren Bereich der beruflichen und betrieblichen Hierarchien kaum hinaus. Die meisten von ihnen waren auch viel zu kurz in Deutschland, um hier irgendeine Art von Karriere machen zu können. Dies hat sich in der Zwischenzeit beträchtlich geändert. Trotzdem sind schlechtere Arbeitsbedingungen, instabilere Beschäftigungsverhältnisse sowie geringere Aufstiegschancen bis heute Kennzeichen vieler Arbeitsplätze, an denen Ausländer beschäftigt sind. Es stellt sich die Frage, ob dies nur auf das schlechtere Qualifikationsprofil ausländischer Arbeitnehmer zurückzuführen ist, oder ob der Arbeitsmarkt eine spezifische Struktur aufweist, die das Vordringen ausländischer Arbeitnehmer in qualifizierte Bereiche des Arbeitsmarktes erschwert.

Wenn letzteres stimmt, dann werden auf dem deutschen Arbeitsmarkt Mechanismen wirksam, die einen Ausschluß der Migranten von privilegierteren Berufen und Positionen bewirken. Diese Annahme geht auf die Theorie der Arbeitsmarktsegmentation zurück. Dabei wird angenommen, daß der Arbeitsmarkt in voneinander relativ stark abgeschottete Teilsegmente untergliedert ist, für die jeweils unterschiedliche Zugangsvoraussetzungen gelten.

Die Theorie der Arbeitsmarktsegmentation wurde Ende der 60er Jahre von amerikanischen Arbeitsökonomen entwickelt. Ausgangspunkt war die Tatsache, daß Angehörige bestimmter Gruppen – vor allem Frauen, Jugendliche, Schwarze und ethnische Minderheiten – in den USA überdurchschnittlich oft von Arbeitslosigkeit und Unterbeschäftigung betroffen waren (Sengenberger 1978: 19), und zwar weitgehend unabhängig von ihrer individuellen Qualifikation.

Segmentationstheorien gehen allgemein davon aus, daß es keinen Gesamtarbeitsmarkt, sondern bloß Teilarbeitsmärkte gibt, die nicht für alle Arbeitskräfte gleichermaßen zugänglich sind. Neben Marktmechanismen sind andere Verteilungs- und Zuteilungsmechanismen wirksam, die die Trennung der Teilarbeitsmärkte voneinander aufrechterhalten (Blossfeld, Mayer 1988: 262). Einfachstes Modell ist das des dualen Arbeitsmarktes, der aus einem primären und einem sekundären Sektor besteht. Der primäre Sektor umfaßt Arbeitsplätze, die hohe Löhne, gute Arbeitsbedingungen, Aufstiegschancen und stabile Beschäftigungsverhältnisse bieten, während für den sekundären Sektor Arbeitsplätze mit schlechter Bezahlung, ungünstigen Arbeitsbedingungen, geringen Aufstiegschancen und instabilen Beschäftigungsverhältnissen typisch sind (Piore 1978: 69).

Eine Dualisierung des Arbeitsmarktes konnte vor allem für die USA gut nachgewiesen werden, während für Westdeutschland meist drei Teilarbeitsmärkte unterschieden werden (Lutz, Sengenberger 1974; Sengenberger 1975). Nach den Qualifikationen der Arbeitnehmer lassen sich folgende Teilbereiche unterscheiden: *Märkte für unspezifische Qualifikationen* erfordern keine spezifische Qualifikation. Voraussetzung für einen Job sind eine gewisse physische Leistungsfähigkeit und ein Mindestmaß an Arbeitsdisziplin (Sengenberger 1975). *Märkte für fachliche Qualifikationen* spiegeln die Besonderheit des deutschen beruflichen Bildungssystems (duales System) wider, das universelle fachliche Qualifikationen vermittelt. Arbeitnehmer mit universellen Qualifikationen sind relativ frei in der Wahl ihres Arbeitsplatzes, aber auf bestimmte Branchen und Wirtschaftszweige festgelegt. *Märkte für betriebliche Qualifikation* vermitteln betriebsspezifische Qualifikationen, die außerhalb des speziellen Betriebes kaum verwertbar sind. Es besteht in diesem Fall ein wechselseitiges Abhängigkeitsverhältnis von Arbeitnehmern und Arbeitgebern. Entsprechende Arbeitsmärkte finden sich vor allem in Großbetrieben.

Blossfeld und Mayer (1988) unterteilen das unspezifische Segment nach der Betriebsgröße und unterscheiden vier Beschäftigungssegmente. Allerdings kommen die Autoren aufgrund dieser Einteilung zu dem Schluß, daß „den internen Arbeitsmärkten in der theoretischen Arbeitsmarktdiskussion eine quantitative Bedeutung zugeschrieben wird, die ihnen in der Realität nicht zukommt" (Blossfeld, Mayer 1988: 280). Einschränkend ist jedoch anzumerken, daß sich die herangezogenen empirischen Untersuchungen nur auf deutsche Beschäftigte bezogen. Damit blieb die Gruppe der ausländischen Arbeitnehmer unberücksichtigt.

Während in den meisten US-amerikanischen Studien die Auswirkungen der ethnischen Zugehörigkeit explizit untersucht werden, bleibt die ethnische Herkunft bzw. Staatsangehörigkeit in deutschen Studien oft unberücksichtigt. Eine Ausnahme bilden Untersuchungen, die einzelne Betriebe analysierten. Hier wurde den Karriereverläufen von Ausländern und Frauen besondere Aufmerksamkeit geschenkt (Biehler, Brandes 1981; Köhler, Preisendörfer 1988; Köhler, Grüner 1988; Biller 1989, 1990; Grüner 1992). Die Resultate lassen sich zwar nicht immer verallgemeinern, da sie auf Fallstudien im industriellen Bereich basieren. Sie liefern jedoch wichtige Hinweise auf innerbetriebliche Mobilitätsprozesse.

Abbildung 25: Typologie von Arbeitsmarktsegmenten nach Blossfeld und Mayer

Größe des Betriebes	Qualifikationsanforderungen des Arbeitsplatzes	
	niedrig	hoch
klein	Jedermannsarbeitsmarkt in kleinen Betrieben	Fachspezifischer Arbeitsmarkt
groß	Jedermannsarbeitsmarkt in großen Betrieben	Betriebsspezifischer Arbeitsmarkt
	sekundäres	primäres
	Beschäftigungssegment	

Quelle: Blossfeld, Mayer 1988

Segmentation wird in Betriebsstudien meist in der Abgrenzung von Stamm- und Randbelegschaften untersucht, zwischen denen ein starkes Gefälle besteht. Stammbelegschaften beziehen in der Regel einen höheren Lohn, haben einen höheren Status, bessere Aufstiegschancen und ein geringeres Beschäftigungsrisiko (Köhler, Grüner 1988: 3). Betriebsstudien gelangten größtenteils zu der Einschätzung, daß Ausländer keineswegs nur zur Randbelegschaft zählen, sondern auch in qualifizierten Fertigungsbereichen zu finden sind. Ausländische Beschäftigte in den untersuchten Industriebetrieben waren in allen Positionen der Arbeitsplatzhierarchie zu finden. In den höheren Positionen sind sie allerdings deutlich unterrepräsentiert (Köhler, Grüner 1988).

Beim Aufstieg in höhere berufliche Hierarchieebenen und beim Einkommenszuwachs unterscheiden sich Karrieren von ausländischen und deutschen Männern kaum voneinander (Köhler, Preisendörfer, 1988: 272). In Phasen betrieblicher Rationalisierung oder bei generellem Abbau von Mitarbeitern haben ausländische Beschäftigte jedoch ein höheres Risiko, ihren Arbeitsplatz zu verlieren. Ihre

Fluktuation war in den 80er Jahren doppelt so hoch, wie jene der deutschen Arbeitnehmer (Köhler, Grüner 1988; Köhler, Preisendörfer 1988; Biehler, Brandes 1981).

In der Einstufung nach Lohngruppen sind die Abstände zwischen Ausländern und Deutschen gleicher Qualifikation relativ klein. Bei gelernten Arbeitern ist eine Annäherung zwischen Deutschen und Ausländern bei der Lohngruppeneinstufung feststellbar. Zumindest in wirtschaftlich stabilen Zeiten ist die Fluktuationsquote unter gelernten Arbeitern bei Ausländern geringer als bei Deutschen (Grüner 1992: 258). Zwischen den einzelnen nationalen Gruppen bestehen jedoch erhebliche Unterschiede. Dies gilt sowohl für den Anteil derer, die qualifizierte Tätigkeiten ausüben, als auch hinsichtlich der Mobilität. Jugoslawen und Italiener übten in den späten 80er Jahren eher qualifizierte Tätigkeiten aus als Griechen und Türken (Biller 1989).

Folgt man der Theorie des segmentierten Arbeitsmarktes – wofür es gute Gründe gibt – dann läßt sich fragen, wie sich ausländische Arbeitnehmer über die Arbeitsmarktsegmente verteilen. Außerdem ist von Interesse, ob sich diese Verteilung über die Zeit verändert. Neben der Staatsbürgerschaft geht es dabei um den Einfluß anderer sozio-demographischer Merkmale.[23] Aus der Kombination von Qualifikationserfordernissen und Betriebsgröße ergeben sich drei Teilarbeitsmärkte, die wir im folgenden untersuchen.

---

[23] Das Qualifikationsniveau wird im Sozio-Ökonomischen Panel mit einer Frage nach der Art der Ausbildung erhoben, die für die augeübte Tätigkeit erforderlich ist, die der Befragte ausübt. Es wird also nicht nach der tatsächlichen Qualifikation des Arbeitnehmers gefragt, sondern nach den Qualifikationsanforderungen am Arbeitsplatz. Arbeitsplätze, die eine abgeschlossene Lehre oder ein Hochschulstudium erfordern, gelten als solche mit hohen Anforderungen, alle anderen werden als Arbeitsplätze mit geringen Anforderungen eingestuft. Anders als in früheren Ansätzen (Seifert 1995, 1996), die darauf abzielten, Mobilitätsprozesse im unteren Beschäftigungssegment abzubilden, wird hier die Meßlatte für eine qualifizierte Tätigkeit höher angelegt. Es wird davon ausgegangen, daß eine qualifizierte Tätigkeit dann vorliegt, wenn eine abgeschlossene Berufsausbildung erforderlich ist. Die Analyse der Arbeitsmarktsegmente erfolgt in Anlehnung an die Typologie von Szydlik (1991). Zentrale Differenzierungskriterien sind Qualifikationsanforderungen und die Betriebsgröße.

- Unspezifischer Arbeitsmarkt: Dieser Bereich umfaßt Tätigkeiten mit niedrigen Qualifikationsanforderungen. Eine Unterteilung nach Betriebsgröße ist nicht erforderlich, weil für diese Beschäftigten keine betriebsspezifischen Aufstiegsmöglichkeiten bestehen. Hier ist von besonderem Interesse, in welchem Umfang sich ausländische Beschäftigte aus diesem Teilarbeitsmarkt lösen und in einen der beiden anderen aufsteigen können.

- Fachspezifischer Arbeitsmarkt: Hier bestehen hohe Qualifikationsanforderungen in Betrieben bis zu 200 Beschäftigten. Typisch für Arbeitsplätze dieser Kategorie sind universelle Qualifikationsanforderungen.

- Betriebsspezifischer Arbeitsmarkt: Kennzeichnend sind höhere Qualifikationsanforderungen in Betrieben mit über 200 Beschäftigten. Diesem Teilsegment kommt aufgrund der für Großbetriebe charakteristischen innerbetrieblichen Aufstiegsmöglichkeiten eine besondere Bedeutung zu. Typisch für diesen Bereich ist, daß neben universellen Qualifikationen auch betriebsspezifische Kenntnisse für den Aufstieg in höhere Positionen erforderlich sind. Je höher die Position, desto mehr betriebsspezifisches Wissen ist nötig, solange höhere Positionen durch Rekrutierung von Personal aus niedrigeren Positionen besetzt werden.

Die Verteilung deutscher und ausländischer Beschäftigter über die Arbeitsmarktsegmente gibt Hinweise auf die relative Ungleichverteilung der Chancen. Während bei deutschen Beschäftigten zwischen 1984 und 1997 eine Verlagerung vom unspezifischen in das fachspezifische Segment zu beobachten war, konzentrieren sich ausländische Beschäftigte aus den Mittelmeerländern auch 1997 noch in hohem Maße im unspezifischen Segment (Tabelle 17). Allerdings reduzierte sich der Beschäftigtenanteil im unspezifischen Segment zwischen Mitte der 80er und Mitte der 90er Jahre deutlich (1984: 81%, 1997: 63%).

Soweit es ausländischen Beschäftigten gelang, in qualifizierte Bereiche des Arbeitsmarktes vorzudringen, fanden sie etwas häufiger Zugang zum fachspezifischen Segment (1984: 12%, 1997: 22%). Zugleich verdoppelte sich (von sehr geringem Ausgangsniveau) seit Mitte der 80er Jahre auch der Anteil der Ausländer im betriebsspezifischen Segment des Arbeitsmarktes (1984: 7%, 1997: 15%). In diesem Bereich haben ausländische Arbeitskräfte am ehesten die Chance, in mittlere und höhere Positionen vorzudringen.

Tabelle 17: Ausländische und deutsche Beschäftigte nach Arbeitsmarktsegmenten, 1984-97, in %

	Ausländer 1984	1989	Deutsche 1984	1989	Ausländer 1993	1997	Deutsche 1993	1997
Insgesamt								
Unspezifisches Segment	81	74	36	35	73	63	32	27
Fachspezif. Segment	12	15	32	32	13	22	35	39
Betriebsspez. Segment	7	11	33	34	14	15	33	34
*Zweite Generation**								
Unspezifisches Segment	62	58	34	33	44	50	26	21
Fachspezif. Segment	30	32	40	35	30	30	37	41
Betriebsspezif. Segment	8	10	26	32	25	19	38	39
Frauen								
Unspezifisches Segment	91	87	43	40	82	70	39	31
Fachspezif. Segment	6	9	33	32	10	17	34	37
Betriebsspezif. Segment	3	5	25	28	8	13	22	32
Türken								
Unspezifisches Segment	85	77			72	64		
Fachspezif. Segment	7	11			12	22		
Betriebsspezif. Segment	8	12			17	15		

Zweite Generation = in Deutschland Geborene mit ausländischem Paß. Diese Gruppe war beim Längsschnitt 1984-1989 noch zu klein. Deshalb wurden hier auch diejenigen betrachtet, die in Deutschland zur Schule gegangen sind. Die Angaben für Deutsche beziehen sich auf eine vergleichbare Altersgruppe (1984-1989: 16 bis 25 Jahre, 1993-1997: 16-30 Jahre).

Daten: SOEP, Längsschnittdatensätze 1984-1989 und 1993-1997 (nur Westdeutschland; methodische Erläuterungen im Anhang).

Bemerkenswert ist vor allem die Veränderung in der Gruppe der türkischen Arbeitnehmer. Sie waren 1984 noch überdurchschnittlich oft im unspezifischen Beschäftigungssegment tätig (85%). Bis Mitte der 90er Jahre reduzierte sich dieser Anteil deutlich und lag 1997 in etwa auf dem Niveau der anderen ausländischen Arbeitskräfte aus Mittelmeerländern (64%).

Bei der zweiten Ausländergeneration in Deutschland war die Konzentration im unspezifischen Segment bereits 1984 wesentlich geringer als bei der ersten. Zwischen 1984 und 1993 reduzierte sich der Anteil der Beschäftigten in diesem Bereich weiter. Allerdings ist der Beschäftigtenanteil in diesem Bereich zwischen 1994 und 1997 wieder angestiegen. 1997 war die Hälfte der Beschäftigten der zweiten Ausländergeneration im unspezifischen Segment tätig. Ansonsten waren sie im fachspezifischen Segment (1997: 30%) häufiger zu finden als im betriebsspezifischen (19%). Junge Deutsche waren wesentlich seltener im unspezifischen Segment (21%) beschäftigt als im fachspezifischen (41%) und im betriebsspezifischen Segment (39%).

Ausländische Frauen waren 1984 noch fast ausschließlich im unspezifischen Segment des Arbeitsmarktes beschäftigt (91%). Zwar ging auch bei ausländischen Frauen der Beschäftigtenanteil im unspezifischen Segment etwas zurück, dennoch waren 1997 immer noch 70% der ausländischen Frauen in diesem Segment beschäftigt. Bei deutschen Frauen lag dieser Anteil bei 31%.

Die beobachteten strukturellen Veränderungen geben noch keinen Aufschluß darüber, ob ausländische Arbeitnehmer zwischen den einzelnen Teilsegmenten mobil waren, oder ob die jeweils neu auf den Arbeitsmarkt eintretenden Ausländer bessere berufliche Positionen einnehmen als die Generation davor. Deshalb wird im folgenden verglichen, in welchem Umfang individuelle Mobilität zwischen den Beschäftigungssegmenten festzustellen ist.

Für den Zeitraum zwischen 1984 und 1989 zeigt sich: Ausländischen Beschäftigten gelang es damals kaum, das unspezifische Beschäftigungssegment zu verlassen. 87% derer, die sich 1984 im unspezifischen Segment befanden, waren auch noch 1989 dort tätig. Bei deutschen Beschäftigten war die Mobilität in diesem Segment wesentlich höher. Zwischen 1984 und 1989 verblieben nur 68% der vergleichbaren westdeutschen Beschäftigten im unspezifischen Segment. Aus dem fachspezifischen und insbesondere aus dem betriebsspezifischen Segment wechselten ausländische Beschäftigte dagegen häufiger in ein anderes Segment als Deutsche. Von ihnen stiegen insgesamt 22% wieder in das unspezifische Segment ab. Bei westdeutschen Beschäftigten war der Anteil dieser Absteiger (14-15%) deutlich kleiner.

Tabelle 18: Segmentwechsel und Segmentstabilität bei ausländischen und bei deutschen Beschäftigten, 1984-89 und 1993-97, in %

	Ausländer			Deutsche		
	Un-spezif.	Fach-spezif. Segment	Betriebs-spezif.	Un-spezif.	Fach-spezif. Segment	Betriebs-spezif.
1984	*1989*			*1989*		
Unspezif. Segment	**87**	7	6	**68**	14	18
Fachspezif. Segment	23	**61**	16	14	**66**	20
Betriebsspezif. Segment	22	25	**54**	15	16	**69**
1993	*1997*			*1997*		
Unspezif. Segment	**88**	7	5	**74**	14	12
Fachspezif. Segment	14	**76**	10	7	**85**	8
Betriebsspezif. Segment	18	17	**65**	9	12	**79**

Der Anteil derer, die das Beschäftigungssegment 1984-89 bzw. 1993-97 nicht gewechselt haben, ist in der Tabelle fett wiedergegeben.

Daten: SOEP, Längsschnittdatensätze 1984-1989 und 1993-1997 (nur Westdeutschland; methodische Erläuterungen im Anhang).

Auch zwischen 1993 und 1997 blieb bei ausländischen Beschäftigten der Wechsel in ein anderes Arbeitsmarktsegment vergleichsweise selten. Im fach- und betriebsspezifischen Segment war die Stabilität noch höher als während der 80er Jahre. 76% jener Ausländer, die 1993 im fachspezifischen Segment beschäftigt waren, waren dort auch 1997 noch tätig. Auch im betriebsspezifischen Segment nahm die Beschäftigungsstabilität zu, 65% verblieben in diesem Bereich, allerdings waren auch 18% in das unspezifische Arbeitsmarktsegment abgestiegen.[24]

---

[24] Absolut gesehen bleibt die Wechselbilanz zwischen dem unspezifischen und den beiden anderen Segmenten jedoch positiv. Mehr ausländische Arbeitskräfte verlassen das unspezifische Segment durch Aufstieg als aus anderen Segmenten durch Abstieg hinzukommen.

Auch bei westdeutschen Arbeitskräften war die Segmentzuordnung in den 90er Jahren stabiler. Dennoch zeigt die Mobilitätsmatrix, daß der deutsche Arbeitsmarkt nicht segmentiert ist. Allerdings ist es für deutsche Arbeitskräfte offensichtlich leichter, Segmentgrenzen nach oben zu durchschreiten. Dies zeigt sich insbesondere daran, daß es deutschen Beschäftigten in höherem Maße gelingt, das unspezifische Beschäftigungssegment zu verlassen. Bei ausländischen Beschäftigten ist dies hingegen seltener der Fall. Dies dürfte vor allem auf zwei Faktoren zurückzuführen sein: auf den im Schnitt niedrigeren Bildungsgrad der Ausländer in Deutschland und auf die Tatsache, daß im Ausland erworbene Bildungsabschlüsse hierzulande in vielen Fällen nicht anerkannt werden. Vor allem der höhere Anteil der zweiten Generation in qualifizierten Segmenten des Arbeitsmarktes deutet jedoch eindeutig darauf hin, daß diese für Ausländer nicht generell verschlossen sind.

5.6 Einkommensverteilung und Einkommensentwicklung

1984 verdienten Ausländer (aus Mittelmeerländern) in Deutschland im Schnitt 2.400 DM pro Monat. 1997 waren es – nicht inflationsbereinigt – mehr als 3.500 DM. Damit lag das durchschnittliche Einkommen ausländischer Beschäftigter deutlich unter dem der deutschen Arbeitnehmer (1984: 2.760 DM, 1997: 4.600 DM). Aufgrund des noch immer hohen Anteils an un- und angelernten Arbeitern unter den Ausländern überrascht dieser Unterschied nicht. Allerdings wäre aufgrund der Veränderungen der beruflichen Struktur der ausländischen Beschäftigten im untersuchten Zeitraum eine gewisse Einkommensangleichung zu erwarten gewesen. Dies war jedoch nicht der Fall. Gemessen an den Einkünften der Deutschen hat sich die Einkommensposition der Ausländer relativ verschlechtert. 1984 bezogen Ausländer ein durchschnittliches Einkommen, das 87% des Einkommens von deutschen Beschäftigten entsprach, 1997 waren es nur noch 76%.

Die Einkünfte türkischer Arbeitnehmer lagen 1984 deutlich unter denen der ausländischen Beschäftigten insgesamt. 1997 bezogen türkische Beschäftigte dagegen Einkommen, die etwas über dem Durchschnitt aller ausländischen Beschäftigten lagen. Dies ist vor allem das Resultat der größeren Zahl türkischer Beschäftigter in qualifizierten Bereichen. Die Einkommensentwicklung der zweiten Generation war zunächst relativ günstig. Ihr Einkommen entsprach 1984 und 1989 dem der gleichaltrigen Deutschen. Auch 1993 lag ihr Einkommen nur wenig unter dem von Deutschen der vergleichbaren Altersgruppe. Bis 1997 öffnet sich jedoch die Einkommensschere zuungunsten der zweiten Generation. Dies dürfte auf den wachsenden Anteil an deutschen Arbeitnehmern mit höheren Bildungsabschlüssen zurückzuführen sein, die erst zu einem biographisch späteren Zeitpunkt in das Erwerbsleben eintreten. Am Beginn des Berufslebens sind die Einkommensunterschiede nach Qualifikation noch wenig ausgeprägt. Die Anfangsgehälter qualifizierter Berufseinsteiger im Dienstleistungssektor und im öffentlichen Dienst sind häufig relativ niedrig. Gerade dort sind deutsche Berufsanfänger jedoch besonders stark konzentriert. Un- und angelernte Arbeiter dieser Altersgruppe – darunter auch viele Ausländer – können daher mittels Schicht- und Akkordzulagen Löhne erzielen, die denen qualifizierter junger Arbeitskräfte in anderen Bereichen entsprechen oder sie sogar etwas übertreffen. Mit längerer Dauer des Berufslebens holen Angestellte und Beamte jedoch deutlich auf, dementsprechend wachsen die Einkommensdifferenzen.

Ausländische und deutsche Frauen erzielen Einkommen, die im Schnitt unter jenen männlicher Arbeitnehmer liegen. Bei deutschen Frauen ist der hohe Anteil an Teilzeitbeschäftigten eine wichtige Ursache für die geringeren Einkommen. Die geringen Bezüge ausländischer Frauen erklären sich hingegen vor allem aus der Beschäftigung in unteren beruflichen Positionen, die kaum Qualifikationen erfordern. Die höhere Zahl ausländischer Frauen im Dienstleistungsbereich führte bisher nicht zu einem deutlichen Anstieg der Bezüge dieser Frauen. Der Wechsel in den Dienstleistungssektor führte ganz offensichtlich nicht in Positionen mit höherem Qualifikationsniveau.

Differenziert man nach der beruflichen Stellung, so zeigt sich, daß ungelernte ausländische Arbeiter zum Teil deutlich höhere Einkommen erzielen als deutsche Beschäftigte in gleichen Positionen. Der Hauptgrund für die höheren Bezüge ausländischer Beschäftigter ist ihre längere Arbeitszeit. Ausländische Arbeitnehmer sind kaum teilzeitbeschäftigt und machen mehr Überstunden als deutsche Arbeitnehmer. Ein ähnliches Bild zeigt sich bei einfachen Angestellten. Auch in dieser Gruppe beziehen ausländische Beschäftigte zwischen 1894 und 1989 im Schnitt etwas höhere Einkommen als deutsche Beschäftigte, danach entwickelt sich das Einkommen bei Deutschen dieser Beschäftigtengruppe günstiger. Diese Einkommensunterschiede lassen sich ebenfalls durch ein unterschiedliches Arbeitsvolumen erklären.

Ganz anders ist die Situation bei mittleren und höheren Angestellten. In diesen Positionen verdienen Ausländer deutlich weniger als Deutsche. Dies gilt insbesondere in den 90er Jahren. Während noch 1984 eine kleine Zahl von ausländischen mittleren und höheren Angestellten sogar ein Einkommen über dem von deutschen Beschäftigten in diesem Bereich erzielten, blieb die Einkommensentwicklung mit der Zunahme der ausländischen Beschäftigten in diesem Bereich deutlich hinter jener der deutschen mittleren und höheren Angestellten zurück. Dies zeigt, daß die Mehrzahl der hier analysierten Gruppen von Ausländern aus Mittelmeerländern bislang kaum in höhere Ebenen der Angestelltenhierarchie vordringen konnten. Bei Facharbeiter- und Meisterpositionen hingegen zeigen sich zwischen 1984 und 1989 kaum Einkommensdifferenzen zwischen ausländischen und deutschen Beschäftigten. Doch in den 90er Jahren blieb die Einkommensentwicklung ausländischer Facharbeiter hinter der ihrer deutschen Kollegen zurück, obwohl sich ausländische Arbeitnehmer in den Arbeiterberufen bereits gut etablieren konnten.

Auffällig ist, daß ausländische Beschäftigte im produzierenden Gewerbe, also gerade dort, wo die meisten ausländischen Arbeitnehmer beschäftigt sind, wesentlich niedrigere Löhne beziehen als Deutsche. Deutsche Beschäftigte besetzen in diesem Bereich eher die oberen und ausländische Arbeitnehmer vor allem die unteren Positionen. Bis 1989 waren die Einkünfte ausländischer Beschäftigter im Dienstleistungssektor, mit Ausnahme der sozialen und staatlichen Dienstleistungen überall niedriger als im produzierenden Gewerbe. 1997 bezog die kleine Gruppe der Arbeitnehmer in den produktionsnahen Dienstleistungen ein geringfügig höheres Einkommen als die ausländischen Beschäftigten im produzierenden Gewerbe. Insbesondere im Bereich der konsumorientierten Dienstleistungen bezogen sie unter dem Durchschnitt liegende Einkommen. In den 90er Jahren erzielten ausländische Arbeitskräfte in allen Sparten des Dienstleistungsbereichs im Schnitt geringere Einkommen als ihre deutschen Kollegen.

Aufgrund der Einkommensunterschiede stellt sich die Frage, inwiefern ausländische Arbeitskräfte innerbetrieblich Karriere machen.

An der Einkommensverteilung des Jahres 1984 fällt auf, daß sich die Einkommen von ausländischen und deutschen Beschäftigten nur im betriebsspezifischen Beschäftigungssegment unterscheiden, wo deutsche Arbeitnehmer höhere Bezüge erzielten. Allerdings bezogen auch ausländische Beschäftigte im betriebsspezifischen Segment höhere Löhne als im fachspezifischen. Dies deutet darauf hin, daß ausländischen Beschäftigten innerbetriebliche Karrieren schon in den 80er Jahren nicht gänzlich verschlossen waren. Bis 1997 blieb die Einkommensentwicklung der ausländischen Beschäftigten hinter jener der deutschen Arbeitnehmer zurück. Insbesondere im betriebsspezifischen Segment entwickelten sich die Einkommen aufgrund der geringen Steigerungsraten bei ausländischen Beschäftigten auseinander. Dennoch lagen die Einkommen ausländischer Beschäftigter 1997 im betriebsspezifischen Segment deutlich über denen im fachspezifischen. Allerdings blieb die Einkommensentwicklung ausländischer Beschäftigter auch im fachspezifischen Segment hinter jener der deutschen Arbeitnehmer zurück. Daraus folgt, daß ausländische Beschäftigte nicht im selben Maße an innerbetrieblichen Karrierelinien teilhatten, wie dies bei deutschen Beschäftigten der Fall war.

Die Einkommensanalysen lassen den Schluß zu, daß ausländische und deutsche Beschäftigte mit gleicher Qualifikation und in vergleichbarer Beschäftigungsposition in der Regel auch ähnlich hohe Einkommen beziehen. Eine systematische Lohndiskriminierung findet offensichtlich nicht statt. Allerdings unterscheiden sich die Aufstiegschancen von In- und Ausländern. Eine etwas günstigere Einkommensentwicklung zeigt sich vor allem bei Ausländern der zweiten Generation. Außerdem erzielen ausländische Beschäftigte im produzierenden Gewerbe höhere Einkünfte als im Dienstleistungsbereich, wo die Einkommen ausländischer Beschäftigter insgesamt unter denen von deutschen Arbeitnehmern liegen.

Tabelle 19: Durchschnittsverdienst ausländischer und deutscher abhängig Beschäftigter, 1984-97, in DM pro Monat

| | 1. Längsschnittkohorte | | | | 2. Längsschnittkohorte | | | |
| | Ausländer | | Deutsche | | Ausländer | | Deutsche | |
	1984	1989	1984	1989	1993	1997	1993	1997
Insgesamt	2.400	2.870	2.760	3.200	3.140	3.510	4.000	4.600
2.Generation**	1.970	2.700	1.960	2.710	3.180	3.320	3.250	4.150
Frauen	1.820	2.040	1.960	2.300	2.290	2.660	2.920	3.350
Türken	2.300	2.800			3.350	3.550		
Stellung im Beruf								
ungelernte Arbeiter	2.100	2.340	1.710	1.670	2.280	2.700	1.490	1.870
angelernte Arbeiter	2.360	2.860	2.230	2.530	2.850	3.230	2.890	3.240
Facharbeiter/Meister	2.850	3.240	2.830	3.270	3.310	3.870	3.980	4.400
einfache Angestellte	1.760	2.250	1.840	2.070	2.420	2.630	2.460	2.840
mittl./Höhere Angestellte	3.490	3.710	3.240	3.810	3.240	3.930	4.780	5.380
Branche								
Produzierendes Gewerbe	2.450	2.930	3.040	3.590	3.000	3.470	4.560	5.340
Bau	2.720	3.170	2.880	3.320	3.150	3.910	4.000	4.570
Handel, Verkehr	2.340	2.730	2.160	2.630	2.700	3.040	3.320	3.860
Produktionsnahe Dienste	*	*	3.130	3.490	2.180	3.490	4.280	4.780
konsumorient. Dienste	1.500	1.850	1.760	2.180	1.650	2.290	1.880	2.750
Soziale/staatl. Dienste	2.460	2.970	2.590	2.870	2.490	3.000	3.950	4.380
Beschäftigungssegment								
Unspezif. Segm.	2.310	2.750	2.330	2.700	2.790	3.170	3.000	3.590
Fachspezif. Segm.	2.780	3.100	2.780	3.190	2.960	3.430	4.020	4.520
Betriebsspezif. Segm.	2.990	3.690	3.460	4.000	3.550	4.050	4.820	5.380

* Fallzahlen unter N=30.

** Zweite Generation = in Deutschland Geborene mit ausländischem Paß. Diese Gruppe war beim Längsschnitt 1984-1989 noch zu klein. Deshalb wurden hier auch diejenigen betrachtet, die in Deutschland zur Schule gegangen sind. Die Angaben für Deutsche beziehen sich auf eine vergleichbare Altersgruppe (1984-1989: 16 bis 25 Jahre, 1993-1997: 16-30 Jahre).

Daten: SOEP, Längsschnittdatensätze 1984-1989 und 1993-1997 (nur Westdeutschland; methodische Erläuterungen im Anhang).

5.7 Sozio-kulturelle Integration

Nach eigener Einschätzung beherrscht mehr als die Hälfte aller Ausländer aus Mittelmeerländern die deutsche Sprache gut. Im Untersuchungszeitraum stieg dieser Anteil ab 1984 zunächst deutlich an. Doch zwischen 1993 und 1997 zeigte sich insgesamt keine Verbesserung der Sprachkenntnisse mehr, die Deutschkenntnisse wurden 1997 sogar geringfügig schlechter eingeschätzt als noch 1993. Es ist zwar denkbar, daß sich aufgrund von räumlicher und sozialer Segregation die Sprachkenntnisse bei einigen tatsächlich wieder verschlechterten. Häufiger dürfte sich jedoch die Selbsteinschätzung verändert haben, z.B. weil die Umgebung als fremder und die Kommunikation mit Deutschen als schwieriger empfunden wird.

Eine unterdurchschnittliche Sprachkompetenz zeigte sich sowohl bei ausländischen Frauen als auch bei türkischen Zuwandern. Im Beobachtungszeitraum (1984-1997) hatten sich die Sprachkenntnisse der türkischen Immigranten insgesamt deutlich verbessert. Bei der zweiten Generation bestehen kaum noch Sprachbarrieren. 97% der in Deutschland geborenen Ausländer beherrschten 1997 die deutsche Sprache gut.

Bessere Sprachkenntnisse und längere Aufenthaltsdauer in Deutschland sollten im Prinzip dazu führen, daß sich die sozialen Beziehungen zwischen Einheimischen und Ausländern intensivieren. Dies ist jedoch nicht der Fall. Lediglich bei der zweiten Generation zeigt sich eine Zunahme des Anteils der Personen mit interethnischen Freundschaften. Dies zeigt sich an den drei wichtigsten Personen außerhalb des eigenen Haushalts, mit denen Ausländer näher befreundet sind und mit denen sie sich am häufigsten treffen: Bei mehr als der Hälfte aller Ausländer sind unter den drei wichtigsten Bezugspersonen keine Deutschen. Anfang der 90er Jahre war die Zahl der interethnischen Freundschaften sogar zurückgegangen (Tabelle 20). Dies war offenbar sowohl eine Auswirkung des deutschen Vereinigungsprozesses als auch der damaligen Welle ausländerfeindlicher Gewalttaten, die in den Jahren 1991-93 ihren Höhepunkt hatten. In dieser Periode stieg der Segregationsgrad. Mittlerweile scheint diese Entfremdungsphase zwischen Ausländern und Deutschen jedoch weitgehend überwunden zu sein.

Tabelle 20: Sprachkenntnisse, interethnische Freundschaften, Wunsch nach dauerhaftem Aufenthalt und nationale Identifikation, 1984-97, in %

	1. Längsschnittkohorte		2. Längsschnittkohorte	
	1984	1989	1993	1997
Gute Deutschkenntnisse				
Insgesamt	42	46	59	58
Zweite Generation*	86	89	98	97
Frauen	35	40	50	53
Türken	30	31	51	53
*Interethnische Freundschaften***				
Insgesamt		48	44	48
Zweite Generation*		60	66	65
Frauen		46	40	45
Türken		35	34	36
Dauerhafte Bleibeabsicht				
Insgesamt	30	39	47	50
Zweite Generation*	34	54	64	68
Frauen	27	38	49	53
Türken	26	35	43	56
*Selbstidentifikation als Deutsche****				
Insgesamt	10	11	16	17
Zweite Generation*	15	19	32	32
Frauen	10	10	15	15
Türken	6	4	12	18

*Zweite Generation = in Deutschland Geborene mit ausländischem Paß. Diese Gruppe war beim Längsschnitt 1984-1989 noch zu klein. Deshalb wurden hier auch diejenigen betrachtet, die in Deutschland zur Schule gegangen sind. Die Angaben für Deutsche beziehen sich auf eine vergleichbare Altersgruppe (1984-1989: 16 bis 25 Jahre, 1993-1997: 16-30 Jahre).
**Die Netzwerkfragen wurden erstmals 1988 und ab dann im 2-Jahres-Rhythmus erhoben. Der Wert für 1989 bezieht sich auf 1988. Die Angaben für 1993 beziehen sich auf 1992 und die von 1995 auf 1994.
***Wegen abweichender Fragestellung im Jahre 1984 wird hier der Wert für 1985 ausgewiesen.

Daten: SOEP, Längsschnittdatensätze 1984-1989 und 1993-1997 (nur Westdeutschland; methodische Erläuterungen im Anhang).

Bei der zweiten Generation sind schon aufgrund besserer Sprachkenntnisse und durch den Schulbesuch in Deutschland mehr interethnische Freundschaften zu erwarten. Tatsächlich hat die zweite Generation von Ausländern weitaus mehr soziale Kontakte mit Deutschen (1997: 65%) als die ausländische Bevölkerung insgesamt (1997: 48%). Während auch bei der zweiten Generation nach der deutschen Vereinigung ein Rückgang der interethnischen Freundschaften zu beobachten war, hatten sie diesen anfänglichen Rückgang Mitte der 90er Jahre wieder aufgeholt. Damals hatten bereits zwei Drittel interethnische Freundschaften. 1997 waren Freundschaften zwischen Ausländern der zweiten Generation und Inländern etwa genauso häufig.

Für die hier betrachteten Migrantengruppen ist Deutschland faktisch zum Lebensmittelpunkt und damit zugleich zum Zielland geworden, auch wenn eine Einwanderung auf Dauer ursprünglich gar nicht beabsichtigt war. Es stellt sich dennoch die Frage, ob die Migranten ihren Aufenthalt selbst als zeitlich unbefristet verstehen. 1984 äußerten noch relativ wenige Migranten aus Mittelmeerländern die Absicht, für immer in Deutschland zu bleiben.

Weniger als ein Drittel hatten sich für einen dauerhaften Aufenthalt in Deutschland entschieden (30%). 1997 war es die Hälfte (50%). Dies bedeutet jedoch nicht, daß die andere Hälfte der hier lebenden Ausländer ins Herkunftsland zurückzukehren wird. Auch von denjenigen, die nicht für immer in Deutschland bleiben wollen, hat kaum jemand konkrete Rückkehrabsichten. Falls eine Rückkehr erwogen wird, liegt der anvisierte Zeitpunkt in fernerer Zukunft, also z.B. im Rentenalter. Bei der zweiten Generation lag der Anteil derer, die sich für einen dauerhaften Aufenthalt entschieden hatten, zu allen Zeitpunkten deutlich über dem Durchschnitt (1997: 68%). Dies überrascht nicht. Die zweite Generation ist in Deutschland aufgewachsen und kennt das Herkunftsland der Eltern meist nur aus Ferienaufenthalten. Auch bei der Aufenthaltsorientierung zeigte sich nach der deutschen Vereinigung kurzfristig eine rückläufige Tendenz, die jedoch bis 1993 wieder überwunden war.

Auch wenn sich viele Ausländer bereits für einen dauerhaften Aufenthalt in Deutschland entschieden haben, fühlen sich relativ wenige als Deutsche. 1997 hatten nur 17% „ganz" oder „mehrheitlich" das

Gefühl, Deutsche zu sein. Dies gilt nicht zuletzt für türkische Zuwanderer (18%), obwohl diese Gruppe in den 80er Jahren noch einen deutlich unterdurchschnittlichen Identifikationsgrad aufwies. Bei der zweiten Generation liegt dieser Anteil deutlich höher. Von ihnen fühlte sich 1997 ein Drittel als Deutsche. Auch hier war der Identifikationsgrad unmittelbar nach der Vereinigung niedriger.

5.8 Der Zusammenhang von beruflicher Integration, Bildung und sozialer Integration

Der Zusammenhang zwischen Bildungsniveau und späterer beruflicher Stellung liegt auf der Hand. Jene, die gar keinen Bildungsabschluß haben oder im Ausland bloß die Pflichtschule abschlossen, sind in un- und angelernten Arbeiterberufen konzentriert (78% bzw. 61%). Diejenigen, die im Ausland einen höheren Bildungsabschluß erwarben, sind zwar ebenfalls relativ häufig als angelernte Arbeiter tätig (51%), etlichen von ihnen gelang jedoch der Aufstieg in Angestelltenberufe (31%). Auch ausländische Beschäftigte, die in Deutschland einen Hauptschulabschluß erwarben, sind heute vor allem in Arbeiterberufen tätig (74%). Im Vergleich zu Deutschen mit Hauptschulabschluß sind Ausländer öfter als angelernte Arbeiter und seltener als mittlere und höhere Angestellte tätig. Ausländische Beschäftigte mit Mittlerer Reife erreichen seltener mittlere und höhere Angestelltenpositionen und sind häufiger in un- und angelernten Arbeiterberufen zu finden, Deutsche mit gleichem Bildungsgrad hingegen kaum. Eine günstigere Verteilung über die berufliche Hierarchie zeigt sich bei der kleinen Gruppe von Ausländern, die über Abitur verfügen. Sie sind sogar etwas häufiger in mittleren und höheren Angestelltenpositionen als dies bei Deutschen der Fall ist. Allerdings sind sie weitaus seltener selbständig als Deutsche dieser Bildungsschicht. Allgemein belegen die Analysen, daß ausländische Beschäftigte bei gleichem Bildungsgrad, mit Ausnahme von Ausländern mit Abitur, nicht so leicht in Angestelltenpositionen gelangen wie deutsche Arbeitnehmer (Tabelle 21).

Wir können davon ausgehen, daß neben der Ausbildung vor allem die Kenntnis der deutschen Sprache eine wesentliche Voraussetzung für den Zugang zu qualifizierten Arbeitsplätzen bildet. Das berufliche Fortkommen ist jedoch nicht nur von individuellen Fähigkeiten, sondern auch von sozialen Netzwerken abhängig. Solche Netzwerke sind beispielsweise für die rasche Weitergabe spezifischer Informationen, aber auch für die Veränderung von Vorstellungen und Verhaltensweisen von Bedeutung. Enger Kontakt zu den eigenen Landsleuten ist nur in der Anfangsphase nach der Zuwanderung von Vorteil.

Tabelle 21: Stellung im Beruf nach Bildung, 1997, in %

| | Arbeiter | | | Angestellte | | Selb-ständige |
	unge-lernte	ange-lernte	Fach-arbeiter	ein-fache	mittlere/höhere	
Ausländer						
Ohne Bildungs-abschluß	21	57	15	3	1	3
Pflichtschulab-schluß (Ausland)	16	45	25	3	5	6
Höherer Abschluß (Ausland)		51	13	12	19	5
Hauptschule	1	42	31	15	7	5
Mittlere Reife	7	11	14	23	42	4
Abitur	4	2	0	22	69	4
Deutsche						
ohne Bildungs-abschluß	5	8	12	5	49	18
Hauptschule	5	13	28	16	25	11
Mittlere Reife	1	4	18	10	50	9
Abitur	0	2	4	5	52	17

Daten: SOEP, Längsschnittdatensatz 1993-1997 (nur Westdeutschland; methodische Erläuterungen im Anhang).

Tatsächlich erreichen Ausländer, die gute Kenntnisse der deutschen Sprache haben, weitaus öfter mittlere und höhere berufliche Positionen, als diejenigen, die die deutsche Sprache nur mittelmäßig oder schlecht beherrschen (Tabelle 22). Von Ausländern mit schlechten Sprachkenntnissen waren 1997 noch 67% als un- und angelernte Arbeiter tätig. Diejenigen mit guten Deutschkenntnissen waren viel seltener als un- und angelernte Arbeiter tätig (44%), aber dafür häufiger im Angestelltenbereich zu finden. Deutschkenntnisse können somit eindeutig als Voraussetzung für das Vordringen in höhere berufliche Positionen angesehen werden. Dies gilt insbesondere für Angestelltenberufe, die kommunikationsintensiver sind und häufig den Kontakt mit Publikum bzw. Kunden erfordern. Fehlende Sprachkompetenz kann somit als eine zentrale Zugangsbarriere zu qualifizierten Bereichen des Arbeitsmarktes angesehen werden.

Zwischen dem Grad der sozialen Integration (hier gemessen am Anteil interethnischer Freundschaften) und der beruflichen Integration lassen sich ebenfalls Zusammenhänge finden. Diese sind allerdings weniger stark ausgeprägt. Diejenigen, die deutsche Freunde haben, üben häufiger Angestelltenberufe aus und sind seltener als un- oder angelernte Arbeiter tätig. Auch der Selbständigenanteil ist bei Ausländern mit deutschen Freunden höher.

Tabelle 22: Faktoren der sozialen und beruflichen Integration, 1997, in %

	Arbeiter			Angestellte		Selb-
	unge-lernte	ange-lernte	Fach-arbeiter	einfache	mittlere/höhere	ständige
Deutschkenntnisse						
Gut	5	38	21	12	17	7
Mittel	23	53	16	5	2	2
Schlecht	15	52	27	0	0	6
Interethnische Freundschaften						
Ja	10	37	17	12	16	8
Nein	11	45	24	8	10	3

Daten: SOEP, Längsschnittdatensatz 1993-97 (nur Westdeutschland; methodische Erläuterungen im Anhang).

Schließlich ist die Aufenthaltsdauer für die Arbeitsmarktintegration relevant. Denn der Erwerb bestimmter Fähigkeiten dauert ebenso seine Zeit, wie deren Verwertung für innerbetriebliche Karrieren. Zugleich spielt der Zeitpunkt der Zuwanderung eine Rolle. Denn jene Ausländer, die in den 60er und 70er Jahren nach Deutschland kamen, wurden für ganz bestimmte Tätigkeiten angeworben. Dies sicherte zwar keinen sozialen Aufstieg, aber einen Einstieg in den Arbeitsmarkt. Dagegen sind Ausländer, die in den 90er Jahren zuwanderten, zum größeren Teil nachziehende Familienangehörige und zum kleineren Teil Asylbewerber. Da diese Personen nicht über ein Anwerbeverfahren nach Deutschland kamen, müssen ihre Qualifikationen und Fertigkeiten den Erfordernissen des Arbeitsmarktes nicht unbedingt entsprechen. Allerdings ist anzunehmen, daß mit längerer Aufenthaltsdauer auch etwas größere Möglichkeiten des Aufstiegs in höhere berufliche Positionen bestehen. Für die Gruppe derer, die bereits in Deutschland geboren wurden, sind die Chancen auf dem Arbeitsmarkt günstiger.

Abbildung 26: Berufliche Stellung von Ausländern nach Aufenthaltsdauer, 1997, in %

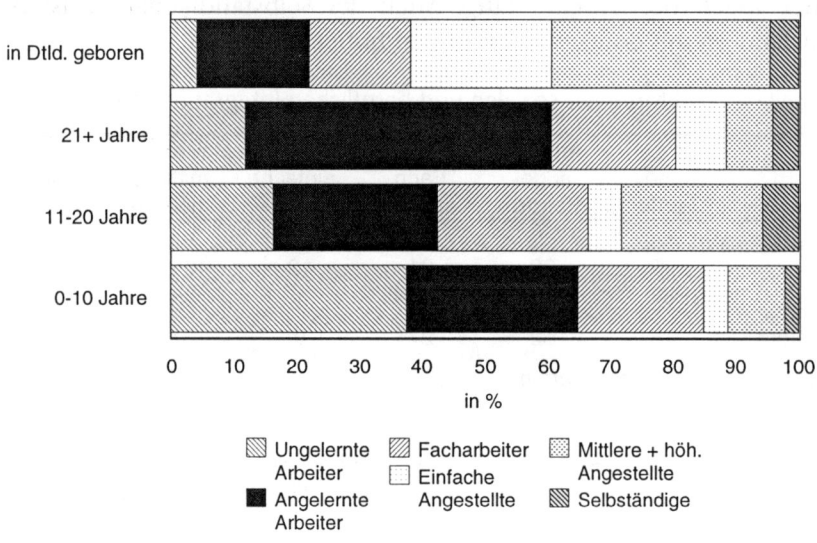

Quelle: SOEP, Querschnittdatensatz 1997

Empirisch zeigt sich bei der Betrachtung der beruflichen Stellung nach der Aufenthaltsdauer folgendes: Die Gruppe derer, die maximal zehn Jahre in Deutschland waren, sind häufiger als ungelernte Arbeiter, aber seltener als angelernte Arbeiter beschäftigt, als die Gruppe derer, die bereits seit mehr als 20 Jahren in Deutschland lebt. Bei letzteren, die größtenteils noch direkt angeworben wurden, ist die berufliche Mobilität offensichtlich gering gewesen. Es gab allen-

120

falls einen Aufstieg vom ungelernten zum angelernten Arbeiter. Eine völlig andere Beschäftigungsstruktur haben jene Ausländer, die bereits seit ihrer Geburt in Deutschland leben. Von ihnen waren 1997 bereits mehr als 35% in mittleren und höheren Angestelltenpositionen tätig. Der Anteil derer, die als un- und angelernte Arbeiter beschäftigt sind, ist deutlich geringer als in der Elterngeneration. Hier besteht eine beträchtliche Mobilität zwischen der ersten und der zweiten Generation. Eine wichtige Ursache für die im Schnitt günstigere berufliche Positionierung der zweiten Generation ist das Durchlaufen des deutschen Bildungssystems und der Erwerb bzw. Nachweis entsprechender Bildungsabschlüsse.

Allgemein besteht ein enger Zusammenhang zwischen Sprachbeherrschung, sozialer Kompetenz und der Position von Migranten auf dem Arbeitsmarkt. Sprachkenntnisse sind die Voraussetzung für einen Aufstieg in höhere Beschäftigungspositionen. Im Generationenvergleich zeigen sich daher im Schnitt weit günstigere berufliche Positionen bei denjenigen, die eine deutsche Schule besuchten.

Im folgenden wird untersucht, welchen Einfluß Faktoren der sozialen Integration wie auch der Segmentzugehörigkeit bei Kontrolle anderer arbeitsmarktrelevanter Faktoren auf das Einkommen haben. Die multivariate Analyse[25] ergibt, daß die geleistete Arbeitszeit einen hohen Erklärungswert für die Höhe des Einkommens hat (Beta von 0.38). Auffallend ist der deutlich geringere Verdienst ausländischer Frauen. Dieser geschlechtsspezifische Unterschied ist unabhängig von anderen relevanten Arbeitsmarktvariablen. Die berufliche Stellung hat ebenfalls starken Einfluß auf die Höhe des Einkommens. Nach der Branche ist die Varianz geringer. Abweichungen nach unten bestehen im distributiven Sektor und im Bereich der konsumorientierten Dienste. Nach Arbeitsmarktsegmenten sind dagegen keine signifikanten Einkommensunterschiede zu beobachten.

---

[25] Für die Analysen wurde eine logistische Regression gewählt. Jeweils die Gruppe, für die ein höheres Einkommen antizipiert wurde, wurde als Referenzkategorie gewählt. Um für die Einkommensvariable die Bedingung der Normalverteilung zu erfüllen, wurde das Einkommen logarithmiert. Alle Angaben beziehen sich auf abhängig Beschäftigte, die mindestens einer regelmäßigen Teilzeitbeschäftigung nachgehen.

Tabelle 23: Determinanten des Einkommens:[a] lineare Regression, Beta-Werte

Determinanten der sozialen Integration	
Geringe Sprachkenntnisse [b]	-0,02
Segregation [c]	-0,07 *
Keine dauerhafte Bleibeabsicht [d]	0,07 *
Aufenthaltsdauer	-0,01
Keine Identifikation als Deutscher [e]	-0,01
Alter	0,05
Frauen [f]	-0,37 *
Primärer Bildungsgrad [g]	-0,09 *
Arbeitsmarktfaktoren	
Stellung im Beruf [h]	
ungelernter Arbeiter	-0,24 *
angelernter Arbeiter	-0,26 *
Facharbeiter	-0,19 *
einfacher Angestellter	-0,21 *
Branche [i]	
Produzierendes Gewerbe	0,01
Bau	-0,02
Distributiver Sektor	-0,11 *
Konsumorientierte Dienste	-0,24 *
Produktionsnahe Dienste	-0,03
Arbeitsmarktsegmente [k]	
Unspezifisches Segment	-0,07
Fachspezifisches Segment	-0,03
Reale Wochenarbeitszeit	0,38 *
r^2 (adj.)	0,53
F	38,83
Signifikanz F	0,0000
Konstante	8,05

* Signifikant auf 1%-Niveau.
a) Um eine Normalverteilung der Einkommensvariable zu erzielen, wurde das Einkommen logarithmiert. Listenweiser Ausschluß fehlender Werte. Referenzkategorien: b) Gute Sprachkenntnisse, c) Deutsche Freunde, d) Dauerhafte Bleibeabsicht, e) Identifikation als Deutscher, f) Männer, g) Sekundärer Bildungsabschluß (höhere Schule), h) Mittlere/gehobene Angestellte, i) Staatliche und soziale Dienste, k) Betriebsspezifisches Segment.

Daten: SOEP, Querschnittdatensatz 1994 (nur Westdeutschland; methodische Erläuterungen im Anhang).

Das Ergebnis überrascht, denn es wäre doch zumindest im unspezifischen Arbeitsmarktsegment ein niedrigeres Einkommen zu erwarten. Auch zwischen der sozialen Integration und dem Arbeitsentgelt der ausländischen Beschäftigten sind nur schwache Beziehungen auszumachen. Weder die Segmente, in denen ausländische Arbeitnehmer beschäftigt sind, noch das Ausmaß sozialer Integration haben (unabhängig von der beruflichen Position) nachhaltigen Einfluß auf die Höhe des Einkommens. Weniger verdienen nicht bloß jene Ausländer, die die deutsche Sprache schlecht beherrschen, sondern alle, die als un- oder angelernte Arbeiter tätig sind. Die Einkommensposition ausländischer Zuwanderer hängt somit in erster Linie von ihrer beruflichen Stellung ab. Daher kann angenommen werden, daß die Einkommensverteilung die berufliche Hierarchie nur unzureichend widerspiegelt. Dies gilt insbesondere für die Trennung von Arbeiter- und Angestelltenberufen. Zwar läßt sich ein klarer Zusammenhang zwischen Sprachkenntnissen und beruflicher Stellung zeigen. Dennoch besteht keine starke Beziehung zwischen Sprachkenntnissen und der Höhe des erzielten Einkommens. Dies dürfte insbesondere auf die geringen Einkommen von Ausländern im Angestelltenbereich zurückzuführen sein. Sie verdienen nicht deutlich mehr als ausländische Arbeiter, obwohl sie im Schnitt bessere Kenntnisse der deutschen Sprache haben.

Auch die multivariate Analyse stützt die Annahme, daß sich das Einkommen ausländischer Beschäftigter wesentlich aus der ausgeübten Tätigkeit erklärt, während andere Faktoren eine untergeordnete Rolle spielen. Dies gilt allerdings in erster Linie für männliche Beschäftigte. Die Einkünfte ausländischer Frauen sind – unabhängig von der beruflichen Position – im Schnitt deutlich niedriger als die von ausländischen Männern.

6 Einbürgerung von Ausländern

6.1 Entwicklung und regionale Unterschiede der Einbürgerung von Ausländern

Charakteristisch für Deutschland war bislang, daß im westeuropäischen Vergleich relativ wenige Ausländer eingebürgert wurden (Münz, Seifert 1998). Ursache war das Selbstverständnis, Abstammungsnation, aber kein Einwanderungsland zu sein. Eingebürgert wurden daher in erster Linie volksdeutsche Aussiedler und erst in zweiter Linie die in Deutschland schon länger ansässigen Ausländer. Erst seit 1993 haben letztere einen Rechtsanspruch auf Einbürgerung. Zwischen 1974 und 1992 erhielten nur 311.000 Ausländer die deutsche Staatsbürgerschaft (vgl. Tabelle 24). Dabei handelte es sich ausschließlich um Ermessenseinbürgerungen, die frühestens nach einem Mindestaufenthalt von zehn Jahren in Deutschland beantragt werden konnten. Die Einbürgerungsquote betrug damals pro Jahr bloß 0,3-0,6% aller in Deutschland lebenden Ausländer. Bis in die 80er Jahre bildeten neben einer gewissen Behördenwillkür die hohen Bearbeitungsgebühren (5.000 DM) ein Hindernis.

Nach der ersten Reform des Staatsbürgerschaftsrechts werden seit 1993 nun auch Anspruchseinbürgerungen von Ausländern vollzogen. Erwachsene Ausländer, die seit mindestens 15 Jahren in Deutschland lebten (ca. 40% aller Ausländer), hatten nun einen Rechtsanspruch auf Einbürgerung, und zwar unabhängig von ihren wirtschaftlichen Verhältnissen. Weiterhin konnte seit 1993 nach zehn Jahren Aufenthalt ein Antrag auf Ermessenseinbürgerung gestellt werden. Ausländer im Alter zwischen 16 und 23 Jahren, die seit mindestens acht Jahren in Deutschland lebten und hier eine Schule besucht hatten, bekamen 1993 ebenfalls einen Rechtsanspruch auf Einbürgerung. Ausländische Ehepartner von Deutschen konnten bereits nach vier Jahren Aufenthalts- und drei Jahren Ehedauer eingebürgert werden. Schließlich wurden die Kosten des Einbürgerungsverfahrens auf ca. 100 DM gesenkt und somit das finanzielle Einbürgerungshemmnis beseitigt.

Tabelle 24: Einbürgerungen von Aussiedlern und Ausländern, 1974-1997

| | Einbürgerungen von | | Einbürgerungen |
	Aussiedlern* absolut	Ausländern** absolut	von Ausländern in % der ausl. Bevölkerung
1974	12.256	12.488	0,3
1975	14.198	10.727	0,3
1976	16.347	13.134	0,3
1977	18.097	13.535	0,3
1978	18.635	14.075	0,4
1979	19.780	15.172	0,4
1980	22.034	14.969	0,3
1981	22.235	13.643	0,3
1982	26.014	13.266	0,3
1983	25.151	14.334	0,3
1984	23.351	14.695	0,3
1985	21.019	13.894	0,3
1986	22.616	14.030	0,3
1987	23.781	14.029	0,3
1988	30.123	16.660	0,4
1989	50.794	17.742	0,4
1990	81.140	20.237	0,4
1991	114.335	27.295	0,5
1992	142.862	37.042	0,6
1993	125.385	74.058	1,1
1994	232.875	69.279	1,0
1995	241.625	72.000	1,0
1996	216.474	86.356	1,2
1997	195.749	82.913	1,1

* Nur Anspruchseinbürgerungen.
** Dies schließt Ermessenseinbürgerungen und seit 1993 auch Anspruchseinbürgerungen ein (§85 und §86 Ausländergesetz).
Quelle: Ausländerbeauftragte 1995, Statistisches Bundesamt

Die 1993 in Kraft getretenen Neuregelungen des Staatsangehörig-keitsrechts ließen die Einbürgerungszahlen ansteigen. 1992 waren nur 37.000 Ausländer eingebürgert worden. Die Anspruchseinbürge-rung wurde 1993 bereits von 29.000 Ausländern genutzt. Hinzu ka-men weitere 44.900 Ermessenseinbürgerungen (1993: zusammen 73.900 Fälle). 1997 wurden bereits 82.900 Einbürgerungen vollzo-gen. Dieser Anstieg war vor allem auf die stark gestiegene Zahl an Einbürgerungen von Personen türkischer Herkunft zurückzuführen. 1996 betraf dies 46.300 Personen. Dies waren 54% aller Einbürge-rungen von Ausländern obwohl die Türken nur knapp 29% der aus-ländischen Bevölkerung ausmachen. 1990 hatten lediglich 2.000 Türken die deutsche Staatsbürgerschaft erhalten. In den 70er Jahren lag das Schwergewicht der - damals wenigen - Einbürgerungen bei Italienern, Spaniern und Portugiesen. Später spielten Bürger Jugosla-wiens eine größere Rolle. Erst Mitte der 90er Jahre verschob sich das Gewicht zu den Antragstellern türkischer Herkunft. Insgesamt wur-den 1987-97 628.000 Ausländer eingebürgert. Im gleichen Zeitraum erhöhte sich die jährliche Einbürgerungsrate von 0,3% (1987) auf 1,1% (1997) aller in Deutschland lebenden Ausländer (Tabelle 24).

Das Staatsbürgerschaftsrecht ist in allen Teilen Deutschlands im Prinzip das gleiche. Da für die Einbürgerung jedoch die Behörden der Länder zuständig sind, dürften bestehende Ermessensspielräume ein Grund für erhebliche Unterschiede in der Einbürgerungsquote sein: Hamburg hatte die höchste Einbürgerungsquote, gefolgt von Berlin. Das Saarland und Bayern hatten die niedrigsten Einbürgerungsquoten (Tabelle 25). Ein zweiter Grund für die Unterschiede liegt in der jeweiligen Zusammensetzung der ausländischen Bevölkerung. Bei einem hohen Anteil von EU-Bürgern ist die Zahl der Einbürgerungs-anträge entsprechend geringer. Schließlich ist zu bedenken: Da die Personalausstattung der Rechtslage nur unzureichend angepaßt wurde, führten die gestiegen Antragszahlen in etlichen Bundeslän-dern zu einer Überlastung der für die Einbürgerung zuständigen Be-hörden (Ausländerbeauftragte 1997).

Deutschland bürgert aufgrund der Zuwanderung und automati-schen Naturalisierung von Aussiedlern jährlich absolut mehr Perso-nen ein als jeder andere EU-Staat. Im internationalen Vergleich ist jedoch die Naturalisierungsrate von hier ansässigen Ausländern niedrig.[26] Einerseits lag dies bislang an der starken Bindung der deutschen Staatsbürgerschaft an die Abstammung. Das bis 1999 geltende *ius sanguinis* sah eine automatische Erteilung der deutschen Staatsbürgerschaft bei Geburt nur an Kinder deutscher Eltern vor. Andererseits haben die in Deutschland lebenden Ausländer von den Möglichkeiten der Einbürgerung auch nur sehr zögerlich Gebrauch gemacht. Seit 1993 hatte zwar rund die Hälfte der in Deutschland lebenden Ausländer aufgrund ihrer Aufenthaltsdauer die Möglichkeit, Deutsche zu werden. Nur ein Bruchteil machte davon Gebrauch.

Tabelle 25: Einbürgerungsquoten nach Bundesländern, 1996

Bundesland	Einbürgerungsquoten in %*
Hamburg	1,8
Berlin	1,6
Niedersachsen	1,4
Nordrhein-Westfalen	1,4
Hessen	1,3
Baden-Württemberg	1,2
Rheinland-Pfalz	1,1
Schleswig-Holstein	1,1
Bremen	1,0
Bayern	0,8
Saarland	0,7

* *Einbürgerungen bezogen auf alle im Bundesland lebenden Ausländer.*
Quelle: Hagedorn 1998

6.2 Voraussetzungen für die Einbürgerung

Für Ausländer gilt: Die deutsche Staatsbürgerschaft können all jene beantragen, die eine bestimmte Frist legal in Deutschland gelebt haben. Ein wichtiges Hindernis war und ist dabei jedoch das Erforder-

---

[26] Zum Vergleich: In den Niederlanden werden pro Jahr etwa 12% aller im Land lebenden Ausländer eingebürgert (Muus 1997; Münz, Seifert 1998), in Österreich beträgt diese Quote immerhin 2% (Fassmann, Münz 1995).

nis, die alte Staatsbürgerschaft aufzugeben. Obwohl die doppelte Staatsbürgerschaft nach Einbürgerung in Deutschland eigentlich nur als Ausnahme toleriert wird, gewinnt sie zunehmend an Bedeutung. 1997 gab es 17.423 Einbürgerungen von Ausländern unter Hinnahme von Mehrstaatigkeit. Dies waren 22% aller Einbürgerungen von Ausländern. Für einige Herkunftsländer, die ihren Bürgern die Entlassung aus der bisherigen Staatsbürgerschaft erheblich erschweren, war der Anteil der Einbürgerungen unter Hinnahme von Mehrstaatigkeit besonders hoch (1997 Afghanistan: 83%, Eritrea: 88%, Griechenland: 89%, Iran: 90%, BR Jugoslawien: 63%, Marokko: 89%, Tunesien: 82%; vgl. Ausländerbeauftragte 1999). Auch von den Aussiedlern, die seit den späten 80er Jahren ins Land kamen, behielt ein größerer Teil die Staatsbürgerschaft des Herkunftslandes (v.a. Polen, Rußland, Kasachstan). Im Gegensatz dazu wurden nur 8% der eingebürgerten Türken dabei Doppelstaatsbürger.

Ab 2000 besteht ein Rechtsanspruch auf Erlangung der Staatsbürgerschaft bereits nach acht Jahren ununterbrochenem Aufenthalt in Deutschland (bis 1999: 15 Jahre). Bei in Deutschland lebenden jungen Ausländern verkürzt sich die Wartefrist auf fünf Jahre Aufenthalt, wenn die Einbürgerung bis zum 23. Lebensjahr beantragt wird (bis 1999: 8 Jahre). Ausländer und Ausländerinnen mit deutschen Ehepartnern können sich bereits nach drei Jahren Aufenthalt einbürgern lassen (bis 1999: vier Jahre).[27]

Neben den genannten Fristen ist die Einbürgerung an eine Reihe von Bedingungen geknüpft. Straffällig gewordene Ausländer haben keinen Anspruch auf Einbürgerung. Ausgeschlossen werden können auch Personen, die Arbeitslosenhilfe oder Sozialhilfe beziehen. Von dieser Einschränkung wird allerdings abgesehen, wenn sie unverschuldet in die Abhängigkeit von staatlichen Transfers gekommen sind. Außerdem ist die Vergabe der Staatsbürgerschaft an das Bekenntnis zur freiheitlich demokratischen Grundordnung und an die Kenntnis der deutschen Sprache geknüpft. Ein formeller Sprachtest ist jedoch nicht vorgesehen. Die Prüfung dieser Voraussetzung ist der

---

[27] Voraussetzung ist, daß die Ehe bereits zwei Jahre andauert (bis 1999: drei Jahre).

Verwaltungspraxis der Bundesländer überlassen. Die Kosten des Verfahrens wurden auf 300 DM erhöht.

Trotz Verkürzung der Wartefristen hat ein beträchtlicher Teil der im Land lebenden Ausländer kein Interesse, deutscher Staatsbürger zu werden. Wie eine Auswertung der Ausländerstichprobe des Sozio-Ökonomischen Panels für 1996 zeigte, erwogen damals 23% der bereits ausreichend lange anwesenden Ausländer (aus Mittelmeerländern), einen Antrag auf die Staatsbürgerschaft zu stellen. Falls die deutsche Staatsbürgerschaft ohne Aufgabe der Staatsangehörigkeit des Herkunftslandes erlangt werden kann, würden immerhin 38% Deutsche werden wollen. 39% aller befragten Ausländer wollten die Staatsangehörigkeit auf absehbare Zeit nicht wechseln (Abbildung 27). Das bedeutet zugleich, daß sie auf die mit der deutschen Staatsbürgerschaft verbundenen Vorteile, insbesondere auf Rechtssicherheit vor Abschiebung und die Möglichkeit zur politischen Einflußnahme verzichten.

Abbildung 27: Absicht von Ausländern zur Annahme der deutschen Staatsbürgerschaft* und Interesse an einer doppelten Staatsbürgerschaft, 1996

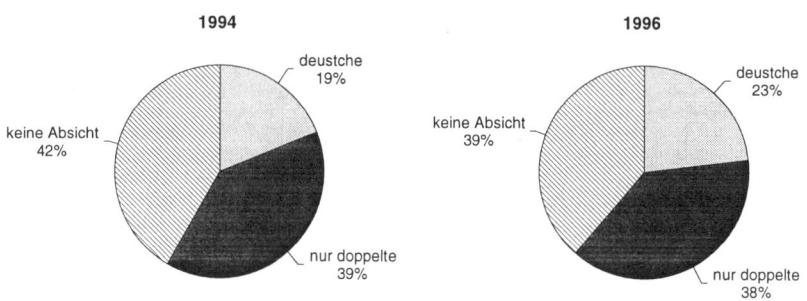

"Beabsichtigen Sie, in den nächsten 2 Jahren die deutsche Staatsangehörigkeit anzunehmen?"
Daten: SOEP 1996

Auch nach einer vom Institut Marplan 1996 unter Spaniern, Italienern, (Ex)-Jugoslawen, Griechen und Türken durchgeführten Untersuchung war damals allenfalls jeder zweite der Befragten überhaupt am Erwerb der deutschen Staatsangehörigkeit interessiert. Nur 17%

gaben ein starkes Interesse an. Die jüngere Generation von Ausländern zeigte ein stärkeres Interesse an Einbürgerung als die Älteren (Ausländerbeauftragte 1997).

Tabelle 26: Einbürgerung ausländischer Zuwanderer und in Deutschland geborener Kinder mit ausländischen Eltern

	bis 1999	ab 2000
Regeleinbürgerung lange legal ansässiger Ausländer		
• Rechtsanspruch	nach 15 Jahren	nach 8 Jahren
• Ermessenseinbürgerung	nach 10 Jahren	-
Einbürgerung legal ansässiger junger Ausländer im Alter zwischen 16 und 23 Jahren		
• Rechtsanspruch	nach 8 Jahren	nach 5 Jahren
Einbürgerung legal ansässiger Ausländer mit deutschen Ehepartnern	nach 4 Jahren (und 3jähriger Ehe)	nach 3 Jahren (und 2jähriger Ehe)
• Rechtsanspruch		
Einbürgerung von Aussiedlern	bei der Einreise	bei der Einreise
Einbürgerung/Erwerb der Staatsbürgerschaft von in Deutschland geborenen Kindern ausländischer Eltern	Einbürgerung ab dem Alter von 16 Jahren (Voraussetzung: mind. 6 Jahre Schulbesuch in Deutschland)	Erwerb bei der Geburt, so ein Elternteil mindestens 8 Jahre in Deutschland ist und über verfestigten Aufenthaltsstatus verfügt; Optionspflicht im Alter von 18 bis 23 Jahren*

Übergangsregelung: Verleihung der deutschen Staatsbürgerschaft (mit Optionspflicht) für im Inland geborenen Ausländer der Jahrgänge 1990-1999, bei denen die ab 2000 geltenden Voraussetzungen zum Zeitpunkt der Geburt schon bestanden hätten, auf Antrag der Eltern.

Neu im deutschen Staatsangehörigkeitsrecht ist die Einführung eines *ius soli*-Elements (vgl. Tabelle 26, Spalte 3). Ab dem Jahr 2000 werden in Deutschland geborene Kinder von seit mindestens acht Jahren im Land ansässigen Ausländern mit verfestigtem Aufenthaltsstatus bei Geburt befristet deutsche Staatsbürger und „erben" im

130

Regelfall auch die Staatsbürgerschaft ihrer ausländischen Eltern.[28] Im Alter von 18 bis 23 Jahren müssen sie sich zukünftig zwischen diesen beiden Nationalitäten entscheiden. Verzichten sie nicht auf die ausländische Staatsbürgerschaft, dann erlischt die deutsche mit dem 23. Lebensjahr.[29] Bei Verzicht bleiben sie Deutsche.

Parallel zur schrittweise erfolgenden beruflichen Eingliederung von Immigranten und ihren Kindern lassen sich auch bei der sozialen Integration Fortschritte erkennen. Insbesondere für die bereits hier geborene Generation der Kinder von ausländischen Migranten ist Deutschland unumstritten zur Heimat geworden. Allerdings ist die Identitätsfindung für die zweite Generation nicht immer einfach: In den Herkunftsländern der Eltern fühlen sie sich als Fremde. Aber auch in der deutschen Gesellschaft werden sie oft nicht als vollwertige Mitglieder akzeptiert, obwohl sie hier geboren und aufgewachsen sind. Insbesondere nach der Vereinigung von DDR und Bundesrepublik zeigten sich gesellschaftliche Schließungstendenzen und eine größere Zahl von Konflikten zwischen Deutschen und Ausländern.

Dennoch sollte man sich vor Augen halten: Einbürgerung bedeutet nicht automatisch Integration. Das mußten sowohl naturalisierte Immigranten und deren Kinder als auch viele Aussiedler erfahren. In Anbetracht der Größe der ausländischen Bevölkerung in Deutschland und ihres Bevölkerungsanteils spielt die Frage der Staatsbürgerschaft jedoch eine wichtige Rolle. Wenn politische Institutionen überwiegend die Interessen ihrer Wähler oder Mitglieder vertreten, dann sind die 7,3 Mio. Ausländer von wesentlichen politischen Partizipationsmöglichkeiten, insbesondere vom aktiven und passiven Wahl-

---

[28] Für alle zwischen 1990 und 1999 in Deutschland geborenen ausländischen Kinder mit hier legal ansässigen Eltern (mindestens ein Elternteil) gilt: Für sie können die Eltern nachträglich die befristete deutsche Staatsbürgerschaft beantragen, falls die ab 2000 geltenden Kriterien für den Erwerb der Staatsbürgerschaft nach *ius soli* bei ihrer Geburt schon bestanden (Altfallregelung).

[29] Es müssen zumindest glaubhafte Anstrengungen unternommen werden, die ausländische Staatsbürgerschaft abzulegen. Ist dies unzumutbar oder nicht möglich, bleiben sie trotzdem Deutsche. Dies gilt analog zum Verfahren bei der Regeleinbürgerung ausländischer Zuwanderer, die auch unter Hinnahme von Mehrstaatigkeit erfolgen kann.

recht bei Bundestags- und Landtagswahlen ausgeschlossen.[30] Dies ist besonders augenfällig, wenn man an die Kommunalpolitik in Städten denkt, in denen jeder fünfte oder jeder vierte Einwohner keinen deutschen Paß besitzt. Es gilt aber auch für die Landtage und den Bundestag, auf deren Zusammensetzung ein potentielles Elektorat erwachsener Ausländer keinen Einfluß hat.

---

[30] EU-Bürger haben in Deutschland bei Kommunal- und Europawahlen ein aktives Wahlrecht. Der Koalitionsvertrag sieht vor, daß allen in Deutschland lebenden Ausländern ein Kommunalwahlrecht eingeräumt wird. Daneben können alle volljährigen Ausländer Ausländerbeiräte wählen bzw. in diese gewählt werden, sofern diese eingerichtet sind.

7 Die Integration von Aussiedlern

Umsiedlung, Flucht und Vertreibung nach 1945 betrafen weder alle Personen, die auf ehemals deutschem Territorium gelebt hatten, noch betrafen sie alle deutschen Minderheiten in Ostmittel- und Osteuropa. Mehr als 3 Mio. Menschen deutscher Abstammung verblieben in ihren traditionellen Siedlungsgebieten in Polen, Rumänien, Ungarn und vereinzelt auch in der Tschechoslowakei oder lebten als interne Vertriebene in der Sowjetunion. Dies ist der Ursprung des Migrationspotentials von Volksdeutschen und von Personen mit (zumindest vorübergehend wirksamer) deutscher Staatsangehörigkeit,[31] die seit 1950 als Aussiedler in die Bundesrepublik Deutschland kommen.

Während des Kalten Krieges war die Gesamtzahl der Aussiedler, die nach Deutschland kamen, relativ gering. Vor 1988 überschritt sie nie 140.000 Personen pro Jahr. Erst Ende der 80er Jahre stieg sie sprunghaft an und erreichte 1990 mit knapp 400.000 Personen ihren Höchststand. In den 38 Jahren von 1950 bis 1987 wanderten insgesamt 1,4 Mio. Aussiedler in die Bundesrepublik ein. Im Durchschnitt waren dies 38.000 pro Jahr. In den neun Jahren zwischen 1988 und 1998 kamen hingegen 2,5 Mio. Aussiedler bzw. 230.000 pro Jahr. Seit 1990 reagierte die deutsche Gesetzgebung auf den steigenden Zustrom von Aussiedlern restriktiv. Sowohl die Anerkennung als Aus-

---

[31] Legitimationsgrundlage war die Germanisierungspolitik der NS-Behörden, die 1940-44 mehrere Millionen polnische Staatsbürger als Deutsche (Volksliste I und II) bzw. als germanisierungsfähige Personen mit zumindest teilweise deutschen Wurzeln (Volksliste III und IV) definierte. Auch von letzteren wurde ein Großteil zu Bürgern des Deutschen Reiches erklärt. Sie waren damit von der Repression gegenüber dem Rest der polnischen Bevölkerung ausgenommen. Diese Germanisierung wurde nach 1945 durch eine gezielte Repolonisierung rückgängig gemacht.

siedler, als auch der Zuzug nach Deutschland wurden erschwert. Als Folge mehrerer Gesetzesänderungen werden heute fast nur noch Deutsche aus den Nachfolgestaaten der Sowjetunion als Aussiedler anerkannt. In jüngster Zeit sind die Zuzüge nach Deutschland und die Neuanträge auf Anerkennung als Aussiedler rückläufig. Insgesamt bedeutet das: Zwischen 1950 und 1998 gelangten 1,4 Mio. Aussiedler aus Polen, weitere 1,6 Mio. aus der Sowjetunion bzw. der GUS, 426.000 aus Rumänien und 105.000 aus der Tschechoslowakei nach Deutschland (Münz, Ohliger 1998).

Aussiedler, die nach Deutschland kommen, erhalten Integrationshilfen, wie sie sonst keiner anderen Zuwanderergruppe zur Verfügung stehen. Für eine so umfassende Förderung von Immigranten gibt es kaum historische Parallelen. Nur jüdische Einwanderer in Israel bekommen ähnliche Startchancen.

Aussiedler werden bei der Einreise deutsche Staatsbürger, sie können auch sofort sozialstaatliche Leistungen in Anspruch nehmen. Die Aussiedler waren dabei in der Vergangenheit zum Teil besser gestellt als die einheimische Bevölkerung, denn es wurde bei ihnen vom beitragsbezogenen Leistungsprinzip abgegangen (Heinelt, Lohmann 1992: 84). Auch ohne in die Rentenkassen und die Arbeitslosenversicherung eingezahlt zu haben, konnten Aussiedler deren Leistungen in Anspruch nehmen. Seit 1990 wird an Aussiedler jedoch kein Arbeitslosengeld mehr gezahlt, das sich an einem fiktiven Verdienst bei analoger Beschäftigung in Deutschland orientiert. Statt dessen gibt es ein pauschaliertes Eingliederungsgeld. Auch die Rentenansprüche wurden mittlerweile reduziert. Nach dem derzeitig gültigen Fremdrentengesetz wird die Rente von Aussiedlern um 40% reduziert, wenn Ansprüche ausschließlich aus Erwerbstätigkeit im Herkunftsland bestehen. Aussiedler, die nach 1996 zuwanderten, erhalten nur noch eine Mindestrente, falls sie in Deutschland nicht erwerbstätig waren (Münz, Ohliger 1998a). Die Sprachförderung umfaßt mittlerweile nur noch sechs Monate, während vor der Öffnung des Eisernen Vorhangs noch zwölf Monate in Anspruch genommen werden konnten.

Darüber hinaus gibt es spezielle Eingliederungshilfen. An erster Stelle stehen Maßnahmen zur Wohnungsversorgung von Aussiedlern. Aus einem Fonds des Ministeriums für Familie, Senioren, Frauen und

Jugend werden schulische Maßnahmen sowie die Aus- und Fortbildung junger Aussiedler unter 35 Jahren finanziert. Die Otto-Bennecke-Stiftung vergibt Stipendien an Aussiedler, aber auch an Asylbewerber und Flüchtlinge, die studieren wollen (Heinelt, Lohmann 1992: 96f).

Trotz der Förderung haben Aussiedler eine Reihe von Problemen, die typisch für transnationale Zuwanderer sind. So werden zum Beispiel ihre im Ausland erworbenen Bildungsabschlüsse nicht automatisch anerkannt. Da für Aussiedler berufliche Förderungsmaßnahmen angeboten werden, läßt sich jedoch gut analysieren, welchen Einfluß diese staatlichen Integrationsmaßnahmen auf die berufliche Eingliederung von Zuwanderern in Deutschland haben.

Ein weiterer Faktor, der sich in der Vergangenheit positiv auf die Integration von Aussiedlern auswirkte, war deren regionale Verteilung. Aussiedler ließen sich vor Inkrafttreten des *Wohnraumzuweisungsgesetzes* 1996 kaum in Ostdeutschland nieder. Innerhalb Westdeutschlands bevorzugten sie den Süden des Landes sowie Nordrhein-Westfalen (Münz, Ohliger 1998a). Da zumindest in den südlichen Bundesländern die Arbeitslosenquote niedriger ist als im Rest Deutschlands, dürfte die Wohnsitzwahl die Integration in den Arbeitsmarkt in der Vergangenheit erleichtert haben. Seit 1996 ist dies nicht mehr unbeschränkt möglich. Denn der Anspruch auf Eingliederungshilfen ist nunmehr an den Verbleib an einem von den Behörden festgelegten Wohnort gebunden. Aussiedler werden somit nicht bloß nach einem Schlüssel auf alle 16 Bundesländer verteilt, sondern auch zu einem höheren Maß an Seßhaftigkeit an diesem ersten Wohnort gezwungen. Die relativ gleichmäßige Verteilung der neu zugewanderten Aussiedler über das gesamte Territorium Deutschlands führte zwar zu einer gerechten Verteilung der damit verbundenen Lasten, bringt aber auch Nachteile mit sich. Aussiedler können nicht mehr einfach dorthin ziehen, wo ihnen Verwandte, Freunde und andere Emigranten aus der alten Heimat ein soziales Netzwerk bieten könnten oder wo die Lage auf dem regionalen Arbeitsmarkt am günstigsten ist. Verbesserte Integrationschancen erwarten sich die Behörden hingegen als Nebeneffekt des 1996 eingeführten Sprachtests. Wer diesen nicht besteht, wird nicht mehr als

Aussiedler anerkannt.[32] Daher müßten jene Aussiedler, die seit den späten 90er Jahren ins Land kamen, über relativ gute Deutschkenntnisse verfügen, was ihnen den Start erleichtern sollte.

7.1 Sozio-ökonomische Merkmale und Wanderungsmotive von Aussiedlern

Seit den 80er Jahren ist die Zuwanderung von Aussiedlern in erster Linie eine Kettenmigration (Tabelle 27). Zwei Drittel der Aussiedler, die seit 1984 einwanderten, kamen als Familienangehörige nach Deutschland. Teils reisten sie mit dem Erstantragssteller ein, teils wurden sie später nachgeholt. Aufgrund des großen Anteils interethnischer Ehen in den GUS-Staaten kamen und kommen auf diesem Weg auch viele Personen nicht-volksdeutscher Herkunft ins Land. Ein Viertel der Aussiedler hatte vor der Zuwanderung Freunde oder Bekannte in Westdeutschland. Nur 10% waren „Pionierwanderer", also Personen, die weder Familienangehörige noch Freunde oder Bekannte in Deutschland hatten. Diejenigen, die bereits eine Anlaufstelle (Familienangehörige, Freunde oder Bekannte) in Westdeutschland hatten, zogen vor 1996 meist an jenen Ort, an dem sie auf ein bestehendes soziales Netzwerk zurückgreifen konnten.

Trotz der vielfach bestehenden Kontakte nach Deutschland beginnt das Leben in Deutschland für die meisten Aussiedler zunächst in einem Aufnahmelager oder Übergangswohnheim. Dies gilt immerhin für 80% aller seit Mitte der 80er Jahre ins Land gekommenen Aussiedler. Jene, die zunächst in einem Lager untergebracht sind, bleiben dort jedoch meist nicht lange. 38% verbrachten dort weniger als ein halbes Jahr, 31% zwischen sechs und zwölf Monaten.

Als Grund für die Zuwanderung nach Deutschland wurde besonders häufig der Wunsch nach Zusammenleben mit der Familie genannt (45%). Dies erklärt sich aus der hohen Anzahl derer, die als Familienangehörige einreisten. In Freiheit oder einfach in Deutschland leben zu wollen, war ebenfalls ein bedeutsames Wanderungs-

---

[32] 1996-97 bestanden nur 60% der Antragsteller aus Rußland, Kasachstan und anderen GUS-Staaten den Sprachtest (Ohliger 1998).

motiv. Die Möglichkeit, ein materiell besseres Leben führen zu können, nannten immerhin 37% als wichtigen Migrationsgrund. Armut (22%) oder Verfolgung (18%) im Herkunftsland standen dagegen nicht so sehr im Vordergrund.

Tabelle 27: Netzwerke, Wanderungsmotive und Einstellungen von Aussiedlern, 1995, in %

Netzwerke	
Familienangehörige in Westdeutschland	65
Freunde/Bekannte in Westdeutschland	25
Kein sozialer Kontakt vor der Zuwanderung	10
Zuzug an den Wohnort von Bekannten/Angehörigen	72
Erstunterkunft in einem Aufnahmelager	*80*
Wanderungsmotive	
Materiell besseres Leben	37
Geld verdienen für die Familie	16
In Freiheit leben	41
Mit der Familie leben	45
Armut im Herkunftsland	22
Sicherheit vor Verfolgung	18
In Deutschland leben	41
Erwartungen von Westdeutschland erfüllt	*51*
Größere Probleme als erwartet	
bei der Wohnungssuche	41
Rückkehrabsicht	*1*

Daten: Zuwandererstichprobe des SOEP (Stichprobe D, 1994/1995; methodische Erläuterungen im Anhang).

Da die Mehrzahl der Aussiedler über direkte Informationsquellen verfügte, dürften viele mit einem einigermaßen realistischen Bild von der Arbeitsmarktlage und den Lebensbedingungen in Deutschland eingereist sein. Dennoch erfüllten sich nur für rund die Hälfte der Aussiedler jene Erwartungen, die sie von Deutschland hatten. Größere Schwierigkeiten als erwartet bestanden vor allem bei der Wohnungssuche. Dennoch stellt die Rückkehr in das jeweilige Herkunftsland für Aussiedler in der Regel keine Option dar. Lediglich 1 % der Aussiedler zieht dies überhaupt in Erwägung.[33] Enge Bindungen an das Herkunftsland hatten immerhin noch drei Viertel der Aussiedler. Daraus ergibt sich ein Potential für weitere Zuwanderung. 45% der Aussiedler haben Freunde oder Verwandte außerhalb Deutschlands, die sie gerne nachholen möchten.

Abbildung 28: Schulische Bildung von Aussiedlern im erwerbsfähigen Alter, 1995, in %

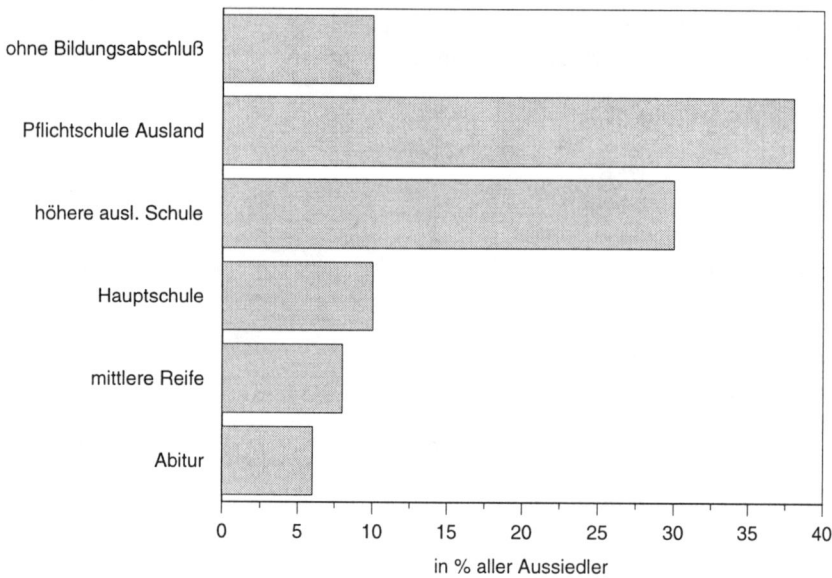

Daten: *Zuwandererstichprobe des SOEP (Stichprobe D, Erhebung 1995, methodische Erläuterungen im Anhang)*.

Ein Faktor, der für Aussiedler langfristig günstige Integrationschancen erwarten läßt, ist ihr hoher Bildungsgrad. Das Bildungs-

---

[33] Da die Befragung in Deutschland durchgeführt wurde, sind Aussiedler, die bereits wieder ins Herkunftsland zurückkehrten, nicht erfaßt. Eine nennenswerte Zahl an Rückkehrern gibt es derzeit nur in Polen (Münz, Ohliger 1998). Bemerkenswert ist allerdings, daß die große Mehrzahl der seit 1990 eingewanderten Volksdeutschen aus GUS-Staaten ihre russische oder kasachische Staatsbürgerschaft behielten.

niveau von Aussiedlern liegt über dem der Arbeitsmigranten der 60er und frühen 70er Jahre (Abbildung 28). 30% verfügen über einen im Ausland erworbenen mittleren oder höheren Schulabschluß. Aufgrund der Eingliederungsmaßnahmen konnten etliche jüngere Aussiedler bereits einen deutschen Schulabschluß nachholen. Von dieser Gruppe hat daher inzwischen ein relativ hoher Anteil mittlere und höhere Bildungsabschlüsse. Daraus läßt sich eine positive Wirkung der bestehenden Förderprogramme erkennen. 13% der Aussiedler verfügen in dieser Altersgruppe inzwischen auch über eine deutsche Mittlere Reife oder ein deutsches Abitur und weitere 10% über einen Hauptschulabschluß. Aufgrund dieser Bildungsressourcen ist zu erwarten, daß sich Aussiedler mit der Zeit gleichmäßiger über die beruflichen und betrieblichen Hierarchieebenen verteilen werden, als die Arbeitsmigranten der 60er und 70er Jahre.

7.2 Die Arbeitsmarktintegration von Aussiedlern

Die Erwerbsbeteiligung von Aussiedlern in erwerbsfähigen Alter liegt mit 49% nicht sehr hoch. Die Arbeitslosenquote von 26% deutet darauf hin, daß Aussiedler beträchtliche Probleme bei der beruflichen Integration haben. Im ersten Jahr nach der Zuwanderung waren sogar nur 35% der Aussiedler erwerbstätig. Allerdings wird die Arbeitsaufnahme bei Aussiedlern durch die angebotenen Integrationsmaßnahmen, insbesondere durch den Besuch von Deutschkursen verzögert (Tabelle 28).

Erhebliche Unterschiede in der Erwerbsbeteiligung bestehen vor allem zwischen Männern und Frauen. Obwohl Aussiedlerinnen vor der Zuwanderung nach Deutschland eine hohe Erwerbsbeteiligung (70%) haben, konnten sie entsprechende Erwerbsquoten in Deutschland nicht erreichen. Im Jahr nach der Zuwanderung wurden bereits 47% der männlichen Aussiedler wieder erwerbstätig, aber nur 22% der Aussiedlerinnen. 1995 lag die Erwerbsbeteiligung von männlichen Aussiedlern immerhin bei 61%, die von Frauen blieb mit 36% erheblich hinter den Werten in den mittel- und osteuropäischen Herkunftsländern zurück. Die Arbeitslosenquote von Aussiedlerinnen lag 1995 bei 38%. Frauen volksdeutscher Herkunft hatten und haben erhebliche Schwierigkeiten, auf dem westdeutschen Arbeitsmarkt Fuß zu fassen. Doch auch männliche Aussiedler weisen mit 17% eine hohe Arbeitslosenquote auf (Tabelle 28). Ihre Schwierigkeiten auf dem Arbeitsmarkt sind jedoch – im Vergleich zu jenen der Frauen – erheblich geringer.

Tabelle 28: Erwerbsbeteiligung und Arbeitslosigkeit von Aussiedlern, 1995, in %

	Insgesamt	Männer	Frauen	Zuwanderungsperiode		
				1984-88	1989-90	1991-95
Erwerbstätig	49	61	36	59	54	39
Arbeitslos	17	12	21	11	13	31
Nicht er- werbstätig	34	27	43	30	33	30
Arbeits- losenquote	26	17	38	15	20	44
Erwerbsbeteiligung im Jahr ...						
nach der Zu- wanderung	35	47	22	36	36	31
vor der Zu- wanderung	76	82	70	78	75	77

Daten: Zuwandererstichprobe des SOEP 1995 (methodische Erläuterungen im Anhang).

Die hohe Erwerbsbeteiligung von Aussiedlern vor der Zuwanderung nach Deutschland ist ein klarer Hinweis auf ihre Erwerbsorientierung. Dies gilt insbesondere für die starke Erwerbsbeteiligung von Frauen (70%). In den staatssozialistischen Herkunftsländern der Aussiedler (Polen, Rumänien, ehemalige Sowjetunion) waren solche Erwerbsquoten nicht ungewöhnlich. Die viel geringere tatsächliche Erwerbstätigkeit von Aussiedlern und insbesondere von Aussiedlerinnen in Deutschland (Männer: 61%, Frauen: 36%), läßt vermuten, daß von ihnen bei günstiger Arbeitsmarktlage deutlich mehr berufstätig wären.

Entscheidend für die Chance auf dem Arbeitsmarkt war und ist gerade für diese Gruppe der Zeitpunkt der Zuwanderung. Eine relativ günstige Bilanz läßt sich für jene ziehen, die vor der Vereinigung von DDR und Bundesrepublik kamen (Klös 1992). Zwischen 1983 und

1990 fanden 560.000 Aussiedler einen Arbeitsplatz. Zwischen 1988 und 1990 wurde sogar jeder fünfte neu geschaffene Arbeitsplatz mit einem ehemaligen Aussiedler besetzt. Als günstiger Faktor für die Integration in den Arbeitsmarkt wurde damals die Alters-, Berufs-, und Qualifikationsstruktur angeführt. Deshalb läßt sich für die Periode vor dem Fall des Eisernen Vorhangs eine weitgehend positive Bilanz ziehen, obwohl es schon damals Schwierigkeiten für einzelne Berufsgruppen gab. So hatten insbesondere Aussiedler aus Angestelltenberufen Probleme, eine adäquate Beschäftigung zu finden (Leciejewski 1990). Zu ähnlichen Resultaten kam eine Studie des Bundesministeriums für Raumordnung, Bauwesen und Städtebau (1993), die die Integrationsmöglichkeiten von Aussiedlern mit gewerblichen und handwerklichen Berufen als gut bewertete, ehemaligen Angestellten dagegen aufgrund von Sprachproblemen oder mangelnden Qualifikationen schlechtere Chancen einräumte. Am schwersten haben es in jedem Fall Aussiedlerinnen. Sie gelten unter den derzeitigen Arbeitsmarktbedingungen als besonders schwer vermittelbar.

Seit 1990/91 treten die Probleme von Aussiedlern deutlicher zutage. Eine Analyse der beruflichen Eingliederung von Aussiedlern nach dem Deutschkurs (Koller 1993) belegt erhebliche Probleme bei der beruflichen Eingliederung. Ein Jahr nach Absolvierung des Deutschkurses lag die Arbeitslosenquote bei rund 30%. Offensichtlich hatten Aussiedler in der ersten Hälfte der 90er Jahre vor allem Wettbewerbsnachteile gegenüber Ostdeutschen, die nach Westdeutschland übersiedelten (Schulz, Seiring 1994). Der hohe Anteil von un- und angelernten Arbeitern bei Aussiedlern ist die Folge einer beruflichen Dequalifizierung. Um überhaupt Arbeit zu finden, weichen Aussiedler mit höherer Qualifikation oftmals auf Tätigkeiten mit geringen Qualifikationsanforderungen aus. Zum Teil entsprechen ihre Kenntnisse und Fähigkeiten auch nicht den Erfordernissen des deutschen Arbeitsmarktes (Puskeppeleit 1995). Es überrascht daher nicht, daß jene, die früher kamen, heute besser integriert sind. Sie wurden nicht nur durch die bis 1990/91 bessere Arbeitsmarktlage begünstigt, sondern hatten auch mehr Zeit, sich einen adäquaten Arbeitsplatz zu suchen.

Von jenen, die vor 1989 kamen, waren Mitte der 90er Jahre bereits 59% wieder erwerbstätig und nur etwas über 10% arbeitslos. Von den Aussiedlern der Jahre 1991-95 waren zum selben Zeitpunkt erst 39% erwerbstätig, während noch ein Drittel (31%) Arbeit suchte. Bezogen auf das Arbeitskräftepotential bedeutete dies für Aussiedler der Jahre 1984-88 im Jahr 1995 eine Arbeitslosenquote von 15%, für jene der Jahre 1991-95 hingegen eine von 44% (Tabelle 28).

Insgesamt waren und sind Aussiedler in Deutschland überproportional häufig in Arbeiterberufen tätig (72%; vgl.Tabelle 29). Etwas mehr als ein Viertel übte Mitte der 90er Jahre einen Facharbeiterberuf aus (27%), fast die Hälfte (45%) war als un- oder angelernte Arbeiter beschäftigt. Ganz offensichtlich finden Aussiedler im Bereich manuell ausführender Tätigkeiten leichter einen Arbeitsplatz als in Angestelltenberufen. Dafür dürften vor allem zwei Faktoren relevant sein: Aufgrund der geringeren Attraktivität dieser Beschäftigungsbereiche für deutsche Arbeitnehmer ist die Konkurrenz niedriger. Aussiedler konkurrieren dabei mit ausländischen Arbeitsmigranten und deren Kindern. Außerdem werden im Ausland erworbene Qualifikationen im manuell ausführenden Bereich eher anerkannt als im Angestelltensektor, wo in höherem Maße landesspezifische Kenntnisse sowie eine perfekte Beherrschung der deutschen Sprache gefordert werden. Überdies wirken sich die Besonderheiten des deutschen dualen Ausbildungssystems eher ungünstig auf die Arbeitsmarktintegration von Zuwanderern aus, da hier formale Abschlüsse eine größere Rolle spielen als in anderen Staaten (z.B. in den USA; vgl. Faist 1995). Bei ungünstiger Arbeitsmarktlage ist die Konkurrenz durch Bewerber, die über entsprechende Zertifikate verfügen, wesentlich größer. Dies erschwert den Arbeitsmarktzugang für Personen ohne inländischen Bildungsabschluß zusätzlich.

Auch bei der beruflichen Position zeigt sich, daß Aussiedler, die vor 1989 kamen, Chancen des Eintritts oder Aufstiegs in höhere Berufspositionen genutzt hatten. Von ihnen waren Mitte der 90er Jahre nur 37% als un- oder angelernte Arbeiter tätig, aber immerhin 22% als gehobene Angestellte (Tabelle 29). Von den Aussiedlern der Jahre 1991-95, die Mitte der 90er Jahre bereits Arbeit gesucht und gefunden hatten, waren dagegen 66% als an- und ungelernte Arbeiter und nur 5% als gehobene Angestellte tätig.

Tabelle 29: Arbeitsmarktpositionen von Aussiedlern, 1995, in %

	Insgesamt	Männer	Frauen	Zuwanderungsperiode 1984-88	1989-90	1991-95
ungelernte Arbeiter	10	9	11	13	6	26
angelernte Arbeiter	35	39	28	24	37	40
Facharbeiter/Meister	27	39	7	28	26	21
einfache Angestellte	11	3	25	11	13	9
mittl./höhere Angest.	16	9	29	22	17	5
Selbständige	1	1	1	2	2	0
Arbeitsplatz mit Qualifikationsanforderungen	43	39	49	56	47	18
im erlernten Beruf tätig	47	49	44	56	48	38
nicht im erlernten Beruf tätig Qualifizierte Tätigkeit	6	5	8	6	8	0
keine qualifizierte Tätigkeit	40	43	34	32	39	50
keinen Beruf erlernt	7	4	13	6	5	12
monatl. Bruttoverdienst Ø in DM	3.280	3.750	2.430	3.610	3.340	2.800

Daten: Zuwandererstichprobe des SOEP 1995 (methodische Erläuterungen im Anhang).

Differenziert nach dem Geschlecht ergeben sich einige überraschende Resultate. Männer konzentrieren sich fast ausschließlich in den Arbeiterberufen, während mehr als die Hälfte der berufstätigen Aussiedlerinnen Angestelltenberufe ausüben. Von ihnen sind immerhin 29% in mittleren oder höheren Angestelltenpositionen zu finden.

Die berufliche Stellung der Aussiedler zeigt, daß nicht alle in Deutschland eine ihrer Ausbildung adäquate Beschäftigung finden. Dennoch sind 43% der Aussiedler an einem Arbeitsplatz tätig, der mindestens eine abgeschlossene Berufsausbildung erfordert. Bei Frauen liegt dieser Anteil deutlich höher als bei Männern. Hier zeigen sich jedoch erhebliche Unterschiede nach der Zuzugsperiode. Während 56% der Aussiedler, die zwischen 1984 und 1988 nach Deutschland kamen, eine qualifizierte Tätigkeit ausübten, taten dies nur 18%

derer, die zwischen 1991 und 1995 kamen. Nur die Hälfte der Aussiedler – Männer häufiger als Frauen – übt eine Beschäftigung aus, die ihrem erlernten Beruf entspricht. Diejenigen, die nicht im erlernten Beruf tätig sind, können sich kaum andere qualifizierte Beschäftigungsbereiche erschließen.

Auch hier zeigen sich erhebliche Unterschiede nach der Zuwanderungsperiode. 56% derer, die zwischen 1984 und 1988 zuzogen, waren Mitte der 90er Jahre in ihrem erlernten Beruf tätig, aber nur 38% derer, die zwischen 1991 und 1995 zuzogen und Mitte der 90er Jahre bereits wieder erwerbstätig waren (Tabelle 29).

Der Bruttoverdienst von Aussiedlern liegt im Schnitt unter dem von westdeutschen Beschäftigten. Frauen verdienen deutlich weniger als Männer. Zwar liegt die Teilzeitquote bei Frauen höher als bei Männern, das unterschiedliche Arbeitsvolumen kann somit einen Teil der Einkommensdifferenzen erklären. Doch insgesamt wäre aufgrund der beruflichen Stellung der Aussiedlerinnen ein höheres Einkommen zu erwarten. Aussiedlerinnen haben folglich nicht nur Schwierigkeiten, überhaupt eine Stelle zu finden, sie werden für ihre Tätigkeiten auch seltener gleich gut entlohnt wie (west)deutsche Kolleginnen in vergleichbarer Stellung.

7.3 Politische und kulturelle Integration

Flüchtlinge und Vertriebene der Nachkriegszeit, aber auch viele Aussiedler sind in Landsmannschaften organisiert, die ihre Interessen als *pressure groups* politisch vertreten. Die Mitgliedschaft in diesen Organisationen ist nach Herkunft geregelt. Innerhalb des politischen Spektrums von Interessenverbänden üben die Landsmannschaften einen erheblichen Einfluß insbesondere auf die christlich-konservativen Parteien CDU und CSU aus, in deren politischem Umfeld sie agieren und denen ihre Klientel nahesteht.

Während bis in die 70er Jahre Vertreter von Vertriebenenverbänden auch auf Listen von SPD und FDP kandidierten, sind sie heute nur noch als Mandatsträger der Unionsparteien zu finden. Dem entspricht auch die politische Orientierung der meisten Aussiedler. Aufgrund der ländlich-agrarischen Herkunft etlicher Aussiedler, ihrer

Orientierung an christlichen und traditionellen Wertvorstellungen und einer bereits in den Herkunftsländern geprägten deutlichen Abneigung gegen Linksparteien sympathisiert der Großteil von ihnen – sofern sie überhaupt einer politischen Partei zuneigen – mit CDU und CSU. Wie Daten des Sozio-Ökonomischen Panels zeigen, unterstützten Mitte der 90er Jahre drei von vier Aussiedlern, die angaben, eine politische Präferenz zu haben, die Unionsparteien (74%), aber nur jede/r Sechste die SPD (17%; Tabelle 30).

Die parteipolitische Präferenz von Aussiedlern unterscheidet sich deutlich von jener der Arbeitsmigranten der 60er und 70er Jahre bzw. ihrer Kinder. Letztere sympathisieren überproportional mit der SPD (41%) und den Grünen (18%), in nicht geringer Zahl auch mit CDU/CSU (39%).[34] Die 1999 durchgeführte Unterschriftenaktion gegen die doppelte Staatsbürgerschaft dürfte die Unionsparteien unter Ausländern in Deutschland weitere Sympathien gekostet haben.

Im Gegensatz zu den Vertriebenen der Nachkriegszeit und ihren Nachkommen sind die Aussiedler der 80er und 90er Jahre heute innerhalb des bestehenden Parteiensystems nur begrenzt politisch aktiv. Es gibt derzeit in keiner der etablierten Parteien eigene Sprecher der Aussiedler, während die Vertriebenen der Nachkriegsära, aber auch die Arbeitsmigranten und ihre Nachkommen über eigene Abgeordnete im Bundestag und in einigen Landes- bzw. Kommunalparlamenten verfügen. Unter den neu eingewanderten Aussiedlern überwiegt der Rückzug ins Private und in den Bereich der Familie (Ministerium 1992: 117). Der problemlose Zugang zur deutschen Staatsbürgerschaft wird von dieser Gruppe also nur selten zur direkten politischen Partizipation genützt.

Ihre Herkunft trennt viele Aussiedler von der Lebenswelt der Mehrheit der deutschen Gesellschaft. Neben sozialer Distanz sind dafür auch Kommunikationsbarrieren verantwortlich. Nur ein Teil der Aussiedler beherrscht die deutsche Sprache in Wort und Schrift. Ein hohes Maß an Sprachkompetenz findet sich vor allem unter den Rumäniendeutschen, die nach eigener Einschätzung zu 92% gut oder sehr gut Deutsch sprechen und zu 80% gut schreiben. Im Gegensatz dazu können von den Rußlanddeutschen nur 57% gut oder sehr gut

---

[34] Zu ähnlichen Ergebnissen kam auch Dietz 1994.

Deutsch sprechen und gar nur 34% gut Deutsch schreiben. Mit 46%, die fließend Deutsch sprechen, und 28%, die diese Sprache auch hinreichend schreiben können, schneiden die Aussiedler aus Polen am schlechtesten ab (Büchel, Wagner 1996; Tabelle 31).[35]

Tabelle 30: Parteipräferenzen von Aussiedlern und von Arbeitsmigranten aus Mittelmeerländern, 1995, in %

Parteien	Aussiedler	Arbeitsmigranten	BT-Wahlen 1998
CDU/CSU	74	39	35,1
SPD	17	41	40,9
Grüne	5	18	6,7
Sonstige	4	2	17,2

Quelle: Zuwandererstichprobe des SOEP 1995; Dt. Bundestag

Angehörige der jüngeren Aussiedlergeneration aus Polen und der ehemaligen Sowjetunion haben sich sprachlich stark an die polnische bzw. russische Sprache und Kultur assimiliert. Viele der Jüngeren leben mit einem nicht-deutschsprachigen Ehepartner oder stammen selbst aus einer gemischtethnischen Ehe, während die ältere Generation die Sprache ihrer Vorfahren meist noch besser beherrscht. Bei vielen wirkt bis heute das Verbot des Deutschunterrichts in der Sowjetunion (zwischen 1941 und 1955) und in Polen (1945 bis in die 80er Jahre) nach.

Unter den neu einwandernden Aussiedlern sank bis 1996/97 der Anteil der Migranten mit guten Deutschkenntnissen, weil nun der überwiegende Teil aus Nachfolgestaaten der Sowjetunion kommt. Und selbst jene, die die Sprache gut beherrschten, fielen und fallen bisweilen wegen ihres altertümlichen Wortschatzes oder ihrer unterschiedlichen Aussprache auf. Daher nahmen Mitte der 90er Jahre gut 90% der Aussiedler aus der früheren Sowjetunion an Sprachkursen in Deutschland teil. Unklar ist, ob die als Zugangsbeschränkung fungierenden Sprachtests dazu führen, daß nun tatsächlich Personen mit besserer Beherrschung der deutschen Sprache einwandern.

---

[35] Die genannten Prozentwerte könnten überhöht sein. Die Befragung der Zuwandererstichprobe des SOEP wird nur auf Deutsch durchgeführt. Es ist daher wahrscheinlich, daß die Personen ohne Deutschkenntnisse in dieser Stichprobe unterrepräsentiert sind.

Tabelle 31: Sprachkenntnisse von Aussiedlern nach Herkunftsländern: Selbsteinschätzung der Kenntnisse des Deutschen in Wort und Schrift, 1995, in %

	Rumänien	Polen	ehem. UdSSR	Alle
Verbale Kompetenz				
Sehr gut	46	7	6	12
Gut	46	39	51	46
Es geht	4	45	38	36
Eher schlecht	4	9	5	6
Gar nicht	0	0	0	0
Schriftliche Kompetenz				
Sehr gut	38	7	5	10
Gut	42	21	29	28
Es geht	12	42	50	42
Eher schlecht	8	23	16	17
Gar nicht	0	7	0	3

Quelle: Zuwandererstichprobe des SOEP 1995; Büchel, Wagner 1996

Die deutschen Minderheiten außerhalb Deutschlands bewahrten eine traditionelle deutsche Kultur, die Modernisierungsprozessen weniger stark ausgesetzt war als in Deutschland selbst. Dies führte und führt unter potentiellen Einwanderern zu Fehlvorstellungen über das heutige Deutschland. Das „kulturelle Gepäck" von Traditionen, Bräuchen, Mentalitäten und Wertvorstellungen gerät nicht selten mit der aktuellen deutschen Wirklichkeit in Konflikt (Röh 1982). Am häufigsten äußert sich dies in persönlicher Distanz zu einer weitgehend säkularisierten Gesellschaft und in der Ablehnung einer als zu amerikanisiert empfundenen (west)deutschen Massenkultur.[36] Der Durchschnitt der Aussiedler ist religiöser als die Westdeutschen und neigt stärker zu traditionellen sozialen und familiären Werten (Beer 1991). Hinzu kommt: Unter den Rußlanddeutschen gehören ca. 10% zu kleinen, streng protestantischen Glaubensgemeinschaften (Baptisten, Pfingstler und Mennoniten), die bislang in Deutschland kaum

---

[36] Vgl. dazu den Leserbrief an die Siebenbürgische Zeitung vom 31. Juli 1983, in dem der Verfasser sich über die kalte, materialistische westdeutsche Gesellschaft beklagt, die aus egoistischen, seelenlosen Individuen bestehe.

147

vertreten waren (Institut für Deutschland- und Osteuropaforschung 1992).[37]

Die Einwanderung in die Bundesrepublik wird somit von vielen als Übertritt in eine moderne oder gar postmoderne Kultur und Gesellschaft erfahren. Als Antwort auf diese Herausforderung entstehen eigenständige kulturelle Gruppen entlang landsmannschaftlicher Interessen. Kulturelles Leben und Kulturpolitik innerhalb der Landsmannschaften und ihrer Untergliederungen sowie eine eigenständige landsmannschaftliche Presse spielen dabei – zumindest für die erste Generation der Einwanderer – eine Schlüsselrolle. Im allgemeinen wird die eigenständige Kultur aber nicht auf Dauer bewahrt, sondern geht nach und nach in der bundesdeutschen auf (Tolksdorf 1990: 122).

Auch die Migration von Aussiedlern muß als eine Wanderung zwischen zwei verschiedenen Kulturen angesehen werden. Das von Aussiedlern und ihren Fürsprechern in Deutschland immer wieder betonte „Deutschtum" der auswandernden deutschen Minderheiten macht deren Eingliederung nicht unbedingt leichter als die anderer Einwanderer.

---

[37] Im 16. und 17. Jahrhundert wurden in Deutschland, den Niederlanden und der Schweiz dissidente protestantische Glaubensgemeinschaften erst unterdrückt, dann verboten und schließlich verfolgt. Dies führte zur Auswanderung von Mitgliedern dieser Gruppen nach Nordamerika, ins zaristische Rußland und im 18. Jahrhundert vereinzelt auch nach Siebenbürgen (Brandes 1992: 101-107).

8 Das zukünftige Wachstum der ausländischen Bevölkerung

8.1 Die 90er Jahre: eine neue Phase der Zuwanderung nach Deutschland

Zwischen 1988 und 1993 überschritt das Niveau der Zuwanderungen aus dem Ausland die Spitzenwerte der Jahre 1969/70. In jenen sechs Jahren kamen in Summe 7,3 Mio. Personen als Aussiedler, Asylbewerber und regulär zugewanderte Ausländer nach Deutschland (Jahresdurchschnitt: 1,2 Mio.). Im gleichen Zeitraum verließen 3,6 Mio. Personen das Land (Jahresdurchschnitt: 0,6 Mio.). Dies bedeutete einen positiven Wanderungssaldo von 3,7 Mio. Personen (1988-1993) gegenüber dem Ausland. Zu diesem Saldo trugen Asylbewerber, Bürgerkriegsflüchtlinge, neue Arbeitsmigranten und nachziehende Familienangehörige mit einer Netto-Zuwanderung von 2,3 Mio. (Jahresschnitt 1988-1993: 382.000) und volksdeutsche Aussiedler mit einer Zuwanderung von 1,4 Mio. (Jahresschnitt: 229.000) bei. Immigration dieser Dimension gab es in diesem Zeitraum nur in die USA, also in ein klassisches Einwanderungsland. Allerdings ist die Bevölkerung der USA mehr als dreimal so groß ist wie die Deutschlands.

Was von manchen als Beginn einer neuen Völkerwanderung interpretiert wurde, war offenbar nur eine Übergangsperiode. Im Vergleich zu den Jahren 1988-92/93 war die Zuwanderung nach Deutschland 1993 wieder rückläufig. Dieser Rückgang relativierte die vielfach geäußerten massiven Befürchtungen. Tatsächlich wurde der Zuzug von Aussiedlern bereits 1991 quantitativ begrenzt. Mitte 1993 trat ein restriktiveres Asylrecht in Kraft. In jüngerer Zeit ging auch die reguläre Zuwanderung von Ausländern und Aussiedlern zurück, die Abwanderung von Ausländern nahm hingegen zu.

Während die Zuzüge von Ausländern (inklusive Asylbewerbern) von 1,2 Mio. (1992) auf 987.000 (1993) sanken, stiegen die Fortzüge noch etwas an: von 615.000 (1992) auf 710.000 (1993). In den beiden darauffolgenden Jahren lag die Zahl der Zuzüge von Ausländern (1994: 774.000 Personen; 1995: 793.000 Personen) weiter unter dem Niveau der frühen 90er Jahre; die Zahl der Fortzüge sank demgegenüber deutlich langsamer (1994: 621.000 Personen; 1995: 567.000 Personen). Der Wanderungssaldo der Ausländer erreichte wieder Werte wie in der zweiten Hälfte der 80er Jahre (1994: +153.000, 1995: +225.000).

Zu einer Trendwende kam es in den Jahren 1997 und 1998. Erstmals seit Mitte der 80er Jahre gab es mehr Fortzüge von Ausländern (1997: 637.000, 1998: 639.000) als Zuzüge (1997: 615 000, 1998: 606.000). Der Wanderungssaldo für Ausländer war negativ (1997: -22.000, 1998: -33.000). Eine wichtige Ursache war die forcierte Rückführung von Kriegsvertriebenen nach Bosnien.

Die bisherigen Erfahrungen mit den restriktiveren Regelungen für Asylbewerber und Aussiedler deuten darauf hin, daß der Rückgang der Nettozuwanderung nach Deutschland keine kurzfristige Erscheinung ist. Diese Regelungen leiteten 1993 eine neue Phase der Zuwanderung nach Deutschland ein, die Ende der 90er Jahre sogar zu negativen Wanderungssalden für Ausländer führte. Dennoch ist es ebensowenig gerechtfertigt, dieses niedrige Zuwanderungsniveau zu extrapolieren, wie eine Fortschreibung des hohen Migrationsniveaus der früher 90er Jahre gerechtfertigt gewesen wäre.

8.2 Perspektiven zukünftiger Zuwanderungen

Seit 1961 stieg die Zahl der in Deutschland lebenden Ausländer von 686.000 auf mehr als 7,3 Mio. (Ende 1998). Dies war eine Verzehnfachung innerhalb von 35 Jahren. In den kommenden Jahrzehnten wird die Zahl der Ausländer nicht im selben Tempo zunehmen. Wie viele Ausländer in 20 oder 30 Jahren in Deutschland leben werden, läßt sich nicht präzise vorhersagen. Aus der Analyse vergangener Zuwanderungsströme lassen sich allerdings Trends bestimmen, die mit gewisser Wahrscheinlichkeit weiterlaufen werden. Bevölkerungsprojektionen können somit aufzeigen, wie sich eine Fortsetzung dieser Trends auf die Größe und Struktur der ausländischen Bevölkerung sowie der Wohnbevölkerung insgesamt auswirken würde. Damit lassen sich Ober- und Untergrenzen der zukünftigen Entwicklung abstecken.

Das weitere Wachstum der ausländischen Bevölkerung wird vor allem durch Zuwanderungen und den Geburtenüberschuß bestimmt. Daneben hat aber auch die zukünftige Höhe der jährlichen Einbürgerungen einen wichtigen Einfluß. Wir haben für unsere Projektionen drei Szenarien berechnet, die durch unterschiedliche Wanderungsannahmen bestimmt werden. Ein Referenzszenario macht deutlich, wie sich Zahl und Anteil der Ausländer bis 2030 entwickelt hätten, wenn es 1999 nicht zu einer Reform des Staatsangehörigkeitsrechts gekommen wäre.

Zukünftige Zuwanderungen nach Deutschland sind von diversen Faktoren abhängig, die ein Zuwanderungspotential entstehen lassen. Einer der wichtigsten Faktoren ist das wirtschaftliche Gefälle zwischen den potentiellen Herkunftsländern und dem Zielland Deutschland. Von erheblichem Einfluß sind aber auch politische Krisen, ethnische Unterdrückung sowie Krieg oder Bürgerkrieg im jeweiligen Herkunftsland. In solchen Fällen sind nicht-ökonomische Wanderungsmotive ausschlaggebend. Dies gilt in ähnlicher Weise für dramatische ökologische Veränderungen, die als Wanderungsursache zukünftig noch an Bedeutung gewinnen werden. Derzeit und auch zukünftig quantitativ wichtig ist schließlich der Familiennachzug.

Bereits eine simple Auflistung der wichtigsten Wanderungsursachen zeigt, daß das Migrationspotential größer ist als die tatsächliche Migration. In welchem Umfang sich das Zuwanderungspotential realisiert, hängt nicht zuletzt von der Steuerungsfähigkeit der deutschen Institutionen und von rechtlichen Regelungen ab, die Zuwanderung gestatten oder begrenzen.

Die Untersuchung vergangener Wanderungsbewegungen und der sie bestimmenden rechtlichen Regelungen liefert wichtige Anhaltspunkte für die Abschätzung zukünftiger Wanderungssteigerungen.

Dabei ist es sinnvoll, Hauptkomponenten der Zuwanderung nach Typus und Herkunftsregion getrennt zu analysieren:

Eine erste Gruppe von Herkunftsländern bilden die anderen EU-Mitgliedsstaaten. Für deren Bürger bestehen kaum noch rechtliche Beschränkungen der Zuwanderung nach Deutschland.

Die Türkei (zweite Gruppe) verfügt als wichtiges Herkunftsland angeworbener Arbeitskräfte seit den späten 60er Jahren über eine Tradition der Zuwanderung nach Deutschland. Die große Zahl der in Deutschland lebenden Türken begründet eine Vielzahl verwandtschaftlicher Beziehungen, sozialer und ethnischer Netzwerke zum Herkunftsland. Dies erleichtert weitere Zuwanderungen. Gleichzeitig wirken politische Konflikte, ethnische Repression und gewaltsame Auseinandersetzungen in der Türkei als nicht-ökonomische Wanderungsursachen.

Auch für etliche Nachfolgestaaten Jugoslawiens (dritte Gruppe) gelten in abgewandelter Form die für die Türkei benannten Gründe. Die große Zahl der in Deutschland lebenden Bürger dieser Länder und die zahlreichen spezifischen Abwanderungsursachen erfordern es, die Zuwanderer aus diesen Staaten als eine separate Gruppe zu behandeln.

Neben den bisher genannten Herkunftsländern und Wanderungsströmen bleibt schließlich eine Restkategorie der Zuwanderung von Ausländern (vierte Gruppe) aus dem übrigen Teil der Welt.

Nicht für die Zahl der Ausländer, aber für den Wanderungssaldo und die Größe der Gesamtbevölkerung wichtig ist schließlich die Zuwanderung deutschstämmiger Aussiedler sowie die Zu- und Abwanderung deutscher Staatsbürger (fünfte Gruppe).

Durchgängig werden im folgenden Abschnitt für jede der fünf Gruppen jeweils drei Szenarien der weiteren Zuwanderung nach Deutschland bestimmt und durchschnittliche jährliche Wanderungssalden bis zum Jahr 2030 festgelegt. Dabei gibt das mittlere Szenario die aus heutiger Sicht wahrscheinlichste Variante an. Das obere und das untere Szenario orientieren sich an plausiblen Ober- und Untergrenzen zukünftiger Zu- und Abwanderungen.

Zuwanderungen aus anderen damaligen oder heutigen *EU-Staaten* (erste Gruppe) machten in der ersten Phase der Anwerbung von Gastarbeitern bis 1966 zwei Drittel aller Zuwanderungen in die Bundesrepublik aus. Im Durchschnitt kamen aus diesen Ländern damals jährlich fast 135.000 Personen nach Deutschland: in erster Linie Italiener, Spanier, Österreicher und Griechen, in geringerem Umfang auch Portugiesen.

Tabelle 32: Wanderung von Bürgern aus anderen EU-Staaten (EU-15 ohne Deutschland) von und nach Deutschland, 1960-97

Periode	Saldo	Ø pro Jahr
	in 1.000 Personen	
1960-65	925,1	154,2
1966-67	-157,8	-78,9
1968-73	736,1	122,7
1974-77	-357,0	-89,3
1978-80	20,0	6,7
1981-85	-202,9	-40,6
1986-91	183,2	30,5
1992-97	142,6	23,8
1960-97	1.289,4	33,9

Errechnet nach Daten des Statistischen Bundesamtes.

Ausländer aus den genannten Ländern (EU-15 ohne Deutschland) reagierten auf konjunkturelle Einbrüche in Deutschland mit rückläufiger Zuwanderung und einem Anstieg der Rückwanderungen. Das Ergebnis waren negative Wanderungssalden. Dies hatte vor allem damit zu tun, daß die Aufenthaltserlaubnis damals nur für die Dauer der Beschäftigung erteilt wurde. Das wurde erstmals in der Rezession von 1966/67 wirksam. Der Außenwanderungssaldo gegenüber Süd- und Westeuropa betrug 1967 -173.000 Personen. Auch während der Rezession von 1974-76 kehrten diese Ausländer aus Deutschland verstärkt in ihre Herkunftsländer zurück. In den Jahren 1974-77 wanderten im Schnitt pro Jahr 89.000 mehr Bürger der (heutigen) EU-Staaten aus Deutschland ab, als aus diesen Ländern zuwanderten. Insgesamt betrug der Wanderungssaldo gegenüber Süd- und Westeuropa -357.000 Personen (1974-77; vgl. Abbildung 29, Tabelle 32).

Ähnliches ließ sich in der Rezession von 1981/82 beobachten (Saldo 1981-85 für EU-Bürger: -203.000).

Abbildung 29: Wanderungen von Bürgern anderer EU-Staaten (EU-15 ohne Deutschland) von und nach Deutschland, 1960-97

in 1.000

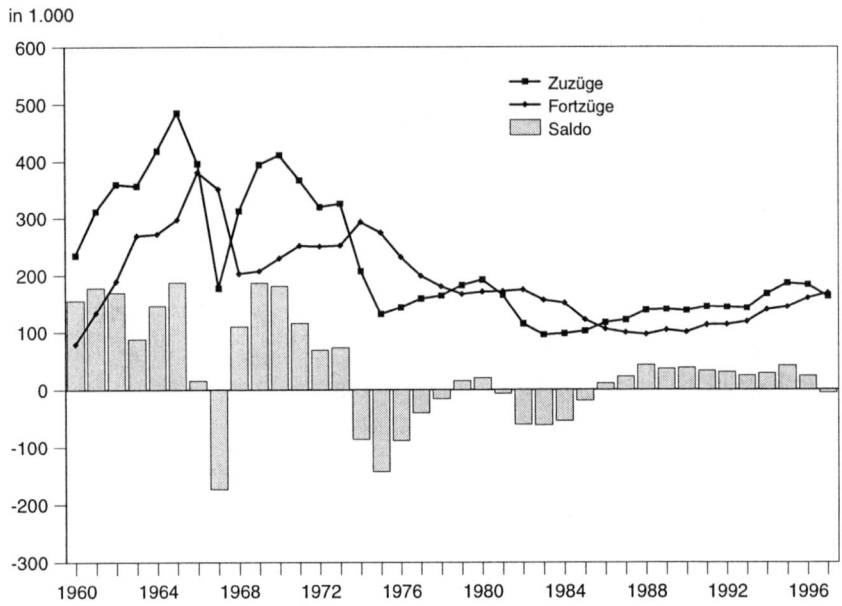

Daten: Statistisches Bundesamt

In den Jahren 1978-80 und seit 1986 hatte Deutschland eine positive Wanderungsbilanz mit den übrigen EU-Mitgliedsländern. Allerdings glichen diese Wanderungsgewinne die Wanderungsverluste der beiden Rezessionen nicht aus. Seit Mitte der 80er Jahre schwankten die jährlichen Wanderungssalden zwischen +20.000 und +30.000 pro Jahr. In diesem Zeitraum gibt es sowohl Beispiele einer inzwischen fast völlig ausgeglichenen Wanderungsbilanz (Italien, Spanien) als auch Beispiele eines leichten Wiederanstiegs der Netto-Zuwanderung (Griechenland, Portugal).

Die Zuwanderung aus der EU und anderen EWR-Ländern[38] ist heute kaum noch durch rechtliche Hindernisse begrenzt. Die Angleichung der Lebensverhältnisse in den Mitgliedsländern der EU hat die Konstellation von Wanderungsursachen, die in den 60er und frühen 70er Jahren wirksam waren, tiefgreifend verändert. Von deutlichen Wanderungsgewinnen gegenüber Süd- und Westeuropa können wir daher zukünftig nicht mehr ausgehen. Stattdessen ist anzunehmen, daß es auch Perioden mit Wanderungsverlusten geben wird, z.B. während zukünftiger Rezessionen und durch die Rückkehr ehemaliger „Gastarbeiter" im Rentenalter.

Das wahrscheinlichste Niveau zukünftiger Netto-Zuwanderung von Ausländern aus EU-Staaten liegt demnach noch unter den in den 90er Jahren erreichten Werten: bei etwa +10.000 Personen im Jahr. Ein niedriges Szenario unterstellt eine Verringerung der Attraktivität Deutschlands als Zielland von Wanderungen, etwa durch ein weiteres Absinken der Nachfrage nach Arbeitskräften oder eine anhaltende Rezession. Alternativ oder ergänzend könnten sich auch die wirtschaftlichen Bedingungen in den anderen EU-Ländern gegenüber Deutschland verbessern und Abwanderungsursachen damit weiter an Gewicht verlieren. Unter diesen Bedingungen wäre eine im längerfristigen Durchschnitt ausgeglichene Wanderungsbilanz vorstellbar (±0). Ein hohes Szenario der Wanderungsannahmen geht von einer umgekehrten Konstellation aus: Deutschland bliebe für Bürger anderer heutiger EU-Staaten tendenziell ein ähnlich attraktives Wanderungsziel wie in den 90er Jahren. Als plausibel erscheint uns für diesen Fall die Annahme eines durchschnittlichen jährlichen Wanderungsgewinns von 30.000 Personen.

Zuwanderung aus der *Türkei* (zweite Gruppe) spielte in der ersten Anwerbephase bis 1965 kaum eine Rolle. Die türkische Bevölkerung in Deutschland stieg in dieser Zeit durch Zuwanderung nur um 156.000 Personen an.

In der zweiten Anwerbephase von 1968-73 wurden türkische Staatsbürger (ethnische Türken und Kurden) durch die Netto-Zuwanderung von weiteren 704.000 Personen zur größten Gruppe von Aus-

---

ländern in Deutschland. 1974 lebten bereits über eine Million türkische Staatsbürger in Deutschland.

Der Anwerbestopp und die Rezession von 1976 reduzierten die Zuwanderung aus der Türkei nur kurzfristig. In den Jahren 1975 bis 1976 überstieg die Zahl der Fortzüge jene der Zuzüge um 74.000 Personen, 1977 war der Wanderungssaldo ausgeglichen.

Bereits in den folgenden drei Jahren (1978-80) hatte Deutschland gegenüber der Türkei einen Wanderungsüberschuß von insgesamt 290.000 Personen. Einen wesentlichen Anteil daran hatte der Nachzug von Familienangehörigen. Seit Anfang der 80er Jahre spielt jedoch auch der Zuzug von Asylsuchenden eine Rolle. Nach dem Militärputsch des Jahres 1980 kamen fast 58.000 türkische Asylbewerber nach Deutschland. In den folgenden Jahren ging die Zahl türkischer Asylbewerber vorübergehend zurück. Doch Ende der 80er Jahre und in der ersten Hälfte der 90er Jahre stellten im Durchschnitt jedes Jahr rund 20.000 Türken einen Asylantrag in Deutschland.

Tabelle 33: Wanderung von Bürgern der Türkei von und nach Deutschland, 1960-97

Periode	Saldo	Ø pro Jahr
	in 1.000 Personen	
1960-65	155,9	26,0
1966-67	-0,7	-0,3
1968-73	704,3	117,4
1974-77	-23,6	-5,9
1978-80	290,2	96,7
1981-85	-296,1	-59,2
1986-91	211,5	35,3
1992-97	159,5	26,6
1960-97	1.201,2	31,6

Errechnet nach Daten des Statistischen Bundesamtes.

Der Trend einer Netto-Zuwanderung setzte sich in den 80er Jahren nicht ungebrochen fort. In Folge der Rezession Anfang der 80er Jahre hatten die Türken von 1981 bis 1985 eine mehr als zehnmal so hohe Netto-Abwanderung (–296.000 Personen) wie in der Rezession 1974-76. Dabei dürften auch die 1983 und 1984 gezahlten Rückkehrprämien eine Rolle gespielt haben.

Ab 1986 gab es eine moderate Netto-Zuwanderung von durchschnittlich 30.000 Personen pro Jahr. Dieser Wanderungsgewinn reduzierte sich jedoch Mitte der 90er Jahre. Die Periodisierung der türkischen Zuwanderungen seit 1960 ermöglicht eine Einordnung dieser Werte.

Abbildung 30: Wanderung von Bürgern der Türkei von und nach Deutschland, 1960-97

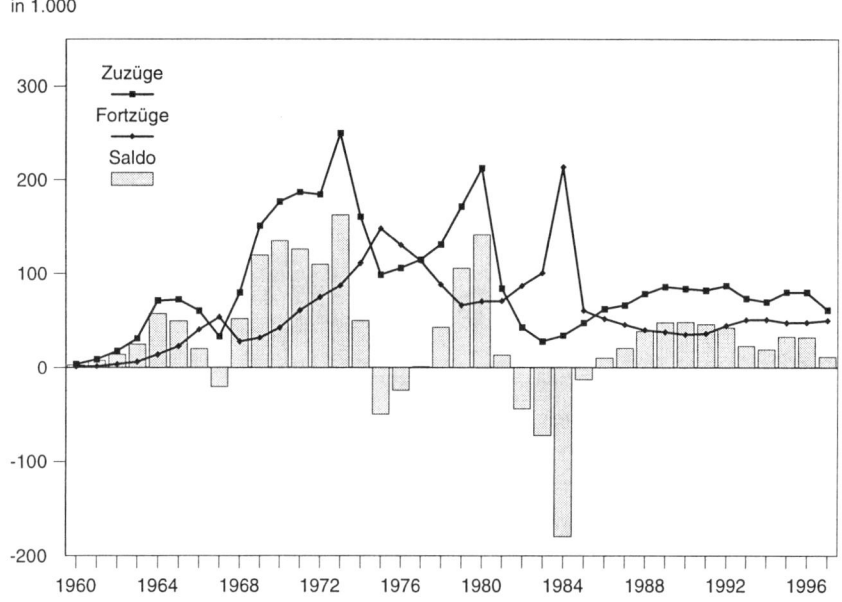

Daten: Statistisches Bundesamt

Der durchschnittliche Wanderungsgewinn in der Periode nach der Rezession 1981/82 entspricht dem langfristigen Durchschnitt seit 1960. Der wirtschaftliche Abstand Deutschlands zur Türkei ist beträchtlich größer als jener zu den schwächer entwickelten EU-Staaten. Der offene Konflikt um die Forderung nach kultureller Autonomie für 10-12 Mio. Kurden, das harte Vorgehen des türkischen Mili-

157

tärs gegen die PKK und der Justiz gegen gewählte kurdische Politiker und gegen die kurdische Zivilbevölkerung in Südostanatolien werden auf absehbare Zeit nicht-ökonomische Wanderungsursachen bilden. Ähnliches gilt für wachsende Konflikte zwischen Islamisten und Laizisten. Deshalb gehen wir für das mittlere Szenario von einer Fortsetzung der Netto-Zuwanderung auf einem Niveau von +30.000 Personen pro Jahr für die ersten Jahrzehnte des 21. Jahrhunderts aus.

Tabelle 34: Wanderung von Bürgern (Ex-)Jugoslawiens von und nach Deutschland, 1960-97

Periode	Saldo	Ø pro Jahr
	in 1.000 Personen	
1960-65	83,8	14,0
1966-67	34,7	17,3
1968-73	528,2	88,0
1974-77	-134,3	-33,6
1978-80	-15,4	-5,1
1981-85	-66,7	-13,3
1986-91	259,6	43,3
1992-97	421,4	70,2
1960-97	1.111,3	29,2

Errechnet nach Daten des Statistischen Bundesamtes.

Auch wenn es in der Türkei zu innenpolitischen Reformen und zu einem Ausgleich mit den Kurden käme, politische Auswanderungsgründe somit an Bedeutung verlieren würden, dürfte es weiterhin zum Nachzug von Familienangehörigen aus der Türkei nach Deutschland sowie zu Eheschließungen mit nachfolgender Familiengründung in Deutschland kommen. Selbst ein niedriges Szenario der Zuwanderung aus der Türkei ist kaum unter +10.000 Personen pro Jahr anzusetzen. Demgegenüber wären bei einer Eskalation des Konfliktes zwischen türkischer Armee und kurdischer Zivilbevölkerung, bei einer Radikalisierung der Islamisten oder bei einem neuerlichen Militärputsch größere Zuwanderungen zu erwarten. Diese Migration würde durch bereits bestehende familiäre Bindungen und ethnische

Netzwerke unterstützt. Ein hohes Zuwanderungsszenario muß deshalb von einem durchschnittlichen Wanderungssaldo von +50.000 Personen pro Jahr ausgehen.

Obwohl ein zwischenstaatliches Anwerbeabkommen mit *Jugoslawien* (dritte Gruppe) erst 1968 geschlossen wurde, kam es bereits 1960 bis 1966 zu einem Wanderungsüberschuß von 121.000 Personen (Abbildung 31). In dieser Phase kamen die meisten Zuwanderer als Asylbewerber ins Land und wurden hier als politische Flüchtlinge anerkannt. In der Anwerbephase 1968-73 wurde Jugoslawien nach der Türkei zum zweitwichtigsten Herkunftsland von Arbeitsmigranten. Der westdeutsche Wanderungsgewinn betrug 528.000 Personen. Die Gruppe der jugoslawischen Staatsbürger stellte 1973 mit über 700.000 Personen fast 18% aller Ausländer in Deutschland.

Abbildung 31: Wanderung von Bürgern (Ex-)Jugoslawiens von und nach Deutschland, 1960-97

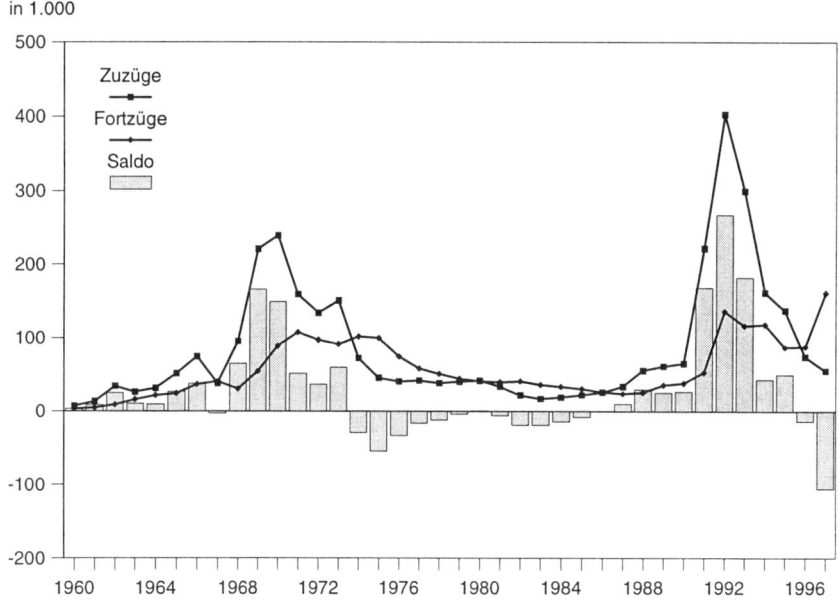

Daten: Statistisches Bundesamt

Schon 1971 hatte sich die Netto-Zuwanderung gegenüber dem Vorjahr halbiert. Der Anwerbestopp von 1973 machte es für noch nicht im Land lebende jugoslawische Arbeitnehmer sehr schwer, Arbeit in Deutschland zu finden. Von 1974 bis 1985 waren die jährlichen Fortzüge stets höher als die Zuzüge. Dies hatte auch mit einer Verbesserung der Lebensverhältnisse in Jugoslawien zu tun, die bis Mitte der 80er Jahre andauerte.

Erst 1987 gab es wieder einen geringen Wanderungsgewinn gegenüber Jugoslawien. Von 1988 bis 1990 wuchs die jugoslawische Bevölkerung in Deutschland durch Zuwanderung im Schnitt um 28.000 Personen pro Jahr.

Mit dem Zerfall Jugoslawiens, den politischen Konflikten, Kriegen und „ethnischen Säuberungen" setzte erneut eine starke Zuwanderung ein. Allein 1991-1993 war die Netto-Zuwanderung aus den Nachfolgestaaten Jugoslawiens mit 588.000 Personen größer als in der Anwerbephase 1968-73. Unter den 1991-93 zugewanderten Personen stellten über 290.000 einen Asylantrag, andere wurden als Bürgerkriegsflüchtlinge aufgenommen. Auf dem Höhepunkt des Krieges in Bosnien-Herzegowina hielten sich schließlich 350.000 Personen als geduldete Kriegsflüchtlinge in Deutschland auf.

Seit 1994 zeichnet sich jedoch ein Rückgang der Zuwanderungen aus Ex-Jugoslawien ab. Ursache dafür war zum einen der Aufnahmestopp für Kriegsflüchtlinge, zum anderen wirkte sich die Visumpflicht für Bürger der BR Jugoslawien (Serbien, Montenegro), Mazedoniens und Bosniens aus.

Zugleich setzte mit der Klärung der Fronten eine Rückwanderung ein: Zwischen 1994 und 1998 kehrten pro Jahr durchschnittlich 100.000 Bürger des ehemaligen Jugoslawien in die Region zurück. Von Bedeutung hierfür waren nicht nur die freiwillige Heimkehr nach dem Abschluß des Dayton-Abkommens, sondern auch die von der Bundesregierung und den Ländern forcierte Rückkehr von Kriegsvertriebenen und geduldeten, aber nicht anerkannten Asylbewerbern, deren Aufenthaltstitel in Deutschland in der Mehrzahl der Fälle nicht verlängert wurde. Auch im Fall des Kosovo bemühte sich die Bundesregierung um eine Rückkehr der in Deutschland als Asylbewerber oder als Kriegsflüchtlinge lebenden Albaner.

Trotz allem bieten vorhandene ethnische und soziale Netzwerke sowie der Familiennachzug eine Basis für weitere Zuwanderungen aus Nachfolgestaaten Jugoslawiens. Als mittlere Wanderungsannahme erscheint für die nächsten Jahrzehnte eine Nettozuwanderung von +30.000 Personen pro Jahr plausibel. Den Rahmen für die anderen Szenario-Annahmen bilden nach unserer Ansicht dieselben Werte wie für die Türkei: +10.000 jährlich als niedrige Variante und +50.000 als hohe Variante.

Nach den Wanderungen mit dem EU-Ausland, der Türkei und den Nachfolgestaaten des ehemaligen Jugoslawien verbleibt eine äußerst heterogene *Restgruppe* (vierte Gruppe) von Wanderungsbewegungen. Sie enthält eine Vielzahl von quantitativ kleineren Wanderungsbewegungen zwischen Deutschland und einigen Staaten – z.B. Polen –, die erst in den letzten Jahren an Bedeutung gewannen.

Polen wurde erst Ende der 80er Jahre zu einem wichtigen Herkunftsland von Zuwanderern nach Deutschland. Abgesehen von volksdeutschen Aussiedlern kamen zwischen 1960 und 1983 insgesamt nur 109.000 Polen auf Dauer nach Deutschland. Seit der Lockerung der Ausreisebedingungen Mitte der 80er Jahre kam es zu einem Anstieg der Zuwanderungen polnischer Staatsbürger (ohne Aussiedler) auf ein Maximum von 118.000 Personen im Jahr 1989. Seitdem sind die Zuwanderungen aus Polen erheblich gesunken. Analoges gilt für die Rückwanderung polnischer Staatsbürger. In der Periode relativ hoher Zuwanderungen 1984-91 lag der durchschnittliche jährliche Wanderungssaldo (ohne Aussiedler) bei +48.000 Personen. Seit 1992 liegt er im Schnitt bei +3.000 Personen, 1993 war er sogar negativ (–27.000).

Nach Aufhebung der in mittel- und osteuropäischen Staaten bestehenden Reisebeschränkungen erlebte Deutschland seit Ende der 80er Jahre verstärkte Zuzüge aus diesen Ländern. Das Beispiel Polen belegt, daß diese Migrationsbewegungen jedoch zu einem wesentlichen Teil nur zu einem relativ kurzen Aufenthalt in Deutschland führten (vor allem Saisonarbeiter, Kontraktarbeiter).

Die Analyse von Wanderungen der hier gebildeten Restkategorie im Vergleich zum gesamten Wanderungssaldo Deutschlands zeigt, daß diese Wanderungen bis Ende der 80er Jahre nur eine untergeordnete Rolle spielen. Danach erhöhten die Zuwanderungen aus Mittel- und Osteuropa das Gewicht dieser Gruppe. Der negative Wanderungssaldo dieser Gruppe im Jahre 1993 erklärt sich vor allem durch die Fortzüge von Asylbewerbern.

Tabelle 35: Zusammenfassung der Wanderungsannahmen bis 2030

		niedriges	mittleres Szenario	hohes
		in 1.000 Personen pro Jahr,		
Saldo EU-Staaten (ab 2010)		0	10	30
Saldo Türkei (ab 2010)		10	30	50
Saldo Ex-Jugoslawien (ab 2010)		10	30	60
Saldo restl. Außenwanderung (ab 2010)		50	100	160
Wanderungssaldo Ausländer, ges.		*70*	*170*	*300*
Aussiedler	bis 2010	10	60	100
	nach 2015	0	20	20
Wanderungssaldo, ges.	2010	80	230	400
	nach 2015	70	190	320

Insgesamt trugen die hier zusammengefaßten „übrigen" Wanderungen im Zeitraum 1960-97 mehr als ein Drittel zum Wanderungssaldo der Bundesrepublik Deutschland bei. Der durchschnittliche jährliche Wanderungssaldo dieser Residualgröße lag für diese gesamte Periode bei +61.000 Personen pro Jahr. Für die Zeit seit 1986 lag er bei +118.000 Personen. In diese Zeit fallen aber besondere Ereignisse, wie die Öffnung der Grenzen zu Ostmitteleuropa und die hohen Asylbewerberzahlen Anfang der 90er Jahre. Als mittleres Szenario für diese Gruppe wurden deshalb +100.000 Personen pro Jahr ab 2010 angenommen. Es ist auch im niedrigen Szenario kaum vorstellbar, daß pro Jahr weniger als 50.000 Personen dieser Kategorie nach Deutschland kommen. Das obere Szenario rechnet mit einem Wanderungssaldo von +160.000 Personen pro Jahr ab 2010. Zweifellos stecken in den Wanderungsannahmen für diese Gruppe vergleichsweise die größten Unsicherheiten.

Eine Addition der hier entwickelten Annahmen für die fünf analysierten Wanderungsströme ergibt einen angenommenen jährlichen Wanderungssaldo für Ausländer insgesamt.

8.3 Drei Szenarien der Entwicklung bis 2030

Die Zusammenfassung der jeweils getrennt analysierten Wanderungsbewegungen führt zu folgenden drei Szenarien zukünftiger Zuwanderung nach Deutschland:

*   Das *mittlere*, unserer Meinung nach wahrscheinlichste Szenario nimmt eine jährliche Nettozuwanderung von 170.000 Ausländern für die Zeit nach 2010 an.
*   Ein *niedriges Szenario* rechnet mit einem Überschuß von 70.000 zuwandernden Ausländern pro Jahr nach 2010.
*   Ein *hohes Szenario* geht nach 2010 von einer jährlichen Netto-Zuwanderung von 300.000 Ausländern aus.

Für die Periode 1999 bis 2010 werden die Werte schrittweise vom derzeitigen Niveau auf das in den Szenarien angenommene Wanderungsniveau angehoben.

Ein Vergleich der aggregierten Wanderungsannahmen mit den Entwicklungen der letzten Jahrzehnte (vgl. Tabelle 36) ermöglicht eine Einordnung der getroffenen Annahmen. Der von uns als wahrscheinlichste Entwicklung unterstellte Verlauf (*mittleres Szenario*) übersteigt den Gesamtdurchschnitt der letzten 35 Jahre leicht, er liegt jedoch deutlich unter der Werten der Periode 1986-1997. Dies ergibt sich aus dem unterstellten Ausbleiben großer Zuströme aus Ostmittel- und Osteuropa (inklusive GUS-Staaten) und durch die Annahme weiterhin niedriger Asylbewerberzahlen auf dem Niveau der Jahre 1994-98. Es wurde in diesem Szenario davon ausgegangen, daß die Entwicklung im Kosovo, im Kaukasus und in anderen Konfliktregionen auch zukünftig nicht zu ähnlich hohen Flüchtlingsströmen nach Deutschland führen wird, wie die Ereignisse in Kroatien (1992) und in Bosnien-Herzegowina (1992-94). Mit weiteren größeren Wanderungsströmen im Gefolge von militärischen Auseinandersetzungen oder Bürgerkriegen wurde in diesem Szenario ebenfalls nicht gerechnet.

Deutlich unter den Werten der späten 80er und frühen 90er Jahre liegen die Annahmen für das *niedrige Szenario*. Es geht von netto +70.000 ausländischen Zuwanderern pro Jahr aus und bewegt sich damit in der Größenordnung des westdeutschen Wanderungssaldos zwischen Mitte der 70er Jahre und Mitte der 80er Jahre. In dieser Periode war sowohl eine Phase der Netto-Zuwanderung als auch – bedingt durch die Rezession Anfang der 80er Jahre – eine Phase mit Netto-Wanderungsverlusten enthalten.

Tabelle 36: Wanderungen von Ausländern von und nach Deutschland, 1960-98

Periode	Saldo	ø pro Jahr
	in 1.000 Personen	
1960-65	1.375,1	229,2
1966-67	-100,3	-100,3
1968-73	2.324,9	387,5
1974-77	-432,3	-108,1
1978-80	475,1	158,4
1981-85	-360,0	-72,0
1986-91	1.679,6	297,9
1992-98	1.492,7	248,8
1960-98	6.420,8	164,6
ab 2010		
niedriges Szenario		70
mittleres Szenario		170
hohes Szenario		300

Errechnet nach Daten des Statistischen Bundesamtes.

Folgende Überlegung ist dabei ausschlaggebend: Durch die Herkunft und Größe der heute bereits in Deutschland lebenden ausländischen Bevölkerung und die bestehenden ethnischen und familiären Netzwerke kann ein bestimmtes Niveau des weiteren Zuzugs von Familienangehörigen nicht unterschritten werden. Auch eine Abschwächung der Attraktivität Deutschlands als Wanderungsziel durch eine geringe oder völlig ausbleibende Arbeitskräftenachfrage und eine restriktivere Handhabung aller Zuwanderungsbestimmungen, würde die jährliche Netto-Zuwanderung von Ausländern kaum unter 70.000 Personen reduzieren können. Demgegenüber liegt das hohe Szenario mit einer Netto-Zuwanderung von 300.000 Ausländern pro Jahr nahe am Durchschnitt der Jahre 1986-1991. Allerdings liegt auch das hohe Szenario unter dem Niveau der Netto-Zuwanderungen, die während der zweiten Anwerbephase (1968-73) in Westdeutschland kurzzeitig erreicht wurden. Die öffentliche Wahrnehmung und Bewertung von Zuwanderung durch die deutsche Öffentlichkeit werden die Anstrengungen des politischen Systems zur Kontrolle von Migration auch in Zukunft beeinflussen. Dabei ist anzunehmen, daß dies nicht nur die Zuwanderung von Ausländern trifft, sondern ebenso den Zuzug von Spätaussiedlern. Deshalb war es für die Projektion der deutschen Bevölkerung notwendig, auch Annahmen über den weiteren Aussiedlerzuzug und über die Migration von deutschen Staatsbürgern zu treffen.

Für das *mittlere Szenario* wurde eine Zuwanderung unter dem Niveau der späten 90er Jahre (1998: 103.000 Aussiedler) angenommen. Bis 2010 rechnet das mittlere Szenario mit einem linearen Absinken auf 60.000 Aussiedler pro Jahr. Danach nehmen wir bis zum Jahr 2015 eine weitere lineare Verringerung auf 20.000 Personen jährlich und eine Stabilisierung auf diesem niedrigen Niveau an.

Für das *niedrige Zuwanderungsszenario* wurde bereits für die ersten Jahre des 21. Jahrhunderts eine Begrenzung des Aussiedlerzuzugs auf jährlich 10.000 Personen angenommen. Ab 2010 gäbe es in diesem Szenario keine weiteren Zuwanderungen von Aussiedlern.

Im *hohen Szenario* würde die öffentliche Akzeptanz für Zuwanderung in Deutschland vorhanden sein, wovon auch die Aussiedler in größerer Zahl profitieren würden (100.000 pro Jahr bis 2010, 20.000 ab 2015).

In den Wanderungssaldo der deutschen Bevölkerung geht eine nicht unbeträchtliche Zahl deutscher Auswanderer mit ein. Zieht man den Zuzug von Spätaussiedlern vom internationalen Wanderungssaldo der Deutschen ab, bleibt nur noch ein kleiner Wanderungsgewinn. Unsere Projektion geht von einem jährlichen Wanderungsverlust von 30.000 deutschen Staatsbürgern (ohne Aussiedler) aus.

Von Einfluß auf die Relation von Inländern und Ausländern in Deutschland sind nicht nur der Aussiedlerzuzug und die Abwanderung von Bundesbürgern ins Ausland, sondern sehr wesentlich auch die Zahl der Einbürgerungen von Ausländern. Zwar ändert sie nichts an der Größe der in Deutschland lebenden Bevölkerung, sehr wohl aber an der Relation von Ausländern und Deutschen. In den mittleren und späten 90er Jahren wurden jährlich 1,0 bis 1,2% der ausländischen Bevölkerung in Deutschland eingebürgert, jährlich etwa 80.000 Personen. Wir nehmen in allen drei Szenarien an, daß auch in den nächsten 30 Jahren im Durchschnitt 1,2% der ausländischen Bevölkerung eingebürgert werden.

Darüber hinaus haben wir die Wirkung des mit 1. Januar 2000 geltenden reformierten Staatsangehörigkeitsrechts modelliert. Danach erhalten in Deutschland geborene Kinder ausländischer Eltern unter bestimmten Bedingungen die deutsche Staatsangehörigkeit (Prinzip des *ius soli*). Gesetzliche Voraussetzung für den Erwerb der deutschen Staatsangehörigkeit nach *ius soli* ist, daß mindestens ein Elternteil seit acht Jahren rechtmäßig seinen gewöhnlichen Aufenthalt im Inland hat und eine Aufenthaltsberechtigung oder seit mindestens drei Jahren eine unbefristete Aufenthaltserlaubnis besitzt. Nach der neuen Regelung müssen sich diese Kinder ausländischer Eltern später aktiv für die deutsche Staatsbürgerschaft entscheiden und dabei zwischen dem 18. und 23. Lebensjahr eine eventuell noch bestehende zweite Staatsangehörigkeit aufgeben.

Für die vor Inkrafttreten des Reformgesetzes geborenen Kinder der Jahrgänge 1990-1999, bei denen die Voraussetzungen des *ius soli* bei der Geburt vorgelegen hätten, wurde eine „Altfallregelung" geschaffen. Sie können auf Antrag der Eltern deutsche Staatsbürger werden, müssen aber bei Volljährigkeit ebenfalls zwischen der deutschen und der ausländischen Staatsangehörigkeit wählen.

Die Bedingungen, die das neue Staatsangehörigkeitsrecht für die Anwendung des *ius soli* setzt, engen den Kreis der Betroffenen erheblich ein. Ende 1997 gab es 4,1 Mio. Ausländerinnen und Ausländer, die schon mindestens acht Jahre in Deutschland lebten und damit die erste Bedingung erfüllten. Nur 3,4 Mio. Ausländerinnen und Ausländer in Deutschland hatten zum selben Zeitpunkt jedoch eine Aufenthaltsberechtigung oder eine unbefristete Aufenthaltserlaubnis – knapp 47% der ausländischen Bevölkerung. Da mit dem verfestigten Aufenthaltsstatus ab 2000 Vorteile für die eigenen Kinder verbunden sind, werden wahrscheinlich mehr (potentielle) Eltern eine Statusverbesserung beantragen.

Erst in einigen Jahren wird man wissen, wie viele neugeborene Kinder ausländischer Eltern das *ius soli* tatsächlich in Anspruch nehmen können. Einerseits leben zwar die meisten, aber nicht alle

Eltern, die einen unbefristeten Aufenthaltstitel haben, seit mindestens acht Jahren in Deutschland. Andererseits fordert das Gesetz nur, dass ein Elternteil die Voraussetzungen erfüllt. Dadurch könnte der Anteil von Geburten, die dem *ius soli* unterliegen, höher sein als der Anteil von Ausländern, die diese Bedingungen erfüllen. Die Auswirkungen dieses Wandels lassen sich mit einer Bevölkerungsprojektion abschätzen. Dazu wurde für die ausländische Bevölkerung Deutschlands (1998: 7,3 Mio.) eine Fortsetzung gegenwärtiger Fertilitäts- und Sterblichkeitsverhältnisse angenommen und eine Angleichung der durchschnittlichen jährlichen Nettozuwanderung auf 170.000 Personen ab 2010 unterstellt. Um die Wirkung des reformierten Staatsangehörigkeitsrechts zu berücksichtigen, wurde für diese Bevölkerungsprojektion vereinfachend angenommen, daß ab dem Jahr 2000 50% der Geborenen mit zwei ausländischen Elternteilen vom *ius soli* betroffen sind und somit auch deutsche Staatsbürger werden. Der Anteil von Ausländern mit gesichertem Aufenthaltsstatus und längerer Aufenthaltsdauer wird zukünftig steigen. Deshalb wurde angenommen, dass der Anteil der Geburten ausländischer Eltern, die dem *ius soli* unterliegen, bis 2010 auf 60% steigen wird und danach konstant bleibt. Ferner wurde unterstellt, dass sich alle vom *ius soli* Betroffenen später für die deutsche Staatsangehörigkeit entscheiden werden. Praktische Bedeutung hat diese Entscheidung jedoch nur für das Ende des Projektionszeitraumes.

8.4 Annahmen zu Fertilität und Sterblichkeit

Die Annahmen zu Fertilität und Sterblichkeit haben für die Entwicklung der ausländischen Bevölkerung geringeren Einfluß als die Wanderungsannahmen. Da sich unser Interesse auf die Auswirkung von Zuwanderung konzentriert, haben wir zur zukünftigen Entwicklung von Fertilität und Sterblichkeit in allen drei Szenarien gleiche Annahmen getroffen.

Die Gesamtfruchtbarkeitsrate der deutschen Bevölkerung (1,3 Kinder pro Frau) wurde für die Projektion der deutschen Bevölkerung (einschließlich Aussiedler) – ähnlich den Annahmen der offiziellen Bevölkerungsvorausschätzung des Bundesministeriums des Inneren – für den Projektionszeitraum als konstant angenommen (Bundesministerium des Inneren 1996). Ähnlich wurde auch für die Fertilität von Immigrantinnen aus EU-Staaten (1,0 Kinder je Frau), von Immigrantinnen aus Nachfolgestaaten des ehemaligen Jugoslawien (0,9 Kinder je Frau) und für Ausländerinnen der Restkategorie von Ländern (1,2 Kinder je Frau) als konstant angenommen.

Für Türkinnen wurde ein Rückgang der Gesamtfruchtbarkeitsrate von gegenwärtig 2,3 Kindern je Frau (1997) auf 1,6 Kinder im Jahre 2010 angenommen. Dies unterstellt eine weitere Annäherung der Fertilität türkischer Immigrantinnen und in Deutschland geborener Türkinnen an das reproduktive Verhalten der Westdeutschen. Dieser Verlauf entspricht aber auch den Annahmen der UN für die zukünftige Fruchtbarkeitsentwicklung in der Türkei (United Nations 1999). Nach 2010 wurde auch für Türkinnen eine konstante Fertilität bis zum Ende des Projektionszeitraumes unterstellt.

Für die Sterblichkeit nehmen wir an, daß die Lebenserwartung deutscher und ausländischer Männer bis zum Jahr 2020 auf 77,0 Jahre und die der Frauen auf 82,7 Jahre steigen wird. Danach bleibt die Sterblichkeit der In- und Ausländer in allen Szenarien konstant.

8.5 Ergebnisse der Projektionen

Die getroffenen Annahmen über zukünftige Wanderungen sowie über Fertilität und Sterblichkeit bestimmen die Bevölkerungsdynamik der ausländischen Bevölkerung. Die Ergebnisse unserer Projektionen ermöglichen es, den spezifischen Beitrag dieser Komponenten näher zu bestimmen.

Mitte der 90er Jahre trug der Geburtenüberschuß knapp ein Viertel zum Wachstum der ausländischen Bevölkerung bei. Im *mittleren*, also wahrscheinlichsten *Szenario* unserer Prognose steigt die absolute Zahl der Geburten ausländischer Mütter zunächst geringfügig an. Ab dem Jahr 2000 erhält jedoch jedes zweite Kind ausländischer Eltern bei Geburt die deutsche Staatsbürgerschaft. Im Sinne der Staatsangehörigkeit und unseres Prognosemodells bringt die ausländische Bevölkerung damit erheblich weniger ausländische Kinder zur Welt. Der Saldo der natürlichen Bevölkerungsbewegung wird in den folgenden Jahren immer stärker durch die Sterbefälle bestimmt. Um das Jahr 2020 sind Geburten und Sterbefälle der ausländischen Bevölkerung zum ersten Mal ausgeglichen, das natürliche Wachstum der ausländischen Bevölkerung ist zu Ende. Danach überwiegen die Sterbefälle. Am Ende des Prognosezeitraumes (2030) beträgt der Überschuß der Sterbefälle von Ausländern jährlich 12.000 Personen (vgl. Abbildung 32).

Abbildung 32: Komponenten der Bevölkerungsentwicklung: Ausländer, mittleres Szenario

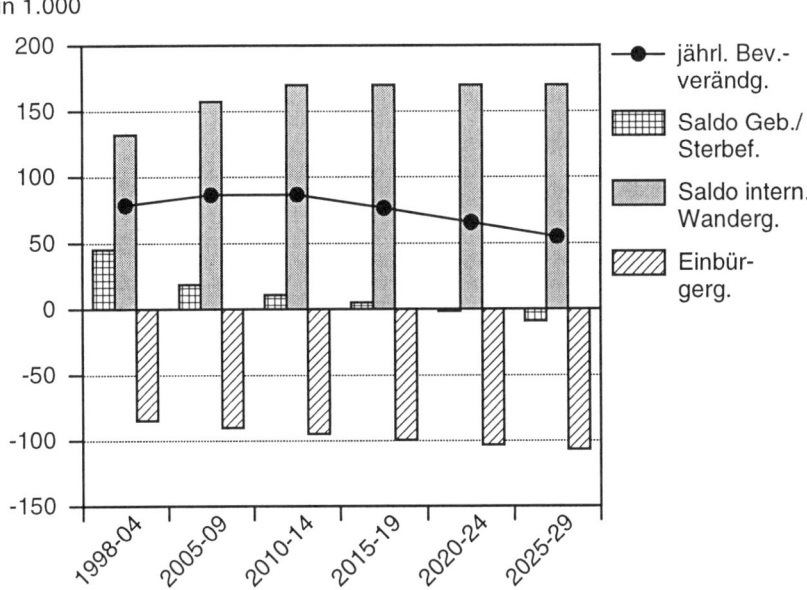

Eigene Berechnungen

Auch die Einbürgerung verringert die Größe der ausländischen Bevölkerung. Ihr Wachstum wird nur noch durch den Überschuß der Zuzüge gegenüber den Fortzügen (Saldo der internationalen Wanderungen) gespeist. Bis zum Jahr 2010 nehmen die jährlichen Zuwächse der ausländischen Bevölkerung noch zu (maximaler Zuwachs 2010: +91.000 Personen), danach sinken sie. Das Wachstum der ausländischen Bevölkerung (Wanderungssaldo plus Geburtensaldo minus Einbürgerungen) verlangsamt sich also. Im Jahr 2018 wächst die ausländische Bevölkerung noch so schnell wie 1998. Nach dem mittleren Szenario wird die ausländische Bevölkerung am Ende des Prognosezeitraumes noch um ca. 51.000 Personen jährlich zunehmen.

Abbildung 33: Komponenten der Bevölkerungsentwicklung: Deutsche, mittleres Szenario

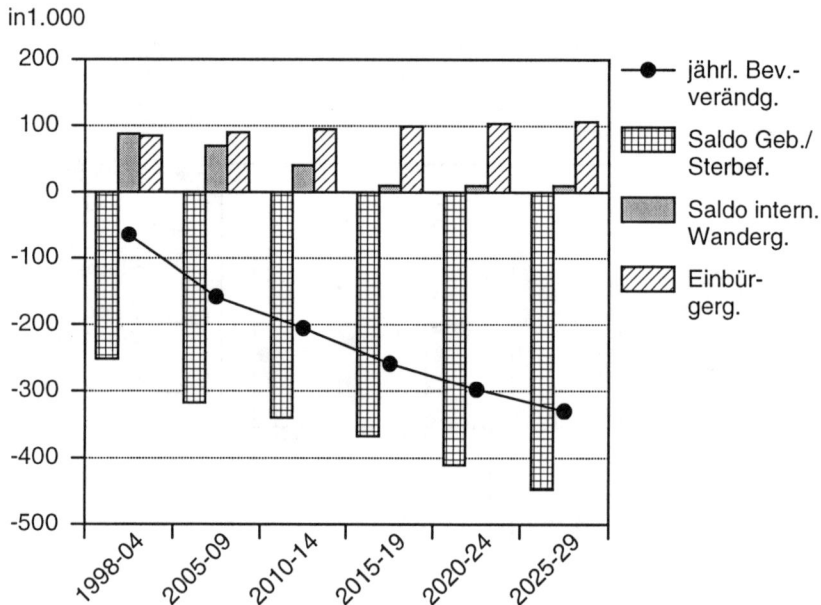

Eigene Berechnungen

Die Entwicklung der deutschen Bevölkerung ist bereits seit Anfang der 70er Jahre durch einen Überschuß der Sterbefälle geprägt. Er liegt zum Beginn des Prognosezeitraumes bei -230.000 Personen pro Jahr (Abbildung 33). Bei der anhaltend geringen Fertilität und der absehbar schrumpfenden Zahl potentieller Eltern wird dieses Geburtendefizit weiter ansteigen. Mit dem neuen Staatsangehörigkeitsrecht nach dem *ius soli* tragen die Geburten ausländischer Mütter ab 2000 mit zum Saldo der natürlichen Bevölkerungsbewegung (Geburten minus Sterbefälle) der Deutschen bei. Dies verbessert den Geburtensaldo der Deutschen auch rechnerisch nur geringfügig.

170

1999 überstieg die Zahl der Sterbefälle jene der Geburten um knapp 250.000, im Jahr 2000 sind es nur 220.000. Die Diskrepanz zwischen den geringer werdenden Geburtenzahlen der Deutschen und der steigenden Zahl der Sterbefälle wächst jedoch rasch weiter. Schon im Jahr 2001 ist der Saldo der natürlichen Bevölkerungsbewegung (einschließlich von 50% der Geburten ausländischer Mütter) wieder auf dem Stand vor Einführung des *ius soli*.

In den folgenden drei Jahrzehnten steigt der Überschuß der Sterbefälle auf über 460.000 Personen pro Jahr an. In Relation dazu sind die Wanderungsgewinne durch Aussiedler gering. Auch Einbürgerungen und Aussiedlerzuzug können das Geburtendefizit nicht kompensieren. Als Folge dieser Entwicklungen wird die deutsche Bevölkerung in Zukunft stark abnehmen. Derzeit reduziert sich die Zahl der deutschen Staatsbürger um -20.000 pro Jahr. Dieses Minus wird sich bis zum Jahr 2030 auf -340.000 pro Jahr vergrößern. Neben sinkenden Aussiedlerzahlen und im internationalen Vergleich geringer Einbürgerungsrate sind dafür in zunehmendem Maße die sich verändernde Altersstruktur, die dadurch wachsende Zahl der Sterbefälle und die sinkenden Zahl potentieller Eltern verantwortlich.

Das *hohe Szenario* der Prognose (Abbildung 34) verdeutlicht die Auswirkungen höherer Zuwanderung. Als Folge eines stärkeren Zuzugs junger Erwachsener steigen die Geburten ausländischer Mütter deutlich an. Dies wirkt sich im ersten Drittel des 21. Jahrhunderts jedoch nur begrenzt auf die Größe der ausländischen Bevölkerung aus. Wie beim mittleren Szenario gehen die Geburten ausländischer Mütter ab dem Jahr 2000 nur zu 50% und weniger in den Saldo der natürlichen Bevölkerungsbewegung der Ausländer ein. Da die Wanderungsgewinne hier deutlich höher sind als im mittleren Szenario, steigt die ausländische Bevölkerung stärker. Der Gipfel des jährlichen Zuwachses wird im Jahr 2010 mit ca. 213.000 Personen erreicht. Ab diesem Zeitpunkt wurden die Wanderungen als konstant angenommen. Da die Sterbefälle und die Einbürgerungen zunehmen, verlangsamt sich danach der jährliche Zuwachs. Er liegt aber am Ende der betrachteten Periode bei +137.000 Personen pro Jahr.

Die Entwicklung der deutschen Bevölkerung ist im hohen Szenario jener im mittleren Szenario sehr ähnlich. Zwar bleibt hier ein substantieller Wanderungsgewinn durch den angenommenen höheren

Aussiedlerzuzug länger bestehen. Doch dieser positive Wanderungssaldo ist zusammen mit dem Zuwachs durch Einbürgerungen viel zu klein, um den Sterbefallüberschuß der Deutschen auszugleichen.

Abbildung 34: Komponenten der Bevölkerungsentwicklung: Ausländer, hohes Szenario

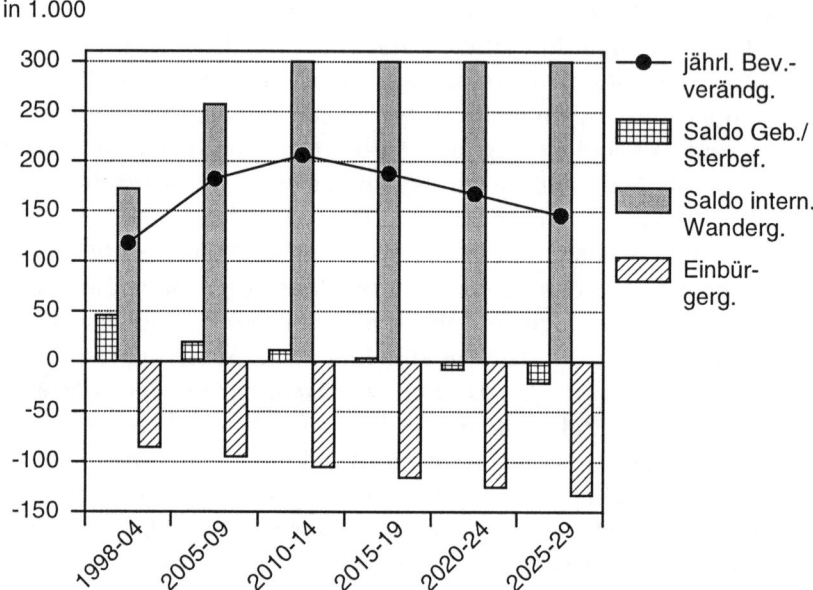

Eigene Berechnungen

Bei deutlich geringeren Zuwanderungen (*niedriges Szenario*, Abbildung 35) würde auch die Zahl der ausländischen Geburten schon in den ersten Jahren des 21. Jahrhunderts absolut zurückgehen. Um 2020 wären Geburten und Sterbefälle ausgeglichen. Danach würde das Geburtendefizit der Ausländer bis zum Ende des Prognosezeitraumes auf 11.000 Personen jährlich ansteigen. Damit wäre die demographische Situation der ausländischen Bevölkerung nach 2020 eine ähnliche wie jene der deutschen Bevölkerung Anfang der 70er Jahre. Schon ab 2006 gewinnt die ausländische Bevölkerung in Deutschland im niedrigen Szenario durch Zuwanderung weniger Personen, als sie durch Einbürgerung verliert. Im niedrigen Szenario käme es ab 2010 zu einem Rückgang der ausländischen Bevölkerung in Deutschland. Am Ende des Projektionszeitraumes würde die ausländische Bevölkerung jährlich um 20.000 Personen sinken.

Unsere Prognose macht deutlich: Aufgrund des reformierten Staatsangehörigkeitsrechts wird die ausländische Bevölkerung in den nächsten Jahrzehnten nicht mehr stark wachsen, wenn man das Niveau zukünftiger Zuwanderung in der Nähe der Durchschnittswerte der Jahre 1965-98 erwartet. Nach dem aus heutiger Sicht wahrscheinlichsten Fall (*mittleres Szenario*, vgl. Abbildung 36) hätte Deutschland im Jahre 2015 rund 8,8 Mio. Einwohner ohne deutschen Paß. Ihr Anteil an der Gesamtbevölkerung läge dann bei 10,9%.

Abbildung 35: Komponenten der Bevölkerungsentwicklung: Ausländer, niedriges Szenario

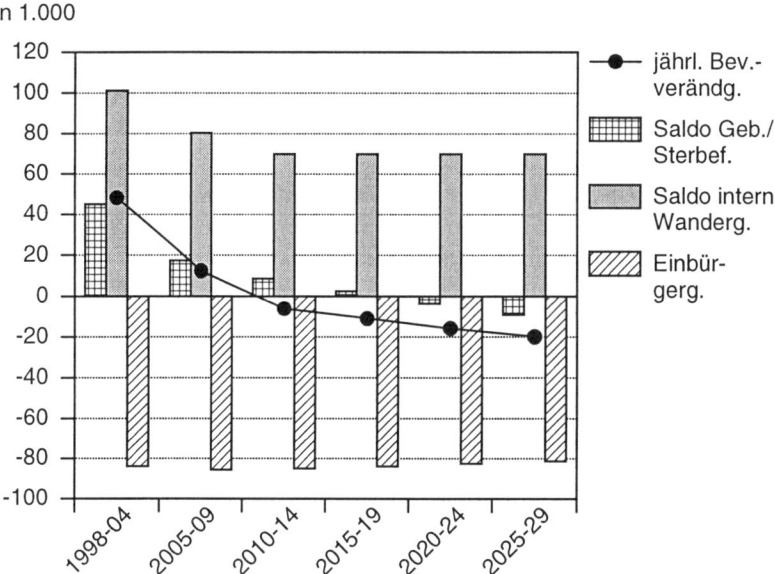

Eigene Berechnungen

Bei Fortsetzung der angenommen Konstellation von Zuwanderung, Fertilität und Sterblichkeit würde sich das Wachstum der ausländischen Bevölkerung in den darauffolgenden Jahren weiter verlangsamen. Im Jahre 2030 würden 9,8 Mio. Ausländer in Deutschland leben. Ihr Bevölkerungsanteil würde im Bundesdurchschnitt auf 12,6% steigen.

Abbildung 36: Zukünftige Entwicklung der in- und ausländischen Bevölkerung in Deutschland 1998-2030, drei Szenarien

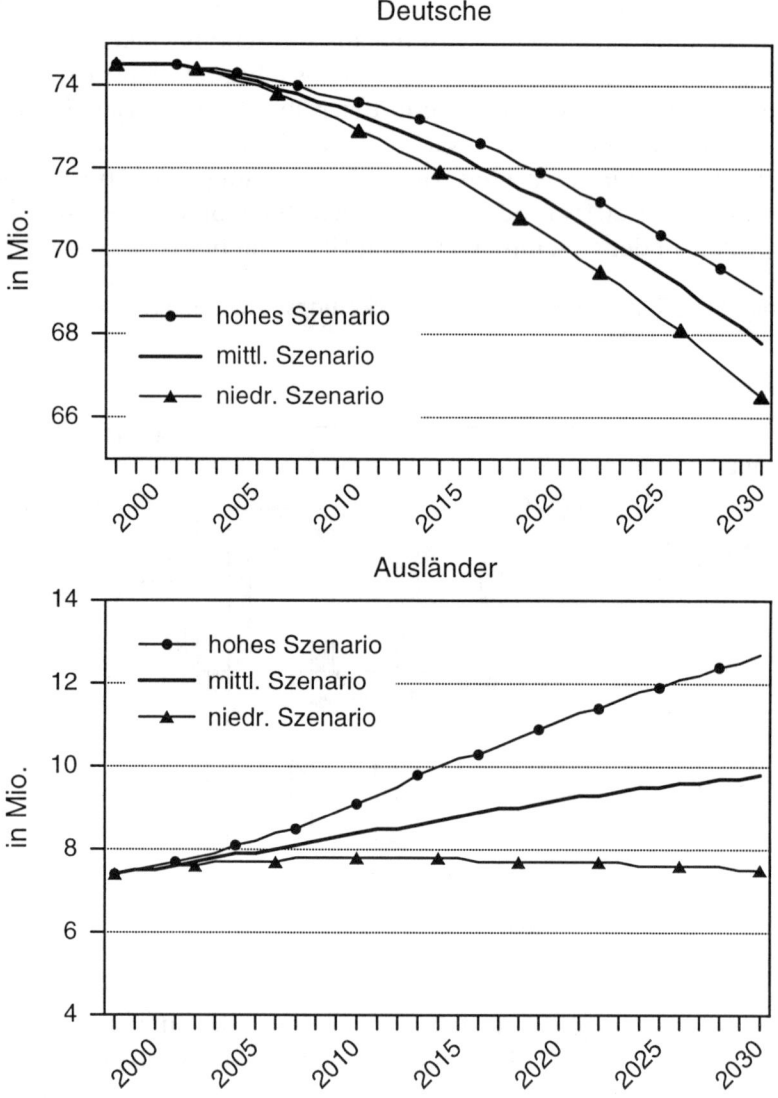

Eigene Berechnungen

Im *niedrigen Szenario* würde die in Deutschland lebende Bevölkerung ohne deutschen Paß von 7,3 Mio. im Jahr 1998 auf 7,7 Mio. im Jahre 2015 steigen und auf diesem Niveau stagnieren. Der Anteil der ausländischen Bevölkerung läge im niedrigen Szenario am Ende des Betrachtungszeitraumes (2030) bei 10,2%.

Sollte die Zuwanderung von Ausländern zukünftig so hoch bleiben wie in den 90er Jahren (*hohes Szenario*), dann hätte Deutschland im Jahr 2030 12,6 Mio. Bürger ohne deutschen Paß. Der Ausländeranteil würde bis 2030 auf 15,5% steigen.

Tabelle 37: Wachstum der ausländischen Bevölkerung in Deutschland bis 2030

	niedriges	mittleres	hohes	memo:
		Wanderungsszenario		*ius sanguinis*
		in 1.000		
Deutsche				
1998	74.717	74.717	74.717	74.717
2015	71.651	72.269	72.790	71.403
2030	66.523	67.835	69.001	66.185
Ausländer				
1998	7.320	7.320	7.320	7.320
2015	7.756	8.802	10.154	9.676
2030	7.522	9.788	12.660	11.416
Gesamt				
1998	82.037	82.037	82.037	82.037
2015	79.406	81.071	82.944	81.071
2030	74.045	77.623	81.660	77.623
Ausländer in % der Gesamtbevölkerung Deutschlands				
1998	8,9	8,9	8,9	8,9
2015	9,8	10,9	12,2	11,9
2030	10,2	12,6	15,5	14,7

Eigene Vorausschätzungen und Berechnungen.

Es ist wichtig zu berücksichtigen, daß die hier diskutierten Szenarien die Entwicklung und Struktur der Bevölkerung Deutschlands nach der Staatsangehörigkeit abbilden. Ab der Einführung des reformierten Staatsangehörigkeitsrechts im Jahr 2000 gehört ein wesentlicher Teil der sogenannten „zweiten Generation", also der Kinder von ausländischen Zuwanderern nicht mehr zur ausländischen Bevölkerung. Deshalb fallen unsere Vorausschätzungen zur zukünftigen Größe der ausländischen Bevölkerung niedriger aus, als wir früher auf Grundlage der bis 1999 bestehenden Rechtslage vorausschätzten (vgl. Münz, Ulrich 1997b). Die Bedeutung der neuen Rechtslage wird durch Vergleich mit einem vierten, illustrativen Referenzszenario sichtbar (vgl. Tabelle 37). Dabei wurden die Fruchtbarkeits-, Sterblichkeits-, Wanderungs- und Einbürgerungsannahmen des mittleren Szenarios mit einer fiktiven weiteren Geltung des alten Staatsangehörigkeitsrechts ausschließlich auf Basis des *ius sanguinis* kombiniert. Die ausländische Bevölkerung wäre dann nominal im Jahre 2030 um 2,1 Mio. größer, als dies nach der 1999 beschlossenen Reform zu erwarten ist. Ihr Anteil an der Bevölkerung Deutschlands würde 2030 14,7% betragen, statt 12,6% im mittleren Szenario nach neuer Rechtslage.

Tabelle 38: Vergleich der Ergebnisse verschiedener Projektionen der Gesamtbevölkerung Deutschlands für das Jahr 2030, in Mio.

Autor	Szenario	2030
Münz/Seifert/Ulrich 1999	niedriges Szenario	74,0
	mittleres Szenario	77,6
	hohes Szenario	81,7
Münz/Ulrich 1997b	niedriges Szenario	70,0
	mittleres Szenario	74,8
	hohes Szenario	81,2
Bundesministerium des Inneren 1996	geringe Zuwanderung	70,0
	mittlere Zuwanderung	74,3
	hohe Zuwanderung	78,4
DIW 1995	mit Wandg.	75,7
	ohne Wandg.	67,4

Daten: Münz, Ulrich 1997b; Bundesministerium des Inneren 1996; Schulz 1995

Die Einwohnerzahl Deutschlands (Ausländer und Deutsche zusammen) wird ab 2015 in jedem der von uns angenommenen Fälle sinken. Dafür ist in erster Linie das starke Geburtendefizit der Deutschen verantwortlich. Auch im hohen Szenario kann die starke Zuwanderung dieses Defizit nur bis in das zweite Jahrzehnt des 21. Jahrhunderts ausgleichen. Danach wird die Einwohnerzahl Deutschlands unter allen erwartbaren Konstellationen jedenfalls sinken.

Nach dem mittleren, also wahrscheinlichsten Szenario werden im Jahr 2030 nur noch 77,6 Mio. Menschen in Deutschland leben. Zu einem ähnlichen Ergebnis kommen auch andere Bevölkerungsprojektionen (Tabelle 38).

Abbildung 37: Anteil der ausländischen Bevölkerung in ausgewählten Städten, 2030 (mittleres Szenario), in %

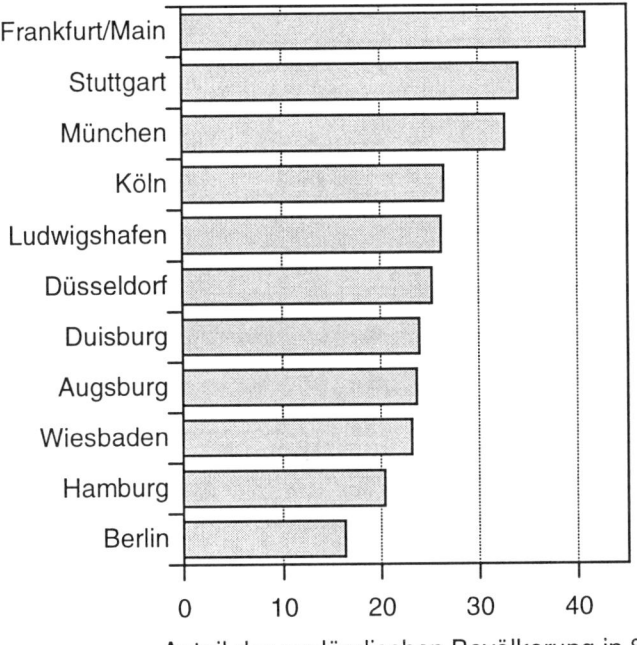

Anteil der ausländischen Bevölkerung in %

Eigene Berechnungen

Das Wachstum der ausländischen Bevölkerung wird nicht in allen Regionen der Bundesrepublik gleichermaßen stattfinden. Unter der Annahme, daß sich die derzeitige Siedlungsstruktur der Zuwanderer in der Bundesrepublik (vgl. Abschnitt 4.3) nicht wesentlich ändert, lassen sich zukünftige Größe und Anteil der ausländischen Bevölkerung in einigen Städten abschätzen (Abbildung 37).

In Frankfurt/Main war der Ausländeranteil bereits Mitte der 90er Jahre (29,2%) mehr als dreimal so hoch wie im Bundesdurchschnitt (1995: 8,8%). Unter den gegebenen Annahmen wird er nach dem mittleren Szenario bis 2030 auf über 40% steigen. In Stuttgart und München wird zu diesem Zeitpunkt rund jeder dritte, in Köln, Ludwigshafen, Düsseldorf und Duisburg jeder vierte, in Hamburg und Berlin immerhin jeder fünfte Einwohner keinen deutschen Paß haben.

Tabelle 39: Altersstruktur der ausländischen und deutschen Bevölkerung, in %

		Unter 20 Jahre	20-59 Jahre	60 Jahre und älter	Altenquote[*]
Ausländer					
	1998	25,7	67,5	6,8	10,1
2030 mitt. Szenario		17,4	69,4	13,2	19,0
Deutsche					
	1998	20,9	55,8	23,4	41,9
2030 mitt. Szenario		16,2	46,8	37,0	69,4

Personen in der Altersgruppe über 60 Jahre je 100 Personen in der Altersgruppe 20-59 Jahre.
Daten: eigene Berechnungen

Alle drei Szenarien zeigen eines recht deutlich: Der Geburtenüberschuß wird seine Bedeutung für das Wachstum der ausländischen Bevölkerung verlieren. Dies hat drei Ursachen. Zum ersten erwirbt ab dem Jahr 2000 ein beträchtlicher Teil der Kinder ausländischer Mütter bei der Geburt die deutsche Staatsbürgerschaft. Zum zweiten gleicht sich die Fertilität der Ausländerinnen zunehmend an jene der Deutschen an und liegt damit unter jenem Niveau, das für ein langfristiges Bevölkerungsgleichgewicht notwendig wäre (im Durchschnitt etwas über zwei Kinder je Frau). Zum dritten altert nach der inländischen auch die ausländische Wohnbevölkerung. Das aber bedeutet weniger potentielle Eltern im Alter zwischen 20 und 40 Jahren und damit – fast automatisch – weniger Kinder.

Die unterschiedlich starke Veränderung der Altersstruktur ergibt sich nicht zuletzt aus dem jeweiligen Niveau der Zuwanderung. Da überwiegend junge Menschen zuwandern, verlangsamt eine höhere Zuwanderung das Altern der ausländischen Bevölkerung. 1998 waren nur 6,8% der Ausländer in Deutschland über 60 Jahre alt. Nach dem mittleren Szenario wird dieser Anteil in den nächsten drei Jahrzehnten auf das Doppelte steigen und 2030 13,2% erreichen. Der Anteil von Kindern und Jugendlichen sinkt bei den Ausländern durch die Wirkung des *ius soli*. War 1998 noch ein Viertel der Ausländer unter 20 Jahre alt, so wird der Anteil dieser Altersgruppe bis 2030 auf 17,4% sinken.

Abbildung 38: Die Altersstruktur der ausländischen und der deutschen Bevölkerung, 1998 und 2030 (mittleres Szenario)

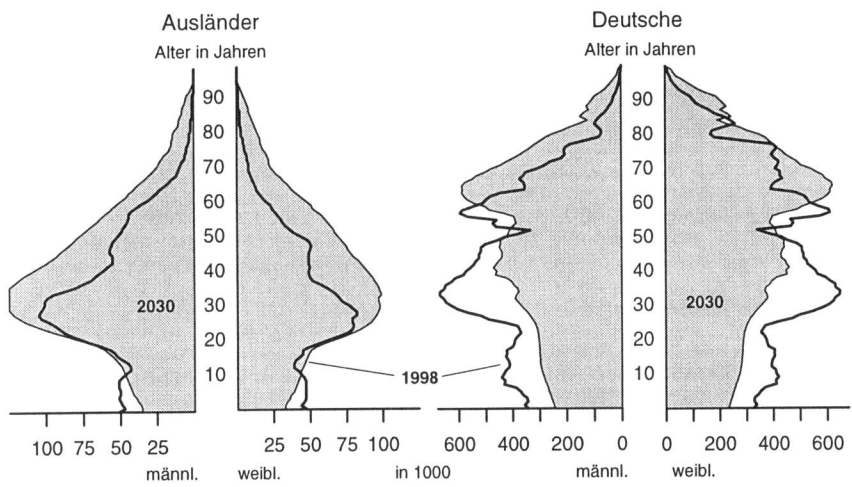

Daten: eigene Berechnungen

Die Veränderungen der Altersstruktur spiegeln sich am deutlichsten in der Altenquote wider. Sie gibt an, wie viele ältere Menschen (60+Jahre) auf 100 Personen im erwerbsfähigen Alter (20-59 Jahre) entfallen. 1998 lag die Altenlastquote der ausländischen Bevölkerung in Deutschland bei 10%. Nach dem mittleren Szenario wird sie bis zum Jahre 2030 auf 19% steigen. Sie ist dann immer noch wesentlich vorteilhafter für die Renten- und Krankenversicherung als die Altenquote der Deutschen, die dann fast 70 Personen im Alter 60 und darüber je 100 Personen im Alter zwischen 20 und 59 erreichen wird.

Abbildung 39: Anteil der ausländischen Bevölkerung nach Alter, 1998 und 2030 (mittleres Szenario)

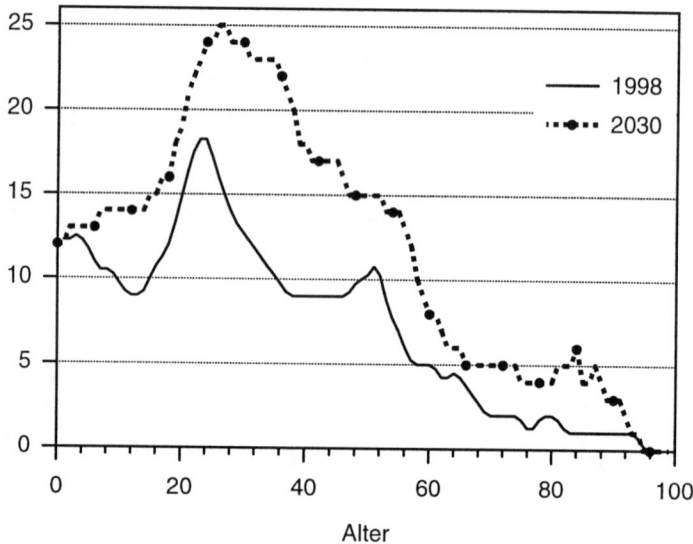

eigene Berechnungen

Bis 2030 wird der Anteil der ausländischen Bevölkerung am stärksten in den Altersgruppen der 20- bis 50jährigen steigen. Bei Kindern und Jugendlichen kompensiert die Wirkung des *ius soli* den allgemeinen Anstieg des Anteils der ausländischen Bevölkerung. Aber auch bei den über 60jährigen wird bis 2030 der Anteil von Ausländern nicht unerheblich zunehmen (Abbildung 39).

Insgesamt zeigen unsere Berechnungen: Nach der deutschen Bevölkerung altert im 21. Jahrhundert auch die ausländische. Dies bedeutet, daß Zuwanderung der hier diskutierten Größenordnung den demographischen Alterungsprozeß allenfalls bremsen, aber zweifellos nicht aufhalten kann (vgl. Ulrich 1994).

9   Migration, Integration, Politik

Wieviel Zuwanderung verträgt das Land? Wie viele Migranten können und wollen wir auf Dauer integrieren? Wie vielen wollen wir Schutz gewähren? Wer heute in Deutschland oder anderswo in Westeuropa solche Fragen stellt, bekommt alles mögliche zu hören, nur keine positiven Antworten. Denn in den reichen Ländern unseres Kontinents ist die Mehrheit der stimmberechtigten Bürgerinnen und Bürger gegen weitere Zuwanderung und gegen eine liberalere Handhabung des Asylrechts, obwohl bei akuten Krisen und humanitären Katastrophen – zuletzt bei der Vertreibung der Albaner aus dem Kosovo – ein hohes Maß an Hilfsbereitschaft erkennbar ist. Doch manche würden am liebsten diejenigen Zuwanderer wieder heimschicken, die in den letzten Jahrzehnten zu uns kamen oder die wir selbst ins Land geholt haben. Jene, die vor weiterer Zuwanderung warnen und fordern, Deutschlands Grenzen und die der anderen EU-Staaten müßten endlich dicht gemacht werden, können sich daher der Zustimmung der schweigenden Mehrheit und einer lautstarken Minderheit sicher sein. Das belegen sowohl Umfragen als auch Wahlergebnisse und eine verringerte Toleranz gegenüber Einwanderern im Alltag.

Migranten erscheinen einem Teil der Einheimischen als Bedrohung. Sie sind Auslöser von Zukunftsängsten. Und sie werden für eine Reihe von Defiziten unserer Gesellschaft verantwortlich gemacht. Häufig müssen sie dabei als Sündenböcke herhalten. Denn gewaltbereite Skinheads, hohe Arbeitslosigkeit, Kriminalität, Wohnungsnot und Zulauf zu rechtspopulistischen Parteien gäbe es in Westeuropa auch dann, wenn in den letzten Jahrzehnten niemand eingewandert wäre. Selbst die These, durch eine Verringerung der Ausländerzahlen würden für arbeitslose Einheimische automatisch Arbeitsplätze frei, ist aus ökonomischer Sicht eine Milchmädchenrechnung.

Der Stand der Dinge macht es schwer, über Einwanderung, Asyl und temporäre Arbeitsmigration nüchtern zu diskutieren. Das liegt offenbar schon an den Begriffen. Migration und Asyl sind emotional besetzt. Denn mit dem Begriff des politischen Asyls wird heute gerade in Deutschland eher die Kategorie des Mißbrauchs als Schutz vor Verfolgung assoziiert. Und Zuwanderung suggeriert sowohl eine Einbahnstraße als auch etwas Endgültiges. Eines unserer Hauptprobleme ist dabei der Gegensatz zwischen einem historisch gewachsenen kollektiven Selbstverständnis als Abstammungsnation und der Realität der Wanderungsströme.

9.1 Perioden der Migration

Historisch war Deutschland bis ins frühe 20. Jahrhundert ein Auswanderungsland. Allein zwischen 1800 und 1930 verließen an die 7 Mio. Deutsche aus ökonomischen oder politischen Gründen ihre Heimat. Die meisten gingen nach Übersee. Seit dem Ende des Zweiten Weltkrieges ist dies anders. Fast 12 Mio. Vertriebene kamen bis 1949 in die vier Besatzungszonen. Und in der zweiten Hälfte des 20. Jahrhunderts wurde Deutschland in Europa zum Land mit der bei weitem größten Zahl von Immigranten. Zwischen 1954 und 1997 kamen rund 30 Mio. Menschen als ausländische Arbeitsmigranten, nachziehende Familienangehörige, Aussiedler, Asylbewerber oder als deutsche Staatsbürger aus dem Ausland. Im gleichen Zeitraum verließen 21 Mio. Deutsche und Ausländer das Land; manche gingen freiwillig, andere nach Ablauf ihrer Arbeitsgenehmigung oder nach Ablehnung ihres Asylantrages.

Insgesamt erhöhte sich Deutschlands Einwohnerzahl im gesamten Zeitraum um 8,7 Mio. Personen (vgl. Tabelle 40). Bei den Deutschen (inklusive Aussiedler) gab es 5,7 Mio. Zuzüge und 3,5 Mio. Fortzüge (Wanderungssaldo 1954-97: +2,1 Mio.). Bei den Ausländern standen 24,0 Mio. Zuzügen immerhin 17,4 Mio. Fortzüge gegenüber (Saldo 1954-97: +6,6 Mio.).

Diese Zahlen belegen: Ein größerer Teil der ausländischen Zuwanderer blieb nicht auf Dauer in der Bundesrepublik. Aber auch ein beträchtlicher Teil der deutschen Migranten verließ das Land nur für begrenzte Zeit.

Tabelle 40: Wanderungen zwischen Deutschland und dem Ausland, 1954-97

	Gesamt	Deutsche	Ausländer
*Zuzüge**			
1954-61	1.923.198	633.099	1.290.099
1962-73	9.136.687	829.640	8.307.047
1974-87	7.389.171	1.265.501	6.123.670
1988-91	4.449.600	1.274.074	3.175.526
1992-97	6.758.531	1.663.867	5.094.664
1954-97	*29.657.187*	*5.666.181*	*23.991.006*
*Fortzüge**			
1954-61	1.440.300	817.802	622.498
1962-73	5.952.932	832.391	5.120.541
1974-87	6.967.929	794.992	6.172.937
1988-91	2.130.104	370.071	1.760.033
1992-97	4.425.570	707.109	3.718.461
1954-97	*20.916.835*	*3.522.365*	*17.394.470*
Wanderungssaldo			
1954-61	482.898	-184.703	667.601
1962-73	3.183.755	-2.751	3.186.506
1974-87	421.242	470.509	-49.267
1988-91	2.319.496	904.003	1.415.493
1992-97	2.332.961	956.758	1.376.203
1954-97	*8.740.352*	*2.143.816*	*6.596.536*

Ohne Wanderungen zwischen Ost- und Westdeutschland.

Quelle: Statistisches Bundesamt, eigene Berechnungen

Heute gibt die Anwesenheit von 7,3 Mio. Ausländern und mehr als 3,2 Mio. Aussiedlern einen deutlichen Hinweis auf das Ausmaß an Zuwanderung während der letzten vier Jahrzehnte. Trotzdem versteht sich Deutschland im Gegensatz etwa zu den USA nicht als Einwanderungsland. Auch Vertriebene der Nachkriegszeit und Aussiedler wurden in der Regel nicht als Zuwanderer gesehen. Zugehörigkeit zur Nation der Deutschen beruht in erster Linie auf Abstammung und einer auch kulturell definierten Volkszugehörigkeit. Daher ist die Aussage: „Wir sind kein Einwanderungsland" normativ zu verstehen. Das soll heißen: Deutschland bemüht sich derzeit keinesfalls aktiv um Zuwanderer oder um Neubürger. Ein größerer Teil der seit dem Anwerbestopp von 1973 tatsächlich stattfindenden Migration ist vom Zielland Deutschland nicht gewollt, wird aber aus rechtlichen, humanitären oder politischen Gründen zugelassen.

Tabelle 41: Phasen deutscher Migrationsgeschichte seit 1945

1945 bis 1949	Zuwanderung von mehrheitlich deutschstämmigen Flüchtlingen und Vertriebenen; Rückwanderung oder Weiterwanderung von nicht-deutschen Zwangsarbeitern, Kriegsgefangenen und KZ-Häftlingen aus der Zeit des Dritten Reiches
1949 bis 1961	Erste Hochphase der Wanderungen zwischen Ost- und Westdeutschland; Überseeauswanderung von Westdeutschland; erste Gastarbeiter aus Italien
1961 bis 1973	Massive Anwerbung von Gastarbeitern durch die Bundesrepublik
1973 bis 1988/89	Anwerbestopp, Konsolidierung der ausländischen Wohnbevölkerung in Westdeutschland durch Familiennachzüge; Anwerbung von Vertragsarbeitern durch die DDR
1988 bis 1991/92	Zuwanderung von Aussiedlern, Asylbewerbern, Kriegsflüchtlingen, neuen Arbeitsmigranten; zweite Hochphase der Wanderungen zwischen Ost- und Westdeutschland
seit 1992/93	Einführung neuer Regelungen, die die Zuwanderung von Aussiedlern und Asylbewerbern begrenzen

Trotz der Spaltung Europas blieb Deutschland in der zweiten Hälfte des 20. Jahrhunderts eine Drehscheibe der Ost-West-Wanderung, wurde aber auch Ziel von Zuwanderungen aus dem Süden und Südosten Europas sowie aus der Türkei. Auf das Selbstverständnis der Deutschen hatte dies wenig Einfluß, auf die Einwohnerzahl des Landes und die Zusammensetzung seiner Bevölkerung hingegen sehr wohl. Sechs Phasen der Migration lassen sich für die Zeit seit 1945 unterscheiden (vgl. Tabelle 41).

Den größten Zuwanderungsstrom erlebte das Gebiet des heutigen Deutschland am Ende des Zweiten Weltkriegs und in der unmittelbaren Nachkriegszeit (erste Phase). Zwischen 1945 und 1949 mußten die alliierten Besatzungszonen fast 12 Mio. Vertriebene aufnehmen. Gleichzeitig wanderten vor Gründung der beiden deutschen Staaten rund 10 Mio. Fremd- und Zwangsarbeiter, Kriegsgefangene und ehemalige KZ-Häftlinge in ihre Herkunftsländer zurück oder in Drittstaaten weiter. Auch Deutsche bemühten sich damals in größerer Zahl um eine Möglichkeit der Auswanderung nach Übersee.

1950 waren von den damals 49 Mio. Einwohnern der neugegründeten Bundesrepublik rund 8 Mio. Vertriebene: ein Sechstel der damaligen Wohnbevölkerung. In der DDR gehörte 1950 sogar fast ein Fünftel der Bürger zu den Ostflüchtlingen und Vertriebenen, die man im Osten Deutschlands nach offizieller Sprachregelung etwas verschämt „Umsiedler" nannte: insgesamt 3,6 von 18,8 Mio. Einwohnern. Im darauffolgenden Jahrzehnt (zweite Phase) fielen quantitativ nur die Wanderungen zwischen beiden deutschen Staaten ins Gewicht. 3,8 Mio. DDR-Bürger kehrten bis 1961 ihrem Staat den Rücken. Aber immerhin 400.000 Bundesbürger übersiedelten während der 50er und zu Beginn der 60er Jahre nach Ostdeutschland. Eine noch größere Zahl von Westdeutschen wanderte nach Übersee aus.

Die Beschäftigung ausländischer Arbeitskräfte wurde in der Bundesrepublik im Prinzip schon Mitte der 50er Jahre beschlossen. Doch erst nach dem Bau der Berliner Mauer, als der Strom der Übersiedler aus der DDR abriß, setzte die Anwerbung von Ausländern in vollem Umfang ein (dritte Phase). 1964 wurde der einmillionste Gastarbeiter gezählt und damals auch entsprechend gefeiert. Neun Jahre später waren es bereits 2,6 Mio. Auf den Anwerbestopp von 1973 folgte schließlich nicht die erhoffte Rückkehrwelle, sondern ein massiver Nachzug von Familienangehörigen (vierte Phase). Aus vorübergehend anwesenden Arbeitskräften wurden De-facto-Einwanderer. Obwohl die von SPD und FDP wie auch die von CDU/CSU und FDP getragenen Bundesregierungen eine Reihe von Maßnahmen ergriffen, um den weiteren Zuzug zu begrenzen und die Rückkehr von Ausländern in ihre Herkunftsländer zu fördern, wuchs die Zahl der Ausländer in Deutschland kontinuierlich.

1998 zählte die ausländische Wohnbevölkerung im vereinten Deutschland bereits 7,3 Mio., darunter immer mehr Menschen, die selbst keine Zuwanderer sind, sondern hier als Kinder von Ausländern zur Welt kamen. Diese 1,4 Mio. Angehörigen der „zweite Generation" besitzen weder die deutsche Staatsangehörigkeit noch ein dauerhaftes Bleiberecht (sofern sie nicht Bürger eines anderen EU-Staates sind). Erst die ab dem Jahr 2000 im Inland geborenen Kinder ausländischer Eltern werden automatisch deutsche Staatsbürger, sofern wenigstens ein Elternteil seit mindestens acht Jahren in Deutschland lebt und über einen verfestigten Aufenthaltsstatus verfügt. Sie werden sich allerdings im Alter zwischen 18 und 23 Jahren zwischen der deutschen Staatsbürgerschaft und jener der Eltern entscheiden müssen.

Vertriebene der Nachkriegszeit, sogenannte „Republikflüchtlinge" aus der DDR und Arbeitsmigranten waren nicht die einzigen Zuwanderer in die Bundesrepublik. Seit den 50er Jahren wurden von allen Regierungen deutschstämmige Aussiedler ins Land gelassen: bis 1998 insgesamt 3,8 Mio. Allerdings spielte diese ethnisch privilegierte Einwanderung bis Mitte der 80er Jahre quantitativ eine geringere Rolle, weil die Existenz des Eisernen Vorhangs und administrative Hindernisse eine Ausreise aus der östlichen Hälfte Europas im Regelfall unmöglich machten. Erst Ende der 80er Jahre (fünfte Phase) wurden Aussiedler ein bedeutender Bestandteil der Zuwanderung nach Deutschland. Diese Phase war aber auch durch eine Massenmigration zwischen Ost- und Westdeutschland geprägt. Fast zeitgleich stieg der Zustrom von Asylbewerbern stark an. Über 1,4 Mio. Menschen – vorwiegend aus der östlichen Hälfte Europas, vom Balkan und aus der Türkei – suchten im Zeitraum von 1988 bis 1993 um politisches Asyl an. Weitere 350.000 Kriegsvertriebene aus Bosnien-Herzegowina fanden außerhalb des Asylverfahrens vorübergehend Aufnahme in Deutschland. Ohne diese Maßnahme und ohne die privilegierte Zuwanderung von Aussiedlern und DDR-Bürgern wäre die Zahl der Asylbegehren in (West-)Deutschland noch um ein Vielfaches größer gewesen.

In der fünften Phase der Migrationsgeschichte Deutschlands war die Zuwanderung nach Deutschland kurzzeitig größer als in die USA. Von vielen wurde dies bereits als drohender Dauerzustand gesehen. Doch seit 1992/93 haben restriktive Regelungen den Zugang zu politischem Asyl und die Einwanderung deutschstämmiger Aussiedler erheblich verringert und damit eine sechste Phase der deutschen Migrationsgeschichte nach 1945 eingeleitet. Sie ist durch erheblich geringere Nettozuwanderung geprägt. Auch die Aufnahme von Kriegsvertriebenen aus dem Kosovo erfolgte 1999 in erheblich geringerem Umfang (vorübergehend 15.000 Personen) als seinerzeit jene der Kriegsopfer aus Bosnien.

9.2 Freizügigkeit für wen?

Die meisten Deutschen und Westeuropäer halten Migration weiterhin für den – weniger wünschenswerten – Ausnahmefall, lebenslange Seßhaftigkeit hingegen für das Normale. Die öffentliche und veröffentlichte Meinung schwankt zwischen dem Wunsch nach Humanität im Einzelfall und dem Ruf nach mehr Härte gegenüber potentiellen Zuwanderern. Zugleich besteht bei vielen die Vorstellung, die reichen Länder Europas könnten sich gegenüber ihren Nachbarn und dem Rest der Welt weitgehend abschotten. Die jüngere Geschichte zeigt allerdings, daß nicht einmal der DDR die totale Abschottung gelang. Die Mauer fiel, aber nur wenige träumen heute noch von einem Europa der offenen Grenzen. Viel stärker ist der Ruf nach verbesserter Grenzkontrolle und einer Verstärkung der Grenztruppen.

Nach 1990 wurden Ausländer, Aussiedler und Flüchtlinge in Deutschland erneut ein Thema öffentlicher Auseinandersetzungen und politischer Kontroversen. Dabei ging es vor allem um die Frage, ob und wie die Zahl der Asylbewerber reduziert werden könnte. Und es geht bis heute um die Frage, ob und wie sich illegale Einwanderung verhindern läßt. Nicht ganz so kontrovers ist die Debatte über die zukünftige Zahl der Aussiedler. Ihr Zustrom und die ihnen zustehenden Sozialleistungen wurden ohne größere innenpolitische Diskussion reduziert. Vor 1990 hatte die Logik des Kalten Krieges, aber auch die Situation im geteilten Deutschland zumindest Richtung Osten eine Politik der offenen Tür bewirkt. Dies war damals von nicht zu unterschätzender symbolischer Bedeutung. Der Westen wollte Bürger wie Machthaber in den kommunistisch regierten Ländern Europas daran erinnern, daß das Recht zu reisen und dem eigenen Staat gegebenenfalls auch den Rücken zu kehren, ein Bestandteil freiheitlich-demokratischer Ordnungen ist.

Die Politik der offenen Tür für Ausreisewillige aus der östlichen Hälfte Europas sollte im Zeitalter der Ost-West-Konfrontation vor allem eines demonstrieren: Nur totalitäre Staaten haben es nötig, ihre Grenzen dicht zu machen. Zugleich war diese Haltung des Westens relativ risikolos. Denn Mauer, Stacheldraht, östliche Grenztruppen mit Schießbefehl sowie administrative Reisebeschränkungen für Bürger kommunistischer Staaten verhinderten bis 1988/89 jede größere Zuwanderung. Erst nach dem Fall des Eisernen Vorhangs und durch die neue Reisefreiheit in Mittel- und Osteuropa mußte der Westen in diesem Punkt Farbe bekennen. Zum Recht auf Auswanderung aus dem eigenen Herkunftsland gibt es in der Mehrzahl der Fälle keinen analogen Rechtsanspruch auf Einwanderung in ein anderes Land. Aus der Freizügigkeit für Bürger der EU-Staaten innerhalb der Europäischen Gemeinschaft, aber auch aus der Aufnahme deutschstämmiger Aussiedler in der Bundesrepublik lassen sich keine analogen Ansprüche für Bürger von Drittstaaten ableiten.

Abbildung 40: Möglichkeiten der Zuwanderung nach Deutschland

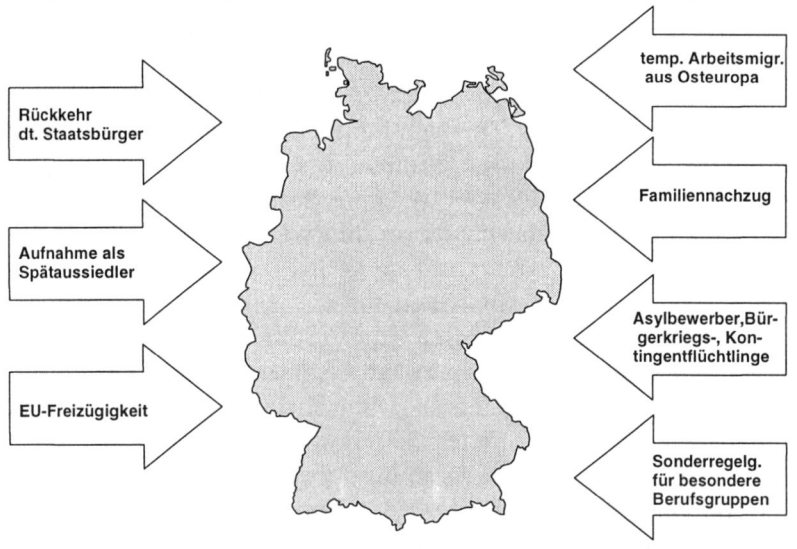

Rückkehr dt. Staatsbürger

Aufnahme als Spätaussiedler

EU-Freizügigkeit

temp. Arbeitsmigr. aus Osteuropa

Familiennachzug

Asylbewerber, Bürgerkriegs-, Kontingentflüchtlinge

Sonderregelg. für besondere Berufsgruppen

eigene Darstellung

188

Wichtigste legale Möglichkeiten der temporären oder permanenten Zuwanderung nach Deutschland sind und bleiben in den kommenden Jahren (vgl. Abbildung 40):

- das Recht auf Zuwanderung bzw. jederzeitige Rückkehr für im Ausland lebende deutsche Staatsangehörige;
- die Aufnahme von Spätaussiedlern aus den GUS-Staaten (mindestens bis 2010);
- die Freizügigkeit für Bürger anderer Mitgliedstaaten der EU und des Europäischen Wirtschaftsraumes (EWR);
- legale Arbeitsmöglichkeiten für Bürger von Nicht-EU-Staaten (Vertragsarbeiter, Saisonarbeiter, „neue Gastarbeiter");
- das Recht auf Familiennachzug für ausländische Ehepartner und minderjährige Kinder (bis 16 Jahre) von in Deutschland lebenden Ausländern;
- das Recht auf Asyl für politisch Verfolgte und ihre unmittelbaren Familienangehörigen sowie bestehende Regelungen der Aufnahme von Kontingentflüchtlingen und der vorübergehenden Duldung von Kriegsopfern und Vertriebenen;
- Ausnahmeregelungen für ausländische Studierende sowie für Angehörige diverser Berufsgruppen (ausländische Manager, reproduzierende Künstler, Sportler, Journalisten, Truppen und Militärpersonal verbündeter Staaten, Bedienstete internationaler Organisationen etc.).

Nicht alle genannten Zuzugsmöglichkeiten führen zu permanenter Zuwanderung. Ausländische Werkvertragsarbeiter und Saisonbeschäftigte, Studenten, Journalisten und Militärs verlassen das Land in der Regel relativ rasch. Zugleich zeigen die Erfahrungen der letzten Jahre, daß auch ein Teil der abgelehnten Asylbewerber und der Kriegsvertriebenen früher oder später in ihr Herkunftsland zurückkehrt bzw. zurückkehren muß. Gleiches gilt in größerem Umfang auch für Arbeitsmigranten aus Mittelmeerstaaten und Ostmitteleuropa sowie in geringerem Umfang für anerkannte Flüchtlinge. Auf jeden Fall liegt der Netto-Wanderungsgewinn beträchtlich unter der jährlich registrierten Brutto-Zuwanderung.

9.3 Wozu Migrationspolitik?

Aus heutiger Sicht ist klar: Die Zuwanderung nach Deutschland wird auf absehbare Zeit das Niveau der späten 80er und frühen 90er Jahre nicht wieder erreichen. Aber trotz restriktiver Bestimmungen und lückenloserer Kontrollen wird es auch in Zukunft ein gewisses Maß an temporärer und auch an permanenter Zuwanderung nach Deutschland geben. Ausschlaggebend dafür sind mindestens drei Gründe:

- Ein Teil der zukünftigen Migration ist Folge der zunehmenden Internationalisierung von Produktion, Distribution und Arbeitsmärkten. Deutsche Firmen und Konzerne können sich von dieser Globalisierung nicht abkoppeln, multinational operierende Konzerne nutzen sie ohnedies systematisch. Eben dies erzwingt eine zunehmende Mobilität mittlerer und höherer Angestellter sowie ihrer Familien. Hinzu kommt die Nachfrage nach speziellen Qualifikationen, über die Inländer nicht verfügen. Durch die Freizügigkeit innerhalb der EU und des EWR besteht für Deutschland überdies kaum eine Möglichkeit, Arbeitsmigration aus anderen westeuropäischen Staaten zu beschränken. Nach einem EU-Beitritt Polens, der Tschechischen Republik und Ungarns wird diese Freizügigkeit – nach einer mehrjährigen Übergangsfrist – auch für Bürger unserer östlichen Nachbarstaaten gelten.

- Für weitere Zuwanderung nach Deutschland wird die Anwesenheit von 7,3 Mio. Ausländern sorgen. Sie stellen – relativ unabhängig von der Situation auf dem Arbeitsmarkt – ein erhebliches Potential für Familiennachzug dar. Denn etliche legal in Deutschland lebende Ausländer haben noch Ehepartner oder minderjährige Kinder im Ausland. Andere werden ausländische Partner aus der jeweiligen Herkunftsregion heiraten und nach Deutschland holen. Ähnliches gilt für die mehr als 3,2 Mio. im Land lebenden Aussiedler. Auch sie werden – trotz verschärfter Aufnahmeregelungen für Spätaussiedler – durch Kettenmigration für den weiteren Zuzug von auswanderungswilligen Angehörigen deutscher Minderheiten, insbesondere aus Sibirien, Kasachstan und Kirgisien sorgen.

- Für ein gewisses Maß an Zuwanderung spricht schließlich die ökonomische und politische Stabilität Deutschlands und seine geopolitische Lage. Ins Gewicht fallen diese Faktoren angesichts bestehender oder absehbarer politischer und wirtschaftlicher Instabilität in jenen Teilen der Welt, die über traditionelle oder erst in jüngerer Zeit entstandene Migrationsbeziehungen zu Deutschland verfügen. Dies gilt insbesondere für den Balkan und die Nachfolgestaaten der Sowjetunion sowie für die Türkei und andere Regionen Westasiens. Gewaltsam ausgetragene Konflikte, politische und ökonomische Krisen in den genannten Regionen führen in Deutschland regelmäßig zu mehr Asylanträgen, verstärktem Nachzug von Familienangehörigen, zusätzlichen Anträgen auf Anerkennung als Spätaussiedler, aber auch zu illegaler Einreise.

Sowohl die genannten Migrationsursachen als auch die bestehenden legalen Zuwanderungsmöglichkeiten legen folgenden Schluß nahe: Zukünftige Zu- und Abwanderungen werden sich durch politische Maßnahmen nicht vollständig steuern lassen. Dennoch besteht in Deutschland und in seinen westeuropäischen Nachbarländern Spielraum für eine vorausschauende Migrationspolitik, die nicht bloß defensiv reagiert, sondern sich sowohl am pragmatischen Kriterium der Durchsetzbarkeit als auch an nationalen und europäischen Interessen orientiert. Eine solche Migrationspolitik sollte versuchen, anhand nachvollziehbarer Kriterien und innerhalb eines akkordierten quantitativen Rahmens zu definieren, wer bzw. wie viele Personen in Zukunft zuwandern sollen.

Wanderungspolitik ist nicht altruistisch. Sie hat mit Kirchenasyl und humanitärer Hilfe wenig zu tun. Denn eine pragmatische Wanderungspolitik in Deutschland und Westeuropa löst weder die Probleme von Armut und Überbevölkerung in vielen Entwicklungsländern, noch korrigiert sie die Folgen ethnischer Säuberungen im ehemaligen Jugoslawien, das Unrecht politischer Unterdrückung von Kurden und Aleviten in der Türkei oder den Schock nach Einführung der Marktwirtschaft in ehemals sozialistischen Ländern. Wanderungspolitik dient in erster Linie den Interessen des Aufnahmelandes.

- Zentrales Ziel jeder zukünftigen Wanderungspolitik muß es sein, Zuwanderung aus dem Ausland nach qualitativen, quantitativen und administrativ faßbaren Kriterien rechtsstaatlich zu regeln. Deutsche Migrationspolitik sollte mit Regelungen auf europäischer Ebene vereinbar sein. Und sie muß grundlegende Rechte von Zuwanderern, Asylbewerbern und deren Familienangehörigen respektieren.

- Wanderungspolitik sollte potentiellen Zuwanderern eine klare Perspektive bieten. Dazu gehört auch Klarheit darüber, wer in Deutschland bleiben darf, wer nur für eine begrenzte Zeit ins Land gelassen wird und wer auf absehbare Zeit nicht zuwandern darf. Wesentlich sind zugleich konkrete Integrationsmaßnahmen, damit Migranten nicht an den Rand der Gesellschaft gedrängt werden, bloße Manövriermasse auf dem Arbeitsmarkt bleiben und die neuen Unterschichten oder Problemgruppen von morgen bilden.

- Schließlich muß sich Wanderungspolitik um Akzeptanz innerhalb der einheimischen Bevölkerung bemühen. Denn auch die praktikabelste Wanderungspolitik läßt sich auf Dauer nicht gegen eine Mehrheit der Wahlberechtigten durchsetzen.

- Ergänzend dazu brauchen wir eine Außen- und Entwicklungspolitik, die Flucht- und Wanderungsursachen in den Herkunftsländern potentieller Migranten energischer als bisher bekämpft. Denn zur Aufnahme von Kriegsvertriebenen gibt es eine klare, politisch und humanitär vertretbare Alternative: Wir können uns bemühen, Konflikte erst gar nicht bis an jenen Punkt eskalieren zu lassen, wo Gewalt angewandt wird und Menschen zum Verlassen ihres Landes zwingt.

Aus der Binnenperspektive des Ziellandes Deutschland ist zweierlei entscheidend: die Regelung des Zuzugs und die Integration jener Migranten, die voraussichtlich für längere Zeit im Land bleiben.

Geregelt sind Zuzug und Zuwanderung nach Deutschland in einer Reihe von Gesetzen und Verfahren. Was fehlt, ist ein migrationspolitischer Rahmen. Und es fehlen geeignete Mechanismen der Abstimmung. Die Aufnahme von Spätaussiedlern, die Genehmigung von Familiennachzug für Angehörige von Arbeitsmigranten und anerkannten Flüchtlingen, die Erteilung von Ausnahmeregelungen für dringend benötigtes Fachpersonal sowie von Arbeitserlaubnissen für Saisonarbeitskräfte, aber auch alle Entscheidungen über die Aufnahme oder die weitere Duldung von Kriegsvertriebenen erfolgen jeweils unabhängig voneinander. Und sie erfolgen im föderalen System der Bundesrepublik Deutschland zum Großteil dezentral, bzw. sie müssen dezentral umgesetzt oder durchgesetzt werden. Nur für die Aufnahme von Aussiedlern und die Anerkennung politischer Flüchtlinge sind Bundesbehörden zuständig. Zahllose andere Entscheidungen – einschließlich jener über den Familiennachzug, die Einbürgerung von Ausländern und die Abschiebung abgelehnter Asylbewerber – werden von Landesbehörden getroffen.

Für die entscheidenden Behörden ist vielfach nicht klar, in welchem Ausmaß sie selbst zu den aktuellen Migrationsverhältnissen beitragen. Eine Alternative dazu wäre die Festlegung von Quoten für einzelne Kategorien von Migranten und einer jährlichen Obergrenze der Netto-Zuwanderung. Dann müßten sich Bund, Länder und Kommunen sowie Vertreter von Arbeitgebern und Arbeitnehmern in regelmäßigen Abständen auf solche Quoten, eine Obergrenze und transparente Verfahren der Auswahl oder Ablehnung verständigen. In Summe muß dies keineswegs mehr Zuwanderung als heute bedeuten. Es wäre allerdings zu erwarten, daß eine solcherart abgestimmte Migrationspolitik eine andere Zusammensetzung der zu- und abwandernden Bevölkerung bewirkt.

Wanderungspolitik muß also den Versuch unternehmen, zukünftige Migrationsprozesse quantitativ und qualitativ zu steuern. Deutschland kann dabei nicht völlig autonom handeln. Es muß sich mit seinen europäischen Partnern abstimmen. Bisher geschah das nur „negativ", also bei dem Versuch der Abwehr unerwünschter Wanderungsströme. In diesem Bereich kooperieren Europas Innen- und Justizminister. Kaum Kooperation gibt es hingegen bei der Aufnahme und Verteilung größerer Flüchtlingsströme. Hier fehlt es an gesamteuropäischen Mechanismen der Lastenverteilung. Aber auch bei der energischen Bekämpfung von Flucht- und Migrationsursachen mangelt es Deutschland und seinen EU-Partnern in der Regel am politischen Willen oder an der Fähigkeit zu koordiniertem Vorgehen.

Eines machen diese Schwierigkeiten zusätzlich klar: Wanderungspolitik kann Flüchtlingspolitik nicht ersetzen. Denn es wird auch in Zukunft Verfolgte geben, die in Deutschland und anderswo Schutz suchen müssen. Sie können und dürfen nicht mit dem Hinweis auf das bereits „volle Boot" abgewiesen werden. Problematisch ist dabei die Vorstellung, in unserer Nachbarschaft gäbe es ohnehin keine Verfolgung, und Flüchtlinge aus Drittstaaten sollten daher gleich dort bleiben, statt nach Deutschland zu kommen. Die Logik dieser Argumentation wälzt jedoch die Lasten von Flucht und irregulärer Migration auf die meist armen Nachbarländer der jeweiligen Konfliktgebiete ab. Zugleich gibt es allerdings keinen vernünftigen Grund, warum Deutschland mehr als ein Drittel aller Asylbewerber Europas aufnehmen soll, wie dies derzeit der Fall ist. Hier bedarf es gesamteuropäischer Solidarität. Und es bedarf eines anderen Blickwinkels. Denn generell muß Wanderungspolitik keineswegs altruistisch sein, unsere Haltung gegenüber den Opfern ethnischer Säuberungen und politischer Gewalt hingegen schon.

Fazit dieser Überlegungen ist: Es gibt auf nationalstaatlicher Ebene durchaus ungenutzte Spielräume für Migrationspolitik. Deutschland hat somit einen gewissen Einfluß darauf, wer zukünftig ins Land kommen darf. Doch auch wenn die bestehenden Regelungen restriktiv ausgelegt werden, muß ein Land wie Deutschland in den nächsten Jahrzehnten mit Zuwanderung rechnen.

9.4 Blick in die Zukunft

Die Bevölkerung Deutschlands wird in den nächsten Jahrzehnten kaum wachsen, sondern stagnieren oder sogar abnehmen. Zu diesem Ergebnis kommen fast alle aktuellen Bevölkerungsprognosen, darunter auch die in diesem Buch präsentierte. Die jährliche Zahl der Geburten in Deutschland ist seit den 70er Jahren kleiner als die Zahl der Sterbefälle. Ohne Zuwanderungen und die höheren Kinderzahlen der Ausländer wäre die Einwohnerzahl der Bundesrepublik bereits seit längerem rückläufig.

Das zukünftige Wachstum der in- und ausländischen Bevölkerung in Deutschland hängt vor allem von folgenden Faktoren ab:

- von der Größe der zukünftigen Zu- und Fortzüge von Ausländern und Aussiedlern (Wanderungssaldo),

- von der Zahl der in Deutschland geborenen Kinder in- und ausländischer Eltern und der Zahl hier versterbender In- und Ausländer (Geburtensaldo),

- von der Zahl der Einbürgerungen,

- vom Ausmaß, in dem hier geborene Kinder ausländischer Eltern die deutsche Staatsbürgerschaft aufgrund des ab dem Jahr 2000 geltenden *ius soli* erwerben und über das 23. Lebensjahr hinaus durch aktive Entscheidung auch behalten.

Mit Blick auf die Erfahrungen der letzten 40 Jahre und in Abhängigkeit von zukünftigen wanderungspolitischen Entscheidungen lassen sich plausible Annahmen über die Entwicklung der zukünftigen Zuwanderung formulieren. Für die durchschnittliche Kinderzahl und die Lebenserwartung der Ausländer ist von einer Fortschreibung bestehender Trends auszugehen.

Wichtigste Ergebnisse und Schlußfolgerungen unserer Prognose sind:

- Deutschland wird im Jahr 2030 zwischen 74 und 82 Mio. Einwohner haben (1998: 82,0 Mio.). Die Einwohnerzahl wird wesentlich vom Ausmaß zukünftiger Zuwanderungen abhängen.

- Am wahrscheinlichsten ist aus heutiger Sicht mittelfristig eine Nettozuwanderung von 170.000 Ausländern und 60.000 Aussiedlern pro Jahr (mittleres Szenario). Dies liegt nahe am Durchschnitt der letzten 35 Jahre. Die Zahl der in Deutschland lebenden Ausländer würde sich dann bis zum Jahr 2030 auf 9,8 Mio. erhohen. Der Ausländeranteil an der Gesamtbevölkerung würde von gegenwärtig 8,9% auf 12,6% steigen.

- Von erheblichem Einfluß ist das ab dem Jahr 2000 für 50-60% der in Deutschland geborenen Kindern mit ausländischen Eltern geltende *ius soli*. Von 2000 bis 2030 betrifft dies immerhin 1,6 Mio. Kinder und Jugendliche. Würde diese Regelung nicht gelten, dann wären Zahl und Anteil der Ausländer (nach alter Rechtslage) im Jahr 2030 erkennber höher (Ausländer 2030 ohne *ius soli*: 14,7% der Gesamtbevölkerung bzw. 11,4 Mio. statt 12,6% bzw. 9,8 Mio. mit *ius soli*).

- Auf jeden Fall wächst die ausländische Bevölkerung noch zwei Dekaden auch aufgrund des Geburtenüberschusses der Ausländer. Dieser „Überschuß" wird bis 2020 verschwinden. Denn auch die ausländische Bevölkerung altert. Damit steigt die Zahl der Sterbefälle. Altersstruktur und Kinderzahl der Ausländer nähern sich denen der deutschen Bevölkerung an. Zugleich erwirbt ein voraussichtlich langsam wachsender Anteil der Kinder ausländischer Eltern mit der Geburt die deutsche Staatsbürgerschaft.

- Zuwanderung aus dem Ausland erfolgt vor allem in die größeren Städte. Ein bundesweiter Ausländeranteil von 13% bedeutet daher: In einer Reihe von Städten dürfte der Ausländeranteil auf über 30% steigen. Zu erwarten ist dies z.B. für München und Stuttgart. In Frankfurt/Main wird der Ausländeranteil auf über 40% steigen. In Köln, Ludwigshafen oder Düsseldorf wird dann etwa jeder vierte Einwohner, in Hamburg und Berlin etwa jeder fünfte Einwohner keinen deutschen Paß haben.

- Die prognostizierte Entwicklung bedeutet, daß im Jahr 2030 rund ein Siebtel der Wohnbevölkerung Deutschlands – in einigen Städten sogar 30-40% der Einwohner – von staatsbürgerlichen Rechten und Pflichten ausgeschlossen sein wird. Das gilt für das Wahlrecht auf Bundes- und Landesebene ebenso wie für Wehrpflicht oder Zivildienst. Diese Prognose macht eines deutlich: Mit Wanderungspolitik allein ist es nicht getan. Aus Zuwanderern sollten mittel- und langfristig auch Staatsbürger werden.

- Einbürgerung allein kann die Probleme im Zusammenhang mit Zuwanderungen nicht lösen. Zugleich bedarf es gezielter Maßnahmen zur Integration legaler Zuwanderer, insbesondere derer, die schon länger im Land sind und voraussichtlich auf Dauer hier bleiben werden. Denn die Eingliederung von Migranten geschieht nicht von selbst. Und sie ist auch nicht zum Nulltarif zu haben. Nur bei Aussiedlern ziehen wir aus dieser Einsicht die nötigen Konsequenzen.

9.5 Integration

Die Mehrzahl der vor der deutschen Vereinigung 1990 ins Land gekommenen Ausländer und Aussiedler hat sich zumindest ökonomisch integriert. Von jenen, die die deutsche Sprache gut beherrschten, sich einbürgern ließen oder als Aussiedler Anspruch auf die bundesdeutsche Staatsbürgerschaft hatten, machten etliche Karriere. Aber auch von den – meist ausländischen – Immigranten, die keine Karriere machten, profitierte das Land. Sie übernahmen Jobs, die kein Deutscher mehr ausüben wollte. Sie ermöglichten ein höheres Wirtschaftswachstum. Und sie zahlten in der zweiten Hälfte des 20. Jahrhunderts beträchtlich mehr an Steuern und Sozialabgaben, als sie an Leistungen der öffentlichen Hand in Anspruch nahmen.

Für die Zeit seit 1990 fällt die Bilanz insgesamt nicht mehr so positiv aus. Sowohl Ausländer aus Südeuropa, dem Balkan und der Türkei als auch Aussiedler aus Rußland und Kasachstan sind überproportional von Arbeitslosigkeit betroffen. Wichtige Beschäftigungsbereiche, in denen Ausländer und Aussiedler in Deutschland bis in die 80er Jahre Arbeit fanden – vor allem manuelle Tätigkeiten in der Schwerindustrie und in der industriellen Massenfertigung – waren besonders stark vom Strukturwandel betroffen. Solche Arbeitsplätze wurden wegrationalisiert oder ins Ausland verlagert.

Bei Verlust des Arbeitsplatzes war und ist es gerade für ausländische Arbeitsmigranten der ersten Generation besonders schwierig, rasch eine neue Beschäftigung zu finden, da sie in der Regel nur über geringe Qualifikationen verfügen. Aber auch die in den letzten Jahren ins Land gekommenen Aussiedler kämpfen trotz formal besserer Qualifikation mit ähnlichen Problemen. Ihre Ausbildung und die vor der Zuwanderung erworbenen Fähigkeiten entsprechen vielfach nicht den Erfordernissen des deutschen Arbeitsmarktes. Ein beträchtlicher Teil der Aussiedler kämpft auch mit Sprachproblemen. Erschwerend kommt hinzu, daß viele ehemalige Gastarbeiter und ein Teil der Aussiedler ein Alter erreicht haben, in dem die Chancen auf dem deutschen Arbeitsmarkt generell sinken.

Ein Folgeproblem liegt auf der Hand. Ausländer mit niedrigem Erwerbseinkommen, langer Arbeitslosigkeit oder einem höheren Zuwanderungsalter erwerben in Deutschland lediglich Rentenansprüche, die kaum über dem Sozialhilfesatz liegen. Ein ähnliches Problem haben ausländische Selbständige, die in ökonomischen Nischen aktiv sind und keine Rücklagen für das Alter bilden können. Hinzu kommen ältere Spätaussiedler, denen seit Mitte 1996 nur noch eine Mindestrente zuerkannt wird, wenn sie in Deutschland keinen Rentenanspruch erwerben konnten. Für Asylbewerber besteht seit 1997 ein generelles Beschäftigungsverbot. Sie sind daher in jedem Fall auf staatliche Transfers angewiesen.

Für etliche junge Ausländer und Spätaussiedler ist vor allem der Übergang von der Schule in den Beruf mit Problemen verbunden. In dieser Phase macht sich die Konkurrenz gleichaltriger Einheimischer besonders bemerkbar. Bei Angehörigen der zweiten Generation, die den Zugang zum Arbeitsmarkt schaffen, zeigen sich hingegen durchaus positive Karriereverläufe. Trotzdem ist unübersehbar, daß ein nennenswerter Teil der jüngeren Ausländer, aber auch etliche Aussiedler in zunehmender Distanz zur deutschen Mehrheitsgesellschaft leben. Zeitschriften und TV-Programme aus den Herkunftsländern gewinnen an Verbreitung. Zugleich besteht ein erkennbarer Einfluß politischer und religiöser Bewegungen, die auf Abgrenzung gegenüber den einheimischen Deutschen setzen. Statt sich zu integrieren, werden manche junge Ausländer in Deutschland zu bewußten Moslems, Kurden, türkischen oder albanischen Nationalisten. Eine beinahe unausweichliche Folge dieser Entwicklung ist, daß die zentralen ethnischen und politischen Konflikte der jeweiligen Herkunftsländer in irgendeiner Form auch auf deutschem Boden ausgetragen werden.

Zum Teil hat diese Entwicklung mit der Suche von Angehörigem der zweiten Generation nach Identität und Anerkennung zu tun. Im Herkunftsland der Eltern sind sie in der Regel selbst Fremde, auch wenn sie sich mit ihm identifizieren. Zugleich wird ihnen die Identifikation mit Deutschland nicht immer leicht gemacht. Denn auch die Mehrheitsgesellschaft in Deutschland behandelt junge Ausländer keineswegs als Gleichberechtigte. Die Alltagserfahrungen der in Deutschland geborenen Ausländer läßt manche sogar vermuten, eher geduldet als erwünscht zu sein. Jene Verhältnisse, in denen ausländische Zuwanderer und ihre Kinder über viele Jahre in der Ungewißheit leben, ob sie denn bleiben werden oder wieder heimkehren sollen bzw. müssen, sind für die Betroffenen selbst, aber auch für Deutschland kontraproduktiv.

Deutschland braucht keine rasch wachsenden Gruppe von Einwohnern „zweiter Klasse". Zuwanderer, die auf Dauer in Deutschland bleiben werden, sollten deshalb im Laufe der Zeit deutsche Staatsbürger werden. Die ab dem Jahr 2000 weiter verkürzten Fristen sind ein Weg, dies zu erleichtern. In der Praxis würde dies erheblich mehr Einbürgerungen bedeuten. Anspruch auf die deutsche Staatsbürgerschaft hätten ab dem Jahr 2000 mindestens 60% aller Ausländer in Deutschland. Nur wenige von ihnen haben bisher einen Antrag auf Einbürgerung gestellt. Aus dem abstrakten Rechtsanspruch soll kein Automatismus werden. Aber Deutschland könnte jenen Ausländern, die auf Dauer im Land leben, stärker signalisieren, daß sie deutsche Staatsbürger werden sollen.

Gerade die für Deutschlands größere Städte prognostizierten Ausländeranteile unterstreichen die Notwendigkeit, im Prozeß der Integration jene Zuwanderer einzubürgern, die dies wünschen. Ein Teil der Kinder ausländischer Zuwanderer, die in Deutschland zur Welt kommen, erwirbt nun ohnedies mit der Geburt die deutsche Staatsbürgerschaft, müssen sich aber im Alter von 18-23 Jahren selbst entscheiden, ob sie den deutschen Paß behalten wollen. Dazu sollten sie ermutigt werden. Und auch jene Kinder und Jugendlichen, die vom *ius soli* aufgrund des Aufenthaltsstatus nicht profitieren sollten dazu ermutigt werden, ab 16 Jahren vom erleichterten Erwerb der deutschen Staatsbürgerschaft Gebrauch zu machen. Dabei geht es nicht darum, irgend jemandem die deutsche Staatsbürgerschaft aufzudrängen. Eine Wahlmöglichkeit soll bleiben. Aber es geht um Fairneß und Rechtssicherheit für De-facto-Einwanderer und für die hier aufwachsenden Kinder von Ausländern. Und es geht um ihre Anerkennung als gleichberechtigte Mitbürger.

Das Ziel sollte klar sein: Offene und demokratische Gesellschaften können kein Interesse an einer wachsenden Zahl innerlich ambivalenter oder nicht integrierter Mitbürger haben, die auf Dauer weder staatsbürgerliche Rechte noch Pflichten besitzen. Die Verfolgung dieses Zieles erfordert in bestimmten Fällen sogar die Tolerierung von doppelter Staatsbürgerschaft, obwohl dies von einer Mehrheit der Deutschen abgelehnt wird. Denn es ist nicht einzusehen, warum die Nachfahren von Einwanderern auf ihr Erbe in einem der Nachfolgestaaten Jugoslawiens oder anderswo verzichten müssen, mit hohen Geldforderungen ihrer ehemaligen Heimatländer konfrontiert werden oder anderen Schikanen ausgesetzt sind, sobald sie, um Deutsche zu werden, die Entlassung aus ihrer bisherigen Staatsbürgerschaft beantragen. Mehrstaatigkeit ist allerdings keine Patentlösung. Deutschland sollte den politischen Dialog mit jenen Ländern suchen, die ihre im Ausland lebenden Bürger nur ungern oder gar nicht aus der „ererbten" Staatsangehörigkeit entlassen. Bei Zuwanderern aus anderen EU-Staaten – in Deutschland sind dies immerhin 25% aller Ausländer, vor allem Italiener, Griechen, Spanier und Österreicher – gibt es zur Einbürgerung eine weitere Alternative: Ausreichend wäre eine weitgehende Gleichstellung im Rahmen der gemeinsamen EU-Bürgerschaft.

9.6 Fazit

Wenn sie gelingen, sind geregelte Immigration und wirksame Integration wichtige gesellschaftliche Steuerungsinstrumente. Deshalb lohnt es sich, über eine umfassende Regelung zukünftiger Einwanderung nachzudenken – trotz einer Grundstimmung im Land, die für Null-Zuwanderung plädiert und am liebsten auch einen Teil der hier lebenden Ausländer vom Arbeitsmarkt fernhalten würde. Und es lohnt sich, der Reform des Staatsangehörigkeitsrechts eine liberale Einbürgerungspraxis folgen zu lassen. Doch mit bloßer Einbürgerung ist es nicht getan. Zugleich bedarf es gezielter Maßnahmen zur Integration legaler Zuwanderer, insbesondere derer, die schon länger im Land sind und voraussichtlich auf Dauer hier bleiben werden. Denn die Eingliederung von Migranten geschieht nicht von selbst. Und sie ist auch nicht zum Nulltarif zu haben. Nur bei Aussiedlern zogen wir aus dieser Einsicht zumindest bis Mitte der 90er Jahre die nötigen Konsequenzen.

Die wirtschaftliche und soziale Integration der ausländischen Zuwanderer und der Spätaussiedler stellt eine der wichtigsten Herausforderungen dar, denen Deutschland in den nächsten Jahren gegenübersteht. Daher brauchen wir ein klares Signal, daß sich die Politik in Deutschland dem Phänomen der Zuwanderung und den mit ihr verbundenen Konsequenzen stellt, statt bloßes Krisenmanagement zu betreiben, zu beschwichtigen oder das Problem zu verdrängen. Nur dann kann eine Mehrheit der Bürgerinnen und Bürger dieses Landes Zuwanderung und die dadurch wachsende Vielfalt nicht vorrangig als Bedrohung empfinden, sondern auch als Konsequenz einer offenen Gesellschaft und als mögliche Bereicherung.

Gesetzesänderungen allein werden nicht ausreichen. Notwendig ist auch eine etwas andere Einstellung zu Nation und Staatsbürgerschaft. Denn bis heute dominiert die Vorstellung, Deutscher oder Deutsche könne man eigentlich nur als Kind deutscher Eltern sein. Zentrales Kriterium wäre demnach die gemeinsame Abstammung. Diese Vorstellung erschwert die Integration der in Deutschland lebenden Fremden, blockierte über Jahre die Reform des Staatsbürgerschaftsrechts und steht in spannungsreichem Kontrast zur größer gewordenen ethnischen und religiösen Vielfalt in Deutschland. Was dieses Land daher braucht, ist ein realistisches Selbstbild als De-facto-Einwanderungsland, ein gelassenerer Umgang mit der in den letzten Jahrzehnten gewachsenen Vielfalt, aber auch eine offensive Diskussion darüber, welchen gemeinsamen Grundwerten Einheimische, Eingebürgerte und hier lebende Fremde verpflichtet sein sollten.

Anhang:
Hinweise auf die analysierten Daten

Unsere Analysen zu Migration von Deutschen und Ausländern sowie zur Integration von Migranten stützen sich zum Teil auf Daten der amtlichen Statistik und einiger Bundesbehörden. Dabei fällt auf, daß die amtliche Statistik auf einige relevante Fragen keine Antworten zu geben vermag. Eine Ursache ist das Fehlen von Volkszählungsdaten aus jüngerer Zeit. Die letzte Volkszählung der DDR fand 1981, die bislang letzte Volkszählung der Bundesrepublik fand 1987 statt.

Zusätzliche Probleme entstehen dadurch, daß eine Reihe amtlicher Daten nicht für Zwecke von Wissenschaft und Planung erhoben werden und daher auch kaum Auswertungen vorliegen. Dies gilt insbesondere für die Daten des Ausländerzentralregisters (Köln), aber auch für die vom Bundesamt für die Anerkennung von Flüchtlingen (Zirndorf) über Asylbewerber und die vom Bundesverwaltungsamt (Köln) über Aussiedler gesammelten Daten. Letzteres ist um so bedauerlicher, da Aussiedler von ihrer Zuwanderung nach Deutschland an für die amtliche Statistik als Deutsche gelten und folglich kaum noch gesondert ausgewiesen werden.

Schließlich gibt es Probleme, die in der Natur der Sache liegen. Etliche In- und Ausländer verlassen das Land, ohne sich abzumelden. Bei den Ausländern betrifft dies nicht nur abgelehnte Asylbewerber, sondern auch Personen, die vorübergehend oder für immer in ihr Herkunftsland zurückkehren. Die vorhandenen Daten überschätzen daher möglicherweise die Zahl der legal anwesenden Ausländer. Zugleich gibt es keine gesicherten Informationen über Zahl und Herkunft jener Personen, die sich irregulär in Deutschland aufhalten.

Unsere Analyse zugänglicher amtlicher Daten wird durch Auswertungen des Sozio-Ökonomischen Panels (SOEP) ergänzt. Das SOEP ist eine repräsentative Längsschnittstudie auf Haushaltsbasis. Seit 1984 wird sie in Westdeutschland, seit 1990 in Ostdeutschland durchgeführt. Dabei werden immer dieselben Haushalte befragt. Um die ausländische Bevölkerung (West-)Deutschlands abbilden zu können, wurden 1984 für die fünf damals quantitativ bedeutendsten Nationalitäten (Türken, Jugoslawen, Italiener, Griechen, und Spanier) aus dem Ausländerzentralregister jeweils repräsentative Stichproben gezogen. Um eine gewisse Auswertungstiefe auch für die Samples der ausländischen Bevölkerung zu gewährleisten, wurde hier ein überproportionaler Stichprobenansatz gewählt; Ausländer sind also im SOEP stärker vertreten, als es ihrem Anteil in der Bevölkerung entspricht. Im Basisjahr 1984 wurden rund 12.000 Personen befragt, darunter 9.000 Inländer (Stichprobe A) und 3.000 Ausländer aus den genannten Herkunftsländern von Arbeitsmigranten (Stichprobe B).

Für die Untersuchungen in diesem Buch wurden aus den Stichproben A und B zwei Längsschnittkohorten ausgewählt. Dies ist sowohl methodischen als auch analytischen Gesichtspunkten geschuldet. Inhaltlich erscheint es sinnvoll, die Zeit vor und nach der Vereinigung getrennt zu betrachten, da angenommen werden kann, daß die nach der deutschen Vereinigung verschärfte Konkurrenz auf dem westdeutschen Arbeitsmarkt die Beschäftigungs- und Karrieremöglichkeiten der ausländischen Bevölkerung verschlechtert hat. Methodisch gilt es, Verzerrungen in der Altersstruktur der Längsschnittkohorte zu vermeiden, die sich durch die Wahl eines zu langen Beobachtungszeitraumes ergeben. Die erste Längsschnittkohorte umfaßt die Jahre 1984 bis 1989 und die zweite die Jahre 1993 bis 1997. Da die Analysen auf Fragen der Arbeitsmarktintegration abzielen, wurden nur Personen im erwerbsfähigen Alter betrachtet.

Besondere Aufmerksamkeit richteten die Analysen auf die zweite Ausländergeneration und somit auf die intergenerationale Mobilität. Zur zweiten Generation wurden von uns all jene Personen der Stichprobe B gerechnet, die in Deutschland geboren sind. Da deren Zahl 1984 noch sehr klein war, wurden für die erste Längsschnittkohorte auch diejenigen in die Analysen einbezogen, die eine deutsche Schule besucht haben. Der zweiten Generation wurde eine deutsche Vergleichsgruppe gegenübergestellt, die etwa der Altersstruktur der Zweiten Generation entspricht. Dies waren in der ersten Kohorte die

16- bis 25jährigen und in der zweiten Kohorte die 16- bis 30jährigen. Damit konzentrieren sich die Analysen für die zweite Generation weitgehend auf die Berufseinmündungsphase. Neben der intergenerationalen Mobilität wird besonderes Augenmerk auf die Arbeitsmarktintegration ausländischer Frauen und türkischer Zuwanderer gerichtet, da diese Gruppen allgemein als besonders benachteiligt gelten. Aufgrund der räumlichen Konzentration der hier untersuchten Zuwanderergruppen in Westdeutschland, wo 97% aller Ausländer in Deutschland leben, wurde die westdeutsche Bevölkerung als Vergleichsbevölkerung gewählt. Überall dort, wo in diesem Buch auf Basis des SOEP Deutsche mit Ausländern verglichen werden, geht es somit um den Vergleich von Arbeitsmigranten aus den genannten fünf Herkunftsländern mit Westdeutschen.

Da die Stichprobenziehung für Westdeutsche und in Westdeutschland lebende Ausländer bereits 1984 erfolgte, sind Personen, die seither einwanderten, in den Stichproben A und B sowie in der Stichprobe C (Ostdeutsche; Panelerhebung seit 1990) nicht enthalten.

In Ergänzung zu diesen drei Teilerhebungen wird seit 1994 eine Stichprobe von Personen befragt, die zwischen 1984 und 1993 zuwanderten (Stichprobe D). Die in diesem Buch präsentierten Analysen zu Aussiedlern in Deutschland beruhen teilweise auf Daten der Zuwandererstichprobe. Diese Teilstichprobe hatte zum Ziel, die große Zahl an Neuzuwanderern in den alten Bundesländern möglichst repräsentativ abzubilden. Damit werden die ab 1984 jährlich durchgeführten Erhebungen der deutschen und ausländischen Bevölkerung seit 1994/95 um das sozialstrukturell bedeutsame Element der neuen Zuwanderer ergänzt (Schulz et al. 1993). Der Stichprobenumfang reicht aus, um diese Gruppe analysieren zu können. 1994 wurden in der Stichprobe D erstmals 472 Personen befragt. 1995 wurde dieser Personenkreis bereits zum zweiten Mal befragt und die Stichprobe um weitere 622 Personen aufgestockt. Unsere Analysen beruhen auf der 1995 durchgeführten Befragung.

Da das SOEP eine Haushaltsstichprobe ist, wohnen in Zuwandererhaushalten der Stichprobe D auch Personen, die gar nicht oder bereits vor 1984 zugewandert sind. Für unsere Untersuchung der Aussiedler ist diese Gruppe nicht von Relevanz; sie wurde von der

Auswertung ausgeschlossen. Nach dieser Bereinigung verbleibt eine Stichprobe von insgesamt 1.001 Zuwanderern. Da überwiegend Fragen der Arbeitsmarktintegration untersucht wurden, sind Personen im Rentenalter nicht einbezogen. Damit reduziert sich die Fallzahl auf N = 964, darunter 492 Aussiedler. Die verwendeten Daten wurden keiner Gewichtung unterzogen.

Literatur

Alba, Richard D.; Johann Handl; Walter Müller (1994): Ethnische Ungleichheit im Bildungssystem. In: *Kölner Zeitschrift für Soziologie und Sozialpsychologie*, 46, 2, S. 209 - 237.

Angenendt, Steffen (1992): *Ausländerforschung in Frankreich und der Bundesrepublik Deutschland. Gesellschaftliche Rahmenbedingungen und inhaltliche Entwicklung eines aktuellen Forschungsbereiches.* Frankfurt/M.-New York: Campus.

Angenendt, Steffen (1997a): *Deutsche Migrationspolitik im neuen Europa.* Opladen: Leske + Budrich.

Angenendt, Steffen, Hrsg. (1997b): *Migration und Flucht. Aufgaben und Strategien für Deutschland, Europa und die internationale Gemeinschaft.* Bonn: Friedrich-Ebert-Stiftung.

Ausländerbeauftragte siehe: Beauftragte der Bundesregierung für die Belange der Ausländer sowie Beauftragte der Bundesregierung für Ausländerfragen.

Bach, Hans-Uwe et al. (1999): Der Arbeitsmarkt in der Bundesrepublik Deutschland in den Jahren 1998 und 1999. In: *Mitteilungen aus der Arbeitsmarkt- und Berufsforschung*, 32, 1, S. 5-40.

Bade, Klaus J. (1984a): Einführung: Vom Export der sozialen Frage zur importierten sozialen Frage: Deutschland im transnationalen Wanderungsgeschehen seit der Mitte des 19. Jahrhunderts. In: Klaus J. Bade, Hrsg.: *Auswanderer - Wanderarbeiter - Gastarbeiter. Bevölkerung, Arbeitsmarkt und Wanderung in Deutschland seit der Mitte des 19. Jahrhunderts.* Bd. I, Ostfildern: Scripta Mercaturae Verlag, S. 9-72.

Bade, Klaus J. (1984b): Die Ausländerbeschäftigung in der Bundesrepublik zwischen Arbeitswanderung und Einwanderung. Einführung. In: Klaus J. Bade, Hrsg.: *Auswanderer - Wanderarbeiter - Gastarbeiter. Bevölkerung, Arbeitsmarkt und Wanderung in Deutschland seit der Mitte des 19. Jahrhunderts.* Bd. I, Ostfildern: Scripta Mercaturae Verlag, S. 621–624.

Bade, Klaus J. (1990): *Neue Heimat im Westen: Vertriebene, Flüchtlinge, Aussiedler.* Münster: Verlag Westfälischer Heimatbund.

Bade, Klaus J. (1992a): Ausländer- und Asylpolitik in der Bundesrepublik Deutschland: Grundprobleme und Entwicklungslinien. In: Forschungsinstitut der Friedrich-Ebert-Stiftung, Hrsg.: *Einwanderungsland Deutschland. Bisherige Ausländer- und Asylpolitik. Vergleich mit an-*

deren europäischen Ländern. Gesprächskreis Arbeit und Soziales Nr. 14. Bonn: Friedrich-Ebert-Stiftung, S. 51-67.

Bade, Klaus J., Hrsg. (1992b): *Deutsche im Ausland – Fremde in Deutschland. Migration in Geschichte und Gegenwart.* München: C.H. Beck.

Bade, Klaus J. (1994a): *Ausländer, Aussiedler, Asyl.* München: C.H. Beck.

Bade, Klaus J., Hrsg. (1994b): *Das Manifest der 60. Deutschland und die Einwanderung.* München: C.H. Beck.

Bade, Klaus J., Hrsg. (1994c): *Homo Migrans. Wanderungen aus und nach Deutschland. Erfahrungen und Fragen.* Stuttgarter Vorträge zur Zeitgeschichte, 2, Klartext.

Bade, Klaus J. , Hrsg. (1996a): *Die multikulturelle Herausforderung. Menschen über Grenzen – Grenzen über Menschen.* München: C.H. Beck.

Bade, Klaus J. , Hrsg. (1996b): *Migration – Ethnizität – Konflikt. Systemfragen und Fallstudien.* Osnabrück: Rasch.

Bade, Klaus J., Jochen Oltmer (1999): *Aussiedler: deutsche Einwanderer aus Osteuropa.* Osnabrück: Rasch.

Bals, Christel (1989): Aussiedler - Erneut ein räumliches Problem? In: *Informationen zur Raumentwicklung,* 4, S. 305-317.

Barabas, György; Arne Gieseck; Ullrich Heilemann; Hans Dietrich von Loeffelholz (1992): Gesamtwirtschaftliche Effekte der Zuwanderung 1988 bis 1991. In: *RWI-Mitteilungen,* 43, S. 133-154.

Barth, Sigrun; Winfried Hain (1991): Demographie und Rentenversicherung – Langfristige Vorausrechnungen zu den Rentenfinanzierungen. In: *Deutsche Rentenversicherung,* 10-11, S. 724-739.

Bauer, Thomas (1998): *Arbeitsmarkteffekte der Migration und Einwanderungspolitik. Eine Analyse für die Bundesrepublik Deutschland.* Heidelberg: Physica.

Beauftragte der Bundesregierung für die Belange der Ausländer (1993): *Das Einbürgerungs- und Staatsangehörigkeitsrecht der Bundesrepublik Deutschland.* Bonn: Mitteilungen der Beauftragten der Bundesregierung für die Belange der Ausländer.

Beauftragte der Bundesregierung für die Belange der Ausländer (1994): *Daten und Fakten zur Ausländersituation.* Bonn: Mitteilungen der Beauftragten der Bundesregierung für die Belange der Ausländer.

Beauftragte der Bundesregierung für die Belange der Ausländer (1995): *Bericht der Beauftragten der Bundesregierung für die Belange der Ausländer über die Lage der Ausländer in der Bundesrepublik Deutschland.* Bonn: Mitteilungen der Beauftragten der Bundesregierung für die Belange der Ausländer.

Beauftragte der Bundesregierung für Ausländerfragen (1997): *Bericht der Beauftragten der Bundesregierung für Ausländerfragen über die Lage der Ausländer in der Bundesrepublik Deutschland.* Bonn: Mitteilungen der Beauftragten der Bundesregierung für die Belange der Ausländer.

Beauftragte der Bundesregierung für die Belange der Ausländer (1997): *Bericht der Beauftragten der Bundesregierung für die Belange der Ausländer über die Lage der Ausländer in der Bundesrepublik Deutschland.* Bonn: Mitteilungen der Beauftragten der Bundesregierung für die Belange der Ausländer.

Beauftragte der Bundesregierung für die Belange der Ausländer (1999): *Daten und Fakten zur Ausländersituation.* Bonn: Mitteilungen der Beauftragten der Bundesregierung für die Belange der Ausländer.

Beer, Mathias (1991): „Das unsichtbare Gepäck." Drei Thesen zur kulturellen und sozialen Integration der Aussiedler aus Rumänien in der Bundesrepublik. In: *Aktuelle Ostinformationen*, 23, S. 49-60.

Bender, Stefan; Wolfgang Seifert (1996): Zuwanderer auf dem Arbeitsmarkt: Nationalitäten- und geschlechtsspezifische Unterschiede. In: *Zeitschrift für Soziologie*, 25, 6, S. 473-495.

Bender, Stefan; Wolfgang Seifert (1998): Migrants in the German Labor Market: Nationality and Gender Specific Labor Market Opportunities. In: Hermann Kurthen, Jürgen Fijalkofski, Gerd Wagner, Hrsg.: *Immigration, Citizenship, and the Welfare State in Germany and the United States: Immigrant Incorporation.* Stamford/London: Jai Press, S. 95-118.

Benz, Wolfgang, Hrsg. (1985): *Die Vertreibung der Deutschen aus dem Osten. Ursachen, Ereignisse, Folgen.* Frankfurt/M.: S. Fischer.

Bethlehem, Siegfried (1982): *Heimatvertreibung, DDR-Flucht, Gastarbeiter, Zuwanderung, Wanderungsströme und Wanderungspolitik in der Bundesrepublik Deutschland.* Stuttgart: Klett-Cotta.

BfLR (1993): Perspektiven der künftigen Bevölkerungsentwicklung in Deutschland. *Informationen zur Raumentwicklung*, 9/10, 11/12. Bonn - Bad Godesberg: Bundesforschungsanstalt für Landeskunde und Raumordnung.

Biehler, Hermann; Wolfgang Brandes (1981): *Arbeitsmarktsegmentation in der Bundesrepublik.* Frankfurt/M.-New York: Campus.

Biller, Martin (1989): *Arbeitsmarktsegmentation und Ausländerbeschäftigung. Ein Beitrag zur Soziologie des Arbeitsmarktes mit einer Fallstudie aus der Automobilindustrie.* Frankfurt/M.-New York: Campus.

Biller, Martin (1990): Employment patterns among German and foreign workers at shop floor level – convergences and divergences. Findings of a case study. In: Jürgen Fijalkowski, Hrsg.: *Transnationale Migranten in der Arbeitswelt. Studien zur Ausländerbeschäftigung in der Bundesrepublik.* Berlin: Ed. Sigma, S. 15-31.

Birg, Herwig; Ernst-Jürgen Flöthmann (1993): *Bevölkerungsprojektionen für das wiedervereinigte Deutschland bis zum Jahr 2100.* Bielefeld: Institut für Bevölkerungsforschung und Sozialpolitik der Universität Bielefeld.

Birg, Herwig; Ernst-Jürgen Flöthmann; Th. Frein; K. Ströker (1998): *Simulationsrechnungen zur Bevölkerungsentwicklung in den alten und neuen Bundesländern im 21. Jahrhundert.* Institut für Bevölkerungsforschung und Sozialpolitik der Universität Bielefeld, IBS-Materialien, 45. Bielefeld: IBS.

Blahusch, Friedrich (1994): Flüchtlinge in Deutschland nach der Asylrechtsänderung im Grundgesetz. Die Veränderung der sozialen und politischen Situation für die Bundesrepublik und die Flüchtlinge. In: Rainer Münz; Hermann Korte; Gert Wagner, Hrsg.: *Internationale Wanderungen.* Demographie aktuell 5. Berlin: Humboldt-Universität, S. 143-157.

Blaschke, Dieter (1991): Sozialbilanz der Aussiedlung in den 80er und 90er Jahren. In: Hans-Peter Baumeister, Hrsg.: *Integration von Vertriebenen.* Weinheim: Beltz, S. 35-77.

Blaschke, Jochen (1991): International Migration and East-West Migration. Political and Economic Paradoxes. In: *Migration*, 11/12, S. 29-46.

Blossfeld, Hans Peter; Karl Ulrich Mayer (1988): Arbeitsmarktsegmentation in der Bundesrepublik Deutschland. Eine empirische Überprüfung von Segmentationstheorien aus der Perspektive des Lebenslaufs. In: *Kölner Zeitschrift für Soziologie und Sozialpsychologie*, 40, 2, S. 262-283.

Boos-Nünning, Ursula (1990): Einwanderung ohne Einwanderungsentscheidung: Ausländische Familien in der Bundesrepublik Deutschland. In: *Aus Politik und Zeitgeschichte (Beilage zur Wochenzeitung Das Parlament)*, B23-24/90, S. 16-31.

Booth, Heather (1992*): The Migration Process in Britain and West Germany. Two demographic studies of migrant populations.* Aldershot-Brookfield u.a.: Avebury.

Borjas, George J. (1985): Assimilation, Changes in Cohort Quality, and the Earnings of Immigrants. In: *Journal of Labor Economics*, 3, 4, S. 463-489.

Bös, Mathias (1995): Migration und soziale Ungleichheit: Soziale und politische Schließungen in westlichen Industriegesellschaften. In: Wolfgang Seifert, Hrsg.: *Wie Migranten leben. Lebensbedingungen und soziale Lage der ausländischen Bevölkerung in der Bundesrepublik.* Berlin: Wissenschaftszentrum Berlin für Sozialforschung, S. 17-24.

Bös, Mathias (1997): *Migration als Problem offener Gesellschaften. Globalisierung und sozialer Wandel in Westeuropa und in Nordamerika.* Opladen: Leske + Budrich.

Bosswick, Wolfgang (1995): Asylum Policy and Migration in Germany. In: Friedrich Heckmann; Wolfgang Bosswick, Hrsg.: *Migration Policies: a Comparative Perspective.* Stuttgart: Enke Verlag, S. 305-330.

Brandes, Detlef (1992): Die Deutschen in Rußland und der Sowjetunion. In: Klaus J. Bade, Hrsg.: *Deutsche im Ausland - Fremde in Deutschland. Migration in Geschichte und Gegenwart.* München: C.H. Beck, S. 85-130.

Bremer, Peter; Walter Siebel (1995): *Zuwanderung und die Herausbildung einer städtischen Unterschicht.* Universität Oldenburg.

Brubaker, William Rogers (1992): *The Politics of Citizenship in France and Germany*. Cambridge/Mass.-London: Harvard Univ. Press.

Büchel, Felix; Gert Wagner (1996): *Educational Prospects of Children of Immigrants in West Germany*. Berlin: Deutsches Institut für Wirtschaftsforschung.

Bucher, Hansjörg; Martina Kocks; Mathias Siedhoff (1992): Wanderungen von Ausländern in der Bundesrepublik Deutschland der 80er Jahre. In: *Informationen zur Raumentwicklung*, 7/8, S. 501-511.

Bucher, Hansjörg; Martina Kocks; Mathias Siedhoff (1994): Die künftige Bevölkerungsentwicklung der Regionen Deutschlands. In: *Informationen zur Raumentwicklung*, 12, S. 501-511.

Bundesanstalt für Arbeit (1995): *Arbeitsmarkt 1994. Arbeitsmarktanalyse für die alten und die neuen Bundesländer*. Amtliche Nachrichten der Bundesanstalt für Arbeit, Sondernummer. Nürnberg: Bundesanstalt für Arbeit.

Bundesminister für Arbeit und Sozialordnung, Hrsg. (1986): *Situation der ausländischen Arbeitnehmer und ihrer Familienangehörigen in der Bundesrepublik Deutschland. Repräsentativuntersuchung 86*. Bonn: Bundesminister für Arbeit und Sozialordnung.

Bundesministerium des Inneren (1996): *Modellrechnung zur Bevölkerungsentwicklung der Bundesrepublik Deutschland*. Bonn: Bundesministerium des Inneren, ohne Jahr (ca. 1996).

Bundesministerium für Arbeit und Sozialordnung, Hrsg. (1996): *Repräsentativuntersuchung ´95. Situation der ausländischen Arbeitnehmer und ihrer Familienangehörigen in der Bundesrepublik Deutschland*. Bonn, Berlin, Mannheim: Bundesministerium für Arbeit und Sozialordnung

Bundesministerium für Raumordnung, Bauwesen und Städtebau (1993): *Integration von Aussiedlern und anderen Zuwanderern in den deutschen Wohnungsmarkt*. Bonn: Bundesministerium für Raumordnung, Bauwesen und Städtebau.

Caestecker, Frank; Bob Moore (1998): Refugee Policies in Western European States in the 1930s. A Comparative Analysis. In: *IMIS-Beiträge*, (1998), 7, S. 55-104.

Castles, Stephen; Mark J. Miller (1993): *The Age of Migration. International Population Movements in the Modern World*. Basingstoke-London: Macmillian Press.

Chesnais, Jean-Claude (1991): *The USSR Emigration – Past, Present and Future*. Paris: OECD.

Chesnais, Jean-Claude (1993): The New Migratory Deal in Europe. In: *Materialien zur Bevölkerungswissenschaft*, 79, S. 87-100.

Chiswick, Barry R. (1978): The Effect of Americanization on the Earnings of Foreign-Born Men. In: *Journal of Political Economy*, 86, S. 897-922.

210

Cohen, Robin (1992): Migration and the New International Division of Labour. In: Malcolm Cross, Hrsg.: *Ethnic Minorities and Industrial Change in Europe and North America.* Cambridge-New York: Cambridge Univ. Press, S. 19-35.

Cohen, Robin, Hrsg. (1995): *The Cambridge Survey on Migration.* Cambridge-New York: Cambridge Univ. Press.

Cohn-Bendit, Daniel; Thomas Schmid (1992): *Heimat Babylon. Das Wagnis der multikulturellen Demokratie.* Hamburg: Hoffmann u. Campe.

Council of Europe (1998): *Recent demographic developments in Europe.* Straßburg: Council of Europe.

Delfs, Silke (1993): Heimatvertriebene, Aussiedler, Spätaussiedler. In: *Aus Politik und Zeitgeschichte (Beilage zur Wochenzeitung Das Parlament),* B48/93, S. 3-11.

Dietz, Barbara; Peter Hilkes (1994): *Integriert oder isoliert? Zur Situation rußlanddeutscher Aussiedler in der Bundesrepublik Deutschland.* München: Olzog.

Dinkel, Reiner Hans; Uwe Lebock (1993): Könnten durch Zuwanderung die Alterung der Bevölkerung und die daraus resultierenden Zusatzlasten der Sozialen Sicherung aufgehalten oder gemildert werden? In: *Deutsche Rentenversicherung,* 6, S. 388-400.

Dinkel, Reiner Hans; Uwe Lebock (1994): Demographische Aspekte der vergangenen und zukünftigen Zuwanderung nach Deutschland. In: *Aus Politik und Zeitgeschichte (Beilage zur Wochenzeitung Das Parlament),* B48/94, S. 27-36.

Dittgen, Herbert (1998): Volk Nation or Nation of Immigrants? The Current Debate about Immigration in Germany and the United States in Comparative Perspective. In: Hermann Kurthen, Jürgen Fijalkofski, Gerd Wagner, Hrsg.: *Immigration, Citizenship, and the Welfare State in Germany and the United States: Welfare Politics and Immigrants´ Citizenship.* Stamford/London: Jai Press, S. 107-139.

Dohse, Knuth (1981): *Ausländische Arbeitnehmer und bürgerlicher Staat.* Königstein: Hain.

Dorbritz, Jürgen (1998a): Bericht 1998 über die demographische Lage in Deutschland mit dem Teil B „Ehescheidungen – Trends in Deutschland und im internationalen Vergleich. In: *Zeitschrift für Bevölkerungswissenschaft,* 4, S. 373-458.

Dorbritz, Jürgen (1998b): Bericht 1994 über die demographische Lage in Deutschland. In: *Zeitschrift für Bevölkerungswissenschaft,* 4, S. 398-473.

Dorbritz, Jürgen; Wulfram Speigner (1990): Die Deutsche Demokratische Republik – ein Ein- und Auswanderungsland? In: *Zeitschrift für Bevölkerungswissenschaft,* 1, S. 67-86.

Edmonston, Barry; Jeffrey Passel (1992): Immigration and Immigrant Generations in Population Projections. In: *International Journal of Forecasting,* 8 (1992), S. 459-476.

Enquete-Kommission „Demographischer Wandel" (1998): Zweiter Zwischenbericht: Herausforderungen unserer älter werdenden Gesellschaft an den einzelnen und an die Politik. Hrsg. v. Enquete-Kommission „Demographischer Wandel". Bonn: Deutscher Bundestag.

Esser, Hartmut (1980): *Aspekte der Wanderungssoziologie. Assimilation und Integration von Wanderern, ethnischen Gruppen und Minderheiten. Eine handlungstheoretische Analyse.* Darmstadt-Neuwied: Luchterhand.

Faist, Thomas (1993): Ein- und Ausgliederung von Immigranten in Arbeitsmärkten. Junge Türken in Deutschland und mexikanische Amerikaner in den USA. In: Wolfgang Seifert, Hrsg.: *Wie Migranten leben. Lebensbedingungen und soziale Lage der ausländischen Bevölkerung in der Bundesrepublik.* Berlin: Wissenschaftszentrum Berlin für Sozialforschung, S. 32-37.

Faist, Thomas (1994): How to Define a Foreigner? The Symbolic Politics of Immigration in German Partisan Discourse, 1978-1992. In: Martin Baldwin-Edwards; Martin A. Schain, Hrsg.: *The Politics of Immigration in Western Europe.* Newbury-Portland: Frank Cass, S. 50-71.

Faist, Thomas; Klaus Sieveking; Uwe Reim; Stefan Sandbrink (1999): *Ausland im Inland. Die Beschäftigung von Werkvertragsarbeitnehmern in der Bundesrepublik Deutschland. Rechtliche Regulierung und politische Konflikte.* Schriftenreihe des Zentrums für Europäische Rechtspolitik (ZERP), 28. Baden-Baden: Nomos Verlagsgesellschaft.

Fassmann, Heinz; Rainer Münz (1993): Europäische Migration und die Internationalisierung des Arbeitsmarktes. In: Burkhard Strümpel; Meinolf Dierkes, Hrsg.: *Innovation und Beharrung in der Arbeitspolitik.* Stuttgart: Schäffer-Poeschel, S. 11-38.

Fassmann, Heinz; Rainer Münz (1994): European East-West Migration, 1945-1992. In: *International Migration Review*, 3, S. 520-538.

Fassmann, Heinz; Rainer Münz (1996): Europäische Migration – ein Überblick. In: Heinz Fassmann; Rainer Münz, Hrsg.: *Migration in Europa. Historische Entwicklung, aktuelle Trends, politische Reaktionen.* Frankfurt/M.-New York: Campus, S. 13-52.

Fassmann, Heinz; Rainer Münz; Wolfgang Seifert (1998): Die Arbeitsmarktposition ausländischer Arbeitskräfte in Deutschland (West) und Österreich. In: *Mitteilungen aus der Arbeitsmarkt- und Berufsforschung*, 30 (1998), 4, S. 732-745.

Frantzioch, Marion (1987): *Die Vertriebenen – Hemmnisse, Antriebskräfte und Wege ihrer Integration in der Bundesrepublik Deutschland.* Schriften zur Kultursoziologie, 9. Berlin: Dietrich Reimer Verlag.

Franz, Wolfgang (1991): *International Migratory Movements: The German Experience.* Discussion Paper. Konstanz: Univ. Konstanz.

Gesetz zur Bereinigung von Kriegsfolgen (*Kriegsfolgenbereinigungsgesetz - KfbG*) vom 21. Dezember 1992. Bundesgesetzblatt, Jahrgang 1992, Teil I, Nr. 58 - Bonn, 24. Dezember 1992.

Gesetz zur Regelung des Aufnahmeverfahrens für Aussiedler (*Aussiedleraufnahmegesetz* - AAG) vom 28. Juni 1990. Bundesgesetzblatt, Jahrgang 1990, Teil I, Nr. 58 - Bonn, 30. Juni 1990.

Gierse, Matthias (1990): Kurzfristige Arbeitsmarktwirkungen des Zustroms von Aus- und Übersiedlern. In: *RWI-Mitteilungen*, 41, S. 153-167.

Gillmeister, Helmut; Hermann Kurthen; Jürgen Fijalkowski (1989): *Ausländerbeschäftigung in der Krise? Die Beschäftigungschancen und -risiken ausländischer Arbeitnehmer am Beispiel der West-Berliner Industrie.* Berlin: Ed. Sigma.

Göddecke-Stellmann, Jürgen (1994): Räumliche Implikationen der Zuwanderung von Aussiedlern und Ausländern. Rückkehr zu alten Mustern oder Zeitenwende? In: *Informationen zur Raumentwicklung*, 5/6, S. 373-386.

Gordon, Ian (1989): The Role of International Migration in the Changing European Labour Market. In: Ian Gordon; Anthony P. Thirlwall, Hrsg.: *European Factor Mobility. Trends and Consequences.* Basingstoke-London: Macmillan Press, S. 13-29.

Grundmann, Siegfried (1994): Die Migration aus den neuen in die alten Bundesländer – ein Spezialfall der europäischen Ost-West-Migration? In: Rainer Münz; Hermann Korte; Gert Wagner, Hrsg.: *Internationale Wanderungen.* Demographie aktuell 5. Berlin: Humboldt-Universität, S. 41-65.

Grüner, Hans (1992): *Mobilität und Diskriminierung. Deutsche und ausländische Arbeiter auf einem Arbeitsmarkt.* Frankfurt/M.-New York: Campus.

Gugel, Günther (1990): *Ausländer, Aussiedler, Übersiedler.* Tübingen: Verein für Friedenspädagogik.

Hagedorn, Heike (1998): Wer darf Mitglied werden? Einbürgerungen in Deutschland und Frankreich. In: Dietrich Thränhardt (Hg.): *Einwanderung und Einbürgerung in Deutschland. Jahrbuch Migration 1997/98.* Münster: Lit., S. 15-63.

Hailbronner, Kay (1999): Ausländerrecht: Europäische Entwicklung und deutsches Recht. *Aus Politik und Zeitgeschichte (Beilage zur Wochenzeitschrift Das Parlament)*, B21-22 (1999), S. 3-16.

Hailbronner, Kai; Günter Renner (1998): *Staatsangehörigkeitsrecht.* München: C. H. Beck.

Häußermann, Hartmut, Ingrid Oswald, Hrsg. (1997): *Zuwanderung und Stadtentwicklung.* Leviathan Sonderheft 17, Opladen: Westdeutscher Verlag.

Heckmann, Friedrich (1981): *Die Bundesrepublik ein Einwanderungsland? Zur Soziologie der Gastarbeiterbevölkerung als Einwanderungsminorität.* Stuttgart: Klett-Cotta.

Heckmann, Friedrich (1992): *Ethnische Minderheiten, Volk und Nation. Soziologie interethnischer Beziehungen.* Stuttgart: Enke.

Heckmann, Friedrich (1997): Was ist ein Deutscher? Was ist ein Türke? In: Körber Stiftung. Hrsg.: *Nation und Integration von Migranten in Deutschland. Deutsch-Türkisches Symposium 1997.* Hamburg: Edition Körber Stiftung, S. 181-195.

Heckmann, Friedrich, Wolfgang Bosswick (1995): *Migration Politics: A Comparative Perspective.* Efms Forum Migration 1, Stuttgart: Enke.

Heckmann, Friedrich, Verónica Tomei (1996): *Freizügigkeit in Europa. Migrations- und europapolitische Aspekte des Schengen Vertrages.* Efms Forum Migration 2, Bonn: Europa Union Verlag

Heinelt, Hubert; Anne Lohmann (1992): *Immigranten im Wohlfahrtsstaat am Beispiel der Rechtspositionen und Lebensverhältnisse von Aussiedlern.* Opladen: Leske+Buderich.

Heitman, Sidney (1987): *The Third Soviet Emigration: Jewish, German and Armenian Emigration from the USSR since World War II.* Berichte des Bundesinstituts für ostwissenschaftliche und internationale Studien. Köln: Bundesinstitut für ostwissenschaftliche und internationale Studien.

Heitman, Sidney (1994): Soviet Emigration Since 1985. In: *Nationalities Papers,* 1, S. 247-261.

Heitmeyer, Wilhelm, Hrsg. (1996): *Was hält eine multi-ethnische Gesellschaft zusammen?* Frankfurt/M.: Suhrkamp.

Henscheid, Renate (1990): Daten: Jugendliche ausländischer Nationalität zwischen Schule und Beruf. In: Ursula Boos-Nünning; Alice Jäger; Renate Henscheid; Wolfgang Sieber; Heike Becker: *Berufswahlsituation und Berufswahlprozesse griechischer, italienischer und portugiesischer Jugendlicher.* Beiträge zur Arbeitsmarkt- und Berufsforschung 140. Nürnberg: Institut für Arbeitsmarkt- und Berufsforschung, S. 11-32.

Herbert, Ulrich (1986): *Geschichte der Ausländerbeschäftigung in Deutschland 1880-1990.* Berlin-Bonn: J.H.W. Dietz.

Herrmann, Helga (1992): *Ausländer: vom Gastarbeiter zum Wirtschaftsfaktor.* Beiträge zur Gesellschafts- und Bildungspolitik 173. Köln: Institut der deutschen Wirtschaft.

Herrmann, Helga (1993): *Ausländische Jugendliche in Schule, Ausbildung und Beruf.* Beiträge zur Gesellschafts- und Bildungspolitik 184. Köln: Institut der deutschen Wirtschaft.

Heyden, Helmut (1986): Kontinuität und Diskontinuität der Ausländerpolitik. In: Johannes C. Papalekas, Hrsg.: *Strukturwandel des Ausländerproblems.* Bochum: Brockmeyer, S. 72-80.

Hof, Bernd (1989): Modellierung zu den Auswirkungen einer verstärkten Aussiedler-Zuwanderung auf Bevölkerung, Wirtschaftswachstum und Arbeitsmarkt. In: Institut der deutschen Wirtschaft, Hrsg.: *Die Integration deutscher Aussiedler – Perspektiven für die Bundesrepublik Deutschland.* Köln: IW, S. 38-72.

Hof, Bernd (1993): *Europa im Zeichen der Migration. Szenarien zur Bevölkerungs- und Arbeitsmarktentwicklung in der Europäischen Gemeinschaft bis 2020.* Köln: Deutscher Instituts-Verlag.

Hof, Bernd (1994): Möglichkeiten und Grenzen der Eingliederung von Zuwanderern in den deutschen Arbeitsmarkt. In: *Aus Politik und Zeitgeschichte (Beilage zur Wochenzeitung Das Parlament)*, B48/94, S. 11-25.

Hoffmann, Lutz (1990): *Die unvollendete Republik: zwischen Einwanderungsland und deutschem Nationalstaat.* Köln: Papyrossa.

Hofrichter, Jürgen; Michael Klein (1994): Festung Europa. Das Ausmaß der Abneigung gegenüber Immigranten in der europäischen Gemeinschaft zu Beginn der 90er Jahre. In: *Informationen zur Raumentwicklung*, 5/6, S. 321-334.

Höhn, Charlotte; Detlev B. Rein, Hrsg. (1990): *Ausländer in der Bundesrepublik Deutschland.* Boppard: Boldt.

Höhn, Charlotte; Ulrich Mammey; Hartmut Wendt (1991): Bericht 1990 zur demographischen Lage in beiden Teilen Deutschlands. In: *Zeitschrift für Bevölkerungswissenschaft*, 2, S. 135-205.

Höhn, Charlotte, Hrsg. (1999): *Demographische Trends, Bevölkerungswissenschaft und Politikberatung. Aus der Arbeit des Bundesinstituts für Bevölkerungsforschung (BIB), 1973 bis 1998.* Opladen: Leske + Budrich.

Hollifield, James F. (1992): *Immigrants, Markets, and States. The Political Economy of Postwar Europe.* Cambridge/Mass.-London: Harvard Univ. Press.

Holst, Elke; Jürgen Schupp (1994): Integration deutscher Zuwanderer in den westdeutschen Arbeitsmarkt. In: *DIW-Wochenbericht*, 35, S. 609-617.

Hönekopp, Elmar (1987): Rückkehrförderung und Rückkehr ausländischer Arbeitnehmer – Ergebnisse des Rückkehrförderungsgesetzes, der Rückkehrhilfestatistik und der IAB-Rückkehrerbefragung. In: Elmar Hönekopp, Hrsg.: *Aspekte der Ausländerbeschäftigung in der Bundesrepublik Deutschland.* Beiträge zur Arbeitsmarkt- und Berufsforschung 114. Nürnberg: Institut für Arbeitsmarkt- und Berufsforschung, S. 287-342.

Hönekopp, Elmar (1996): Old and New Labor Migration to Germany from Eastern Europe. Working Paper.

Hönekopp, Elmar (1997a): The New Labor Migration as an Instrument of German Foreign Policy. In: Rainer Münz; Myron Weiner, Hrsg.: *Migrants, Refugees, and Foreign Policy: U.S. and German Policies Towards Countries of Origin.* Providence/RI-Oxford: Berghahn Books.

Hönekopp, Elmar (1997b): *Old and New Labour Migration to Germany from Eastern Europe.* Working Papers No. D-2/10-1996, Tabellenupdate 1997, Nürnberg: Institut für Arbeitsmarkt- und Berufsforschung.

Hullen, Gerd; Reiner Schulz (1994): Bericht 1993 zur demographischen Lage in Deutschland. In: *Zeitschrift für Bevölkerungswissenschaft*, 1, S. 3-70.

Ibrahim, Salim (1997): *Die "Ausländerfrage" in Deutschland. Fakten, Defizite und Handlungsimperative*. Frankfurt (Main): Verlag für Akademische Schriften.

Institut der Deutschen Wirtschaft, Hrsg. (1998): *Wirtschaft und Unterricht*. 24, 10.

Institut für Deutschland- und Osteuropaforschung, Hrsg. (1995): *Informationsdienste in der ehemaligen Sowjetunion. Dokumente, Berichte, Meldungen, Kommentare, Meinungen, Zahlen*, 28/29. Göttingen: Institut für Deutschland- und Osteuropaforschung.

Jungfer, Eberhard; Susanne Heim; Horst Kahrs; Ahlrich Meyer (1993): *Arbeitsmigration und Flucht. Vertreibung und Arbeitskräfteregulierung im Zwischenkriegseuropa*. Berlin: Verlag Schwarze Risse/Rote Strasse.

Kiehl, Melanie; Heinz Werner (1998): *Die Arbeitsmarktsituation von EU-Bürgern und Angehörigen von Drittstaaten in der EU*. IAB Werkstattbericht, 7. Nürnberg: IAB.

Klös, Hans-Peter (1992): Integration der Einwanderer aus Ost-/Südosteuropa in den deutschen Arbeitsmarkt. In: *Sozialer Fortschritt*, 41, 11, S. 261-270.

Köhler, Christoph; Hans Grüner (1988): *Stamm- und Randbelegschaften – ein überlebtes Konzept?* Paderborn: Sozialwissenschaftliche Arbeitsmarktforschung.

Köhler, Christoph; Peter Preisendörfer (1988): Innerbetriebliche Arbeitsmarktsegmentation in Form von Stamm- und Randbelegschaften. In: *Mitteilungen aus der Arbeitsmarkt- und Berufsforschung*, 2, S. 268-277.

Koller, Barbara (1993): Aussiedler nach dem Deutschkurs: Welche Gruppen kommen rasch in Arbeit? In: *Mitteilungen aus der Arbeitsmarkt- und Berufsforschung*, 3, S. 207-221.

Korcelli, Piotr (1994): Emigration from Poland after 1945. In: Heinz Fassmann; Rainer Münz, Hrsg.: *European Migration in the Late Twentieth Century*. Aldershot: Edward Elgar, S. 171-186.

Kramer, Caroline (1997): Weniger Jugendliche ohne Schulabschluß aus integrierten Schulsystemen. Unterschiede im Schulerfolg nach Nationalität, Geschlecht und Region. In: *Informationsdienst soziale Indikatoren* 17, 1, S. 5-9.

Kulischer, Eugene (1948): *Europe on the Move. War and Population Changes 1917-1947*. New York: Columbia Univ. Press.

Leciejewski, Klaus (1990): Zur wirtschaftlichen Eingliederung der Aussiedler. In: *Aus Politik und Zeitgeschichte (Beilage zur Wochenzeitung Das Parlament)*, B3/90, S. 52-62.

Lederer, Harald W.; Axel Nickel (1997): *Illegale Ausländerbeschäftigung in der Bundesrepublik Deutschland. Expertise für die Friedrich-Ebert-Stiftung, Abteilung Arbeits- und Sozialforschung*. Bonn: Friedrich-Ebert-Stiftung e.V.

Lederer, Harald W. (1997): *Migration und Integration in Zahlen. Ein Handbuch.* Efms Forum Migration 4, Bonn: Im Auftrag der Beauftragten der Bundesregierung für Ausländerfragen.

Leggewie, Claus (1990): *MultiKulti. Spielregeln für die Vielvölkerrepublik.* Berlin: Rotbuch.

Leggewie, Claus (1996): Why Turks Became Kurds, Not Germans. In: *Dissent*, 2, S. 79-83.

Lemberg, Eugen; Friedrich Edding, Hrsg. (1959): *Die Vertriebenen in Deutschland.* 3 Bde., Kiel: F. Hirt.

Luettinger, Peter (1986): Der Mythos der schnellen Integration. Eine empirische Untersuchung zur Integration der Vertriebenen und Flüchtlinge in der Bundesrepublik Deutschland bis 1971. In: *Zeitschrift für Soziologie*, 1, S. 20-36.

Lutz, Burkhard; Werner Sengenberger (1974): *Arbeitsmarktstrukturen und öffentliche Arbeitsmarktpolitik.* Göttingen: Schwartz.

Martin, Philip (1991): *The Unfinished Story. Turkish Labor Migration to Western Europe.* Genf: International Labor Organisation.

Mehrländer, Ursula (1987): *Ausländerforschung 1965 bis 1980: Fragestellungen, theoretische Ansätze, empirische Ergebnisse.* Bonn: Verlag Neue Gesellschaft.

Mehrländer, Ursula; Günther Schulze (1994): Einwanderungskonzept für die Bundesrepublik Deutschland. In: Forschungsinstitut der Friedrich-Ebert-Stiftung, Hrsg.: *Von der Ausländer- zur Einwanderungspolitik.* Gesprächskreis Arbeit und Soziales Nr. 32. Bonn: Friedrich-Ebert-Stiftung, S. 25-40.

Meier-Braun, Karl-Heinz; Martin A. Kilgus, Hrsg. (1994): *Einwanderungsland Deutschland.* Stuttgart: Süddeutscher Rundfunk.

Meis, Norbert (1993): *Aspekte struktureller und differentieller Mobilität von Ausländern in der Bundesrepublik Deutschland.* Materialien zur Bevölkerungswissenschaft 78. Wiesbaden: Bundesinstitut für Bevölkerungsforschung.

Micksch, Jürgen (1983): Einleitung. In: Jürgen Micksch, Hrsg.: *Multikulturelles Zusammenleben. Theologische Erfahrungen.* Frankfurt/M.: Lembeck.

Ministerium für Arbeit, Gesundheit und Soziales des Landes Nordrhein-Westfalen, Hrsg. (1992): *Ausländer, Aussiedler und Einheimische als Nachbarn. Ermittlung von Konfliktpotentialen und exemplarischen Konfliktlösungen.* Wuppertal: Ministerium für Arbeit, Gesundheit und Soziales des Landes Nordrhein-Westfalen.

Münch, Ursula (1993): *Asylpolitik in der Bundesrepublik Deutschland. Entwicklung und Alternativen.* 2. Aufl., Opladen: Leske+Buderich.

Münz, Rainer (1995): *Where Did They All Come From? Typology and Geography of European Mass Migration in the Twentieth Century.* Demographie aktuell 7. Berlin: Humboldt-Universität.

Münz, Rainer (1997): Der wandernde Kontinent. Massenmigration in Europa. In: *Funkkolleg Deutschland im Umbruch*, Studienbrief 4, Tübingen: Deutsches Institut für Fernstudienforschung an der Universität Tübingen (DIFF).

Münz, Rainer; Rainer Ohliger (1998a): Long-Distance Citizens: Ethnic Germans and their Immigration to Germany. In: Schuck, Peter H.; Münz, Rainer, Hrsg.: *Path to Inclusion: The Integration of Migrants in the United States and Germany*. Oxford: Berghahn, S. 155-203

Münz, Rainer; Rainer Ohliger (1998b): *Deutsche Minderheiten in Ostmittel- und Osteuropa, Aussiedler in Deutschland. Eine Analyse ethnisch priviligierter Minderheiten.* Demographie aktuell 9. Berlin: Humboldt-Universität.

Münz, Rainer, Wolfgang Seifert (1998): *Immigration to Europe and its Consequences for the Host Societies.* Manuskript.

Münz, Rainer; Ralf Ulrich (1993): Migration und Ausländerbeschäftigung in Deutschland. In: *StadtBauwelt*, 118, S. 1270-1272.

Münz, Rainer; Ralf Ulrich (1994): Demographische Entwicklung in Ostdeutschland und in ausgewählten Regionen. Analyse und Prognose bis 2010. In: *Zeitschrift für Bevölkerungswissenschaft*, 4, S. 475-515.

Münz, Rainer; Ralf Ulrich (1996): Internationale Wanderungen von und nach Deutschland, 1945-1994. Demographische, politische und gesellschaftliche Aspekte räumlicher Mobilität. In: *Allgemeines Statistisches Archiv*, 80, 1, S. 5-35.

Münz, Rainer; Ralf Ulrich (1997a): Changing Patterns of German Immigration, 1945 - 1994. In: Klaus J. Bade; Myron Weiner, Hrsg.: *Migration Past, Migration Future: Germany and the United States.* Providence/RI-Oxford: Berghahn Books.

Münz, Rainer; Ralf Ulrich (1997b): Das zukünftige Wachstum der ausländischen Bevölkerung in Deutschland. Demographische Prognosen bis 2030. Demographie aktuell 11. Berlin: Humboldt-Universität

Münz, Rainer, Myron Weiner, Hrsg. (1997): *Migrants, refugees, and foreign policy. U.S. and German politicies toward countries origin.* Providence, Oxford: Berghahn Books.

Oberndörfer, Dieter (1994): Schutz der kulturellen Freiheit: die multikulturelle Republik. In: *Von der Ausländer- zur Einwanderungspolitik: eine Tagung der Friedrich-Ebert-Stiftung am 12. und 13. Oktober 1993 in Leipzig.* Gesprächskreis Arbeit und Soziales, 32 Bonn: Forschungsinstitut der Friedrich-Ebert-Stiftung, S. 79-85.

OECD, Hrsg. (1998): SOEMPI. *Trends in international Migration. Annual Report.* Paris: OECD Publications.

Ohliger, Rainer (1998): Aussiedlerzuzug weiter rückläufig. In: *Migration und Bevölkerung*, 3/98, S. 2.

Oswald, Margit E.; Ulrich Steinvorth, Hrsg. (1998): *Die offene Gesellschaft und ihre Fremden.* Bern: Verlag Hans Huber.

Otyakmaz, Berrin Ö. (1995): *Auf allen Stühlen: das Selbstverständnis junger türkischer Migrantinnen in Deutschland.* Wissenschaft und Forschung, 8. Köln: Neuer ISP Verlag.

Paper on International Conference on nationality Law, Immigration and Integration in Europe and the USA.

Piore, Michael J. (1978): Lernprozesse, Mobilitätsketten und Arbeitsmarktsegmente. In: Werner Sengenberger, Hrsg.: *Der gespaltene Arbeitsmarkt.* Frankfurt/M.-New York: Campus, S. 67-98.

Puskeppeleit, Jürgen (1995): Die Minderheit der (Spät)Aussiedler und (Spät)Aussiedlerinnen. In: Cornelia Schmalz-Jacobsen; Georg Hansen, Hrsg.: *Ethnische Minderheiten in der Bundesrepublik Deutschland.* München: C.H. Beck, S. 75-89.

Reichling, Gustav (1985): *Die deutschen Vertriebenen in Zahlen. Umsiedler, Verschleppte, Vertriebene, Aussiedler 1940-85.* Bd. 1, Bonn: Kulturstiftung der Vertriebenen; Meckenheim: Warlich.

Reyher, Lutz; Hans-Uwe Bach (1989): Der Potential-Effekt der Zuwanderungen – Eine Arbeitskräfte-Gesamtrechnung für Aus- und Übersiedler. In: *Mitteilungen aus der Arbeitsmarkt- und Berufsforschung*, 4, S. 468-471.

Röh, Susanne (1982): Heimatvorstellungen von Spätaussiedlern. Ein Spiegel der Integrationsproblematik. In: *Jahrbuch für ostdeutsche Volkskunde.* Bd. 25, Marburg: Elwert, S. 139-201.

Roloff, Juliane (1998): Eheschließungen und Ehescheidungen von und mit Ausländern in Deutschland. In: *Zeitschrift für Bevölkerungswissenschaft*, 23 (1998), 3, S. 319-334.

Ronge, Volker (1993): Ost-West-Wanderung nach Deutschland. In: *Aus Politik und Zeitgeschichte (Beilage zur Wochenzeitung Das Parlament)*, B7/93, S. 16-28.

Röseler, Sibylle (1998): Geplante Änderung zum Asylbewerberleistungsgesetz. In: *Migration und Bevölkerung*, 3/98, S. 1-2.

Rotte, Ralph, Michael Vogler (1998): *Determinants of international migration: Empirical evidence for the migration from the LDCs to Germany.* CEPR London, Discussion Paper No. 1920.

Rudolph, Hedwig (1996): Die Dynamik der Einwanderung im Nichteinwanderungsland Deutschland. In: Heinz Fassmann; Rainer Münz, Hrsg.: *Migration in Europa. Historische Entwicklung, aktuelle Trends, politische Reaktionen.* Frankfurt/M.-New York: Campus, S. 161-181.

Rudolph, Hedwig; Mirjana Morokvasic, Hrsg. (1994): *Bridging States and Markets. International Migration in the Early 1990s.* Berlin: Ed. Sigma.

Sandbrink, Stefan; Gert Wagner (1995): *Arbeitskräftemobilität und Lebensqualität – Das Beispiel der „Westpendler" und ihrer Lebenspartner in Ostdeutschland.* Diskussionspapier Nr. 95-09. Bochum: Ruhruniversität Bochum.

Santel, Bernhard (1995): *Migration in und nach Europa. Erfahrungen, Strukturen, Politik.* Opladen: Leske+Buderich.

Schaub, Günther (1991): *Betriebliche Rekrutierungsstrategien und Selektionsmechanismen für die Ausbildung und Beschäftigung junger Ausländer.* Berichte zur beruflichen Bildung 135. Berlin-Bonn: Bundesinstitut für Berufsbildung.

Schmidt, Christoph M.; Klaus F. Zimmermann (1992): Migration Pressure in Germany: Past and Future. In: Klaus F. Zimmermann, Hrsg.: *Migration and Economic Development.* Berlin: Springer, S. 201-230.

Schober, Karen; Heinz Stegmann (1987): Ausländische Jugendliche – Demographische Entwicklung sowie Ausbildungs- und Beschäftigungssituation. In: Elmar Hönekopp, Hrsg.: *Aspekte der Ausländerbeschäftigung in der Bundesrepublik Deutschland.* Beiträge zur Arbeitsmarkt- und Berufsforschung 114. Nürnberg: Institut für Arbeitsmarkt- und Berufsforschung, S. 195-242.

Schubert, Ernst (1998): Fremde im mittelalterlichen Deutschland. In: *IMIS-Beiträge*, (1998), 7, S. 7-34.

Schultze, Günther (1991): *Berufliche Integration türkischer Arbeitnehmer. Vergleich der ersten und zweiten Generation.* Bonn: Dietz.

Schulz, Erika (1990): Szenarien der Bevölkerungsentwicklung in der Bundesrepublik Deutschland. In: *DIW-Wochenbericht*, 8, S. 93-102.

Schulz, Erika (1991): *Die Wanderungen ins Bundesgebiet seit 1984.* DIW-Diskussionspapiere 28. Berlin: Deutsches Institut für Wirtschaftsforschung.

Schulz, Erika (1993): Bevölkerungsentwicklung in Deutschland bis zum Jahr 2010 mit Ausblick auf 2040. In: *DIW-Wochenbericht, 29*, S. 318-325.

Schulz, Erika (1994): *Zuwanderungen der letzten zehn Jahre und Abschätzung des Bestandes zum 31.12.1993.* DIW-Diskussionspapiere 99. Berlin: Deutsches Institut für Wirtschaftsforschung.

Schulz, Erika (1995): Alternde Gesellschaft. Zur Bedeutung von Zuwanderungen für die Altersstruktur der Bevölkerung in Deutschland. In: *DIW-Wochenbericht, 33*, S. 579-589.

Schulz, Erika; Kerstin Seiring (1994): *Analyse der beruflichen Eingliederung deutscher Zuwanderer – Ein Beispiel für die logistische Regressionsanalyse mit SPSS.* DIW-Diskussionspapiere 102. Berlin: Deutsches Institut für Wirtschaftsforschung.

Schulz, Erika; Ulrich Rendtel; Jürgen Schupp; Gert Wagner (1993): *Das Zuwandererproblem in Wiederholungsbefragungen am Beispiel des Sozio-Ökonomischen Panels (SOEP).* DIW-Diskussionspapiere 71. Berlin: Deutsches Institut für Wirtschaftsforschung.

Schupp, Jürgen; Gert Wagner (1992): Arbeitsmarktentwicklungen und individuelle Erwartungen. In: Statistisches Bundesamt, Hrsg.: *Datenreport 1992. Zahlen und Fakten über die Bundesrepublik Deutschland.* Bonn: Bundeszentrale für politische Bildung, S. 546-555.

Schupp, Jürgen; Gert Wagner (1994): Ost-West-Pendeln gehört zur Normalität des gesamtdeutschen Arbeitsmarktes. In: *DIW-Wochenbericht* 51/52, S. 861-866.

Schwarz, Angela (1998): "Send the homeless, tempest-tost to me"? Das viktorianische Amerika und die "neue Einwanderung" am Ende des 19. Jahrhunderts. In: *IMIS-Beiträge*, (1998), 7, S. 35-54.

Schwarz, Karl (1996): Die Kinderzahl der Ausländer und ihre Bedeutung für die Bevölkerungsentwicklung in den alten Bundesländern. In: *Zeitschrift für Bevölkerungswissenschaft*, 1, S. 57-67.

Seifert, Wolfgang (1991): *Ausländer in der Bundesrepublik – Soziale und ökonomische Mobilität*. AG Sozialberichterstattung. Berlin: Wissenschaftszentrum Berlin für Sozialforschung.

Seifert, Wolfgang (1995): *Die Mobilität der Migranten. Die berufliche, ökonomische und soziale Stellung ausländischer Arbeitnehmer in der Bundesrepublik – Eine Längsschnittanalyse mit dem Sozio-Ökonomischen Panel, 1984-1989*. Berlin: Ed. Sigma.

Seifert, Wolfgang (1996): Berufliche, ökonomische und soziale Mobilität von Arbeitsmigranten zwischen 1984 und 1993. In: Wolfgang Zapf; Jürgen Schupp; Roland Habich, Hrsg.: *Lebenslagen im Wandel: Sozialberichterstattung im Längsschnitt*. Frankfurt/M.-New York: Campus, S. 240-263.

Seifert, Wolfgang (1998a): Social and Economic Integration of Foreigners in Germany. In: Peter Schuck; Rainer Münz, Hrsg.: *Paths to Inclusion: The Integration of Migrants in the United States and Germany*. Providence/RI-Oxford: Berghahn Books, S. 83-114.

Seifert, Wolfgang (1998b): Ausländische Bevölkerung. In: Bernhard Schäfers; Wolfgang Zapf, Hrsg.: *Handwörterbuch zur Gesellschaft Deutschland*. Opladen: Leske + Budrich, S. 49-59.

Seifert, Wolfgang (1999): Migrationspolitik in Deutschland, Frankreich und Großbritannien im Vergleich. In: *Sozialer Fortschritt*, 38 (1999), 4, S. 95-102.

Sen, Faruk; Alke Wierth (1992): 1961-1991 – Ein kritischer Rückblick auf die dreißigjährige Migrationsgeschichte der Türken in der Bundesrepublik Deutschland. In: *Zeitschrift für Ausländerrecht und Ausländerpolitik*, 2, S. 75-80.

Sengenberger, Werner (1975): *Arbeitsmarktstruktur. Ansätze zu einem Modell des segmentierten Arbeitsmarkts*. Frankfurt/M.: Aspekte Verlag.

Sengenberger, Werner (1978): Einführung: Die Segmentation des Arbeitsmarktes als politisches und wissenschaftliches Problem. In: Werner Sengenberger, Hrsg.: *Der gespaltene Arbeitsmarkt*. Frankfurt/M.-New York: Campus, S. 15-42.

Sikora, Joachim, Hrsg. (1991): *Aussiedler als Herausforderung und Auftrag für die deutsche Gesellschaft*. Bad Honnef: Katholisch-Soziales Institut der Erzdiözese Köln.

SOPEMI (1994): *Trends in International Migration, Continuous reporting system on migration. Annual Report 1993*. Paris: OECD.

SOPEMI (1995): *Trends in International Migration. Annual Report 1994.* Paris: OECD.

Spies, Ulrich (1982): *Ausländerpolitik und Integration. Eine empirische Untersuchung der Rechtsprobleme von türkischen Arbeitnehmern und ihren Familienangehörigen.* Frankfurt/M.-Bern: Lang.

Sprink, Joachim; Wolfgang Hellmann (1989): Finanzielle Belastung oder ökonomisches Potential – Regional unterschiedliche Konsequenzen des Aussiedlerzustroms. In: *Informationen zur Raumentwicklung,* 5, S. 323-329.

Stanek, Eduard (1985): *Verfolgt – verjagt – vertrieben. Flüchtlinge in Österreich 1945-84.* Wien-München-Zürich: Europa-Verlag

Statistisches Bundesamt, Hrsg. (1994): *Datenreport 1994. Zahlen und Fakten über die Bundesrepublik Deutschland.* Bonn: Bundeszentrale für politische Bildung.

Statistisches Bundesamt, Hrsg. (1998): *Statistisches Jahrbuch 1998 für die Bundesrepublik Deutschland.* Wiesbaden: Metzler-Poeschel.

Steger, Ulrich, Hrsg. (1999): *Facetten der Globalisierung. Ergebnisse des Ladenburger Kollegs "Globalisierung verstehen und gestalten". Ökonomische, soziale und politische Aspekte.* Berlin, Heidelberg: Springer-Verlag.

Steinmann, Gunter; Ralf Ulrich, Hrsg. (1994): *The Economic consequences of Immigration to Germany.* Heidelberg: Physica-Verlag.

Sterbling, Anton (1994): Die Aussiedlung der Deutschen aus Rumänien: Motive, Randbedingungen und Eigendynamik eines Migrationsprozesses. In: Rainer Münz; Hermann Korte; Gert Wagner, Hrsg.: *Internationale Wanderungen.* Demographie aktuell 5. Berlin: Humboldt-Universität, S. 66-74.

Szydlik, Marc (1990): *Die Segmentierung des Arbeitsmarktes in der Bundesrepublik Deutschland. Eine empirische Analyse mit Daten des Sozio-Ökonomischen Panels, 1984-1988.* Berlin: Ed. Sigma.

Szydlik, Marc (1991): Einkommen, Einkommensdynamik und Arbeitsmarktsegmentation. In: Ulrich Rendtel; Gert Wagner, Hrsg.: *Lebenslagen im Wandel: Zur Einkommensdynamik in Deutschland seit 1984.* Frankfurt/M.-New York: Campus, S. 243-272.

Teitelbaum, Michael S.; Jay Winter (1999): *A Question of Numbers. High Migration, Low Fertility, and the Politics of National Identity.* New York: Hill & Wang. A Division of Farrar, Straus and Giroux.

Thurow, Lester Carl (1978): Die Arbeitskräfteschlange und das Modell des Arbeitsplatzwettbewerbs. In: Werner Sengenberger, Hrsg.: *Der gespaltene Arbeitsmarkt.* Frankfurt/M.-New York: Campus, S. 15-42.

Thränhardt, Dietrich (1993): Fremdenfeindlichkeit und Rassismus in der Konkurrenzdemokratie. In: *Leviathan,* 21, S. 336-357.

Thränhardt, Dietrich (1998): *Einwanderung un Einbürgerung in Deutschland. Jahrbuch Migration 1997/98.* Münster: Lit.

Thränhardt, Dietrich, Bernhard Santel, Marianne Krüger-Potratz (1999): *Texte zu Migration und Integration in Deutschland.* Münster: Arbeitsstelle Interkulturelle Pädagogik, Fachbereich Erziehungswissenschaft und Sozialwissenschaft, Westfälische Wilhelms-Universität.

Tichy, Roland (1990): *Ausländer rein! Warum es kein „Ausländerproblem" gibt.* München: Piper.

Tiedtke, Klaus-Peter (1992): Die deutschen Aussiedler – Hintergründe, Fakten und Perspektiven der Aussiedlung und der Eingliederung. In: *Informationen zur Raumentwicklung,* 5, S. 343-352.

Tolksdorf, Ulrich (1990): Phasen der kulturellen Integration bei Flüchtlingen und Aussiedlern. In: Klaus J. Bade, Hrsg.: *Neue Heimat im Westen.* Münster: Verlag Westfälischer Heimatbund, S. 106-127.

Tomei, Verónica (1998): Gibt es eine europäische Migrationspolitik? In: Friedrich Heckmann, Hrsg.: *Migration und Integration in Europa.* Bamberg: Europäisches Forum für Migrationsstudien, S. 27-35.

Ulrich, Ralf (1990): *Migration to the Federal Republic and the End of the GDR.* FIB Papers P 90-302, Publication Series of the International Relations Resarch Group. Berlin: Wissenschaftszentrum Berlin für Sozialforschung.

Ulrich, Ralf (1994): The Future Growth of Foreign Population in Germany. In: Gunter Steinmann; Ralf Ulrich, Hrsg.: *The Economic consequences of Immigration to Germany.* Heidelberg: Physica-Verlag, S. 21-44.

United Nations (1999): World Population Prospects: The 1998 Revision. Hrsg. v. United Nations Population Division. New York: UN, im Erscheinen.

v. Loeffelholz, Hans Dietrich (1994): Zuwanderung: Erfahrungen und Perspektiven der Zuwanderung in die Bundesrepublik aus ökonomischer Sicht. In: Forschungsinstitut der Friedrich-Ebert-Stiftung, Hrsg.: *Von der Ausländer- zur Einwanderungspolitik.* Gesprächskreis Arbeit und Soziales Nr. 32. Bonn: Friedrich-Ebert-Stiftung, S. 41-60.

Velling, Johannes (1993a): *Immigration to Germany in the Seventies and Eighties – The Role of Family Reunification.* ZEW-Discussion Paper 93-18. Mannheim: Zentrum für Europäische Wirtschaftsforschung.

Velling, Johannes (1993b): *Schengen, Dublin und Maastricht – Etappen auf dem Weg zu einer europäischen Immigrationspolitik.* ZEW-Discussion Paper 93-11. Mannheim: Zentrum für Europäische Wirtschaftsforschung.

Velling, Johannes (1994): *Zuwanderer auf dem Arbeitsmarkt: Sind die neuen Migranten die „Gastarbeiter" der neunziger Jahre?* ZEW-Wirtschaftsanalysen 3. Mannheim: Zentrum für Europäische Wirtschaftsforschung.

Velling, Johannes (1995): *Die Arbeitserlaubnis als Instrument der Arbeitsmarktpolitik zur Steuerung internationaler Zuwanderung auf dem Arbeitsmarkt.* ZEW-Discussion Paper 95-16. Mannheim: Zentrum für Europäische Wirtschaftsforschung.

Velling, Johannes; Malte Woydt (1993): *Migrationspolitiken in ausgewählten Industriestaaten. Ein synoptischer Vergleich Deutschland – Frankreich – Italien – Spanien – Kanada.* ZEW-Dokumentation. Mannheim: Zentrum für Europäische Wirtschaftsforschung.

Vogel, Dita (1994): Sozialpolitische Integration als zuwanderungspolitisches Steuerungsinstrument. In: *Forum Demographie und Politik,* 5, S. 132-155.

Weick, Stefan (1996): Zuwanderer in Deutschland optimistisch. Untersuchung zu Lebensbedingungen, Integration und Zufriedenheit bei Migranten. In: *Informationsdienst Soziale Indikatoren,* 15, S. 1-4.

Wendt, Hartmut (1994): Wanderungen nach und innerhalb von Deutschland unter besonderer Berücksichtigung der Ost-West Wanderungen. In: *Zeitschrift für Bevölkerungswissenschaft,* 4, S. 517-540.

Wendt, Hartmut (1997): Zuwanderung und Asyl in Deutschland - vor dem Hintergrund demographischer Entwicklungen. In: *Zeitschrift für Bevölkerungswissenschaft,* 22 (1997), 2/3

Werner, Heinz (1994): Integration ausländischer Arbeitnehmer in den Arbeitsmarkt – Deutschland, Frankreich, Niederlande, Schweden. In: Heinz Werner; Wolfgang Seifert: *Die Integration ausländischer Arbeitnehmer in den Arbeitsmarkt.* Beiträge zur Arbeitsmarkt- und Berufsforschung 178. Nürnberg: Institut für Arbeitsmarkt- und Berufsforschung, S. 85-187.

Werner, Heinz; Wolfgang Seifert (1994): *Die Integration ausländischer Arbeitnehmer in den Arbeitsmarkt.* Beiträge zur Arbeitsmarkt- und Berufsforschung 178. Nürnberg: Institut für Arbeitsmarkt- und Berufsforschung.

Wiegand, Erich (1984): *Die Inanspruchnahme ausgewählter Sozialleistungen durch Ausländer. Ergebnisse der Ausländerumfrage 1982.* SFB 3 working paper 134. Frankfurt/M.-Mannheim: SFB 3.

Wiegand, Erich (1992): Zunahme der Ausländerfeindlichkeit? Einstellung zu Fremden in Deutschland und Europa. In: *ZUMA-Nachrichten,* 31, S. 7-28.

Winkler, Beate (1994): Einwanderung: Kernfrage unserer Gesellschaft und Herausforderung an die Politik. In: *Aus Politik und Zeitgeschichte (Beilage zur Wochenzeitung Das Parlament),* B 48/94, S. 3-9.

Winkler, Beate, Hrsg. (1992): *Zukunftsangst Einwanderung.* München: C.H. Beck.

Autoren

Rainer Münz, geboren 1954 in Basel, Schweiz, ist seit 1992 Professor für Bevölkerungswissenschaft an der Humboldt-Universität, Berlin. Davor war er Direktor des Institutes für Demographie der Österreichischen Akademie der Wissenschaften in Wien. Seine Hauptforschungsgebiete sind Migration und Bevölkerungsentwicklung, Sprachgruppen und Minderheiten sowie Familien- und Sozialpolitik.

Wolfgang Seifert, geboren 1959 in Ostrach, Kreis Sigmaringen, ist Mitarbeiter am Lehrstuhl für Bevölkerungswissenschaft der Humboldt-Universität, Berlin. Seine Forschungsarbeiten befassen sich mit der beruflichen, ökonomischen und sozialen Mobilität von Migranten in den Aufnahmegesellschaften, mit Prozessen der beruflichen Plazierung der zweiten Generation und mit der Arbeitsmarktintegration von neuen Zuwanderergruppen.

Ralf Ulrich, geboren 1954 in Berlin, ist Mitarbeiter am Lehrstuhl Bevölkerungswissenschaft der Humboldt-Universität, Berlin. 1998/99 vertrat er die Professur für Bevölkerungswissenschaft, insbesondere quantitative Verfahren, an der Otto-Friedrich-Universität Bamberg. Seine Forschungsarbeiten befassen sich mit internationalen Wanderungen und der Situation von Ausländern in Deutschland sowie mit demographischen und ökonomischen Problemen der Entwicklungsländer.

Adresse der Autoren:
> Humboldt-Universität
> Bevölkerungswissenschaft
> Institut für Sozialwissenschaften,
> Unter den Linden 6,
> D-10099 Berlin

Telefon: 030-20931918; *Fax*: 030-20931432
E-mail: Rainer.Muenz@sowi.hu-berlin.de
> Ralf.Ulrich@sowi.hu-berlin.de
> Wolfgang.Seifert@sowi.hu-berlin.de

Internet: www.demographie.de

Campus Zeitgeschichte

Jan Motte,
Rainer Ohliger, Anne von Oswald (Hg.)
50 Jahre Bundesrepublik – 50 Jahre Einwanderung
Nachkriegsgeschichte als Migrationsgeschichte
1999. 341 Seiten, gb.
ISBN 3-593-36369-0

50 Jahre deutsche Nachkriegsgeschichte bedeuten auch 50 Jahre Zuwanderung in die Bundesrepublik und die ehemalige DDR. Die Auto-
rinnen und Autoren des Sammelbandes untersuchen die Brüche, Kon-
tinuitäten und Kontraste verschiedener Zu- bzw. Einwanderergruppen
wie Vertriebener, Flüchtlinge, Aussiedler, »Gastarbeiter«, »Vertragsarbeiter« und West-Ost-Migranten.

Werner Weidenfeld, Karl-Rudolf Korte (Hg.)
Handbuch zur deutschen Einheit
1949 – 1989 – 1999
1999. 896 Seiten, gb.
ISBN 3-593-36240-6

50 Jahre Bundesrepublik, 40 Jahre geteiltes Deutschland, 10 Jahre
deutsche Einheit. Die auf den aktuellen Stand gebrachte und erweiterte
Neuausgabe dieses Handbuchs, das mittlerweile zum Standardwerk
geworden ist, bietet eine umfassende zeitgeschichtliche Bilanz.

Campus Verlag · Frankfurt/New York